Manuel Zahn · Karl-Josef Pazzini (Hrsg.)

Lehr-Performances

Medienbildung und Gesellschaft
Band 17

Herausgegeben von

Johannes Fromme
Winfried Marotzki
Norbert Meder
Dorothee M. Meister
Uwe Sander

Manuel Zahn
Karl-Josef Pazzini (Hrsg.)

Lehr-
Performances

Filmische Inszenierungen
des Lehrens

VS VERLAG

Bibliografische Information der Deutschen Nationalbibliothek
Die Deutsche Nationalbibliothek verzeichnet diese Publikation in der
Deutschen Nationalbibliografie; detaillierte bibliografische Daten sind im Internet über
<http://dnb.d-nb.de> abrufbar.

1. Auflage 2011

Alle Rechte vorbehalten
© VS Verlag für Sozialwissenschaften | Springer Fachmedien Wiesbaden GmbH 2011

Lektorat: Stefanie Laux
Lektorat extern: Susanne Gottlob

VS Verlag für Sozialwissenschaften ist eine Marke von Springer Fachmedien.
Springer Fachmedien ist Teil der Fachverlagsgruppe Springer Science+Business Media.
www.vs-verlag.de

Umschlaggestaltung: KünkelLopka Medienentwicklung, Heidelberg
Satz: Susanne Gottlob und Manuel Zahn
Gedruckt auf säurefreiem und chlorfrei gebleichtem Papier
Printed in Germany

ISBN 978-3-531-17969-8

Inhalt

Vorwort

Karl-Josef Pazzini und Manuel Zahn

Es scheint unklar zu sein, wie das Lehren funktioniert. Das, was sich Wissenschaft dünkt, ist soweit von der Erfahrung der Lehrprozesse entfernt, dass landauf landab nach Empirie gerufen wird. Die fehlende Erfahrung, bedingt durch die Realabstraktionen eines kodifizierten Wissenschaftsbetriebes, der seine Ideale im dritten Teebeutelaufguss aus den Naturwissenschaften bezieht, wird durch die Konstruktion von empirischen Daten ersetzt. Dabei wird das notwendig Fiktionale dieses Konstruktionsprozesses meist übersehen. Der vorliegende Sammelband ist ein Ergebnis unseres Versuchs, weitere Quellen der Erfahrung zu erschließen, die Auskunft geben könnten über das, was das Lehren und die Tätigkeit des Lehrers trägt. Es liegt jetzt schon einige Jahre zurück, dass wir auf die Idee kamen, uns Spielfilme, die aus ihrer Fiktionalität keinen Hehl machen, daraufhin anzusehen, was sie uns vom Lehren zeigen können. Angestoßen wurde diese intensivere Beschäftigung mit den filmischen Inszenierungen des Lehrens durch die Lebendigkeit der Diskussionen mit Student/innen in Lehramtsstudiengängen nach dem Betrachten von Ausschnitten aus scheinbar weit entfernten Filmen wie *Die Feuerzangenbowle* von Helmut Weiss (D 1944). Wir haben dann Kolleg/innen und Kollegen nach ihren Eindrücken gefragt und zusammen mit ihnen diese Filme diskutiert. Im Jahr 2005 begannen wir in der [FuL] Forschungs- und Le[ ]rstelle Kunst – Pädagogik – Psychoanalyse der Universität Hamburg damit, regelmäßig zu Filmabenden einzuladen, an denen wir Filmausschnitte zeigten und besprachen, in denen Lehrer in Aktion zu sehen waren. Es verstärkte sich die Vermutung, dass sich in diesen Filmen, gerade und auch weil es Spielfilme sind, etwas über das Lehren in Erfahrung bringen lässt. Die Vermutungen verdichteten sich zu Thesen, die wir mit einer größeren Öffentlichkeit diskutieren wollten. Das führte zur Ringvorlesung *Filmische Inszenierung des Lehrens und des Lehrers. Lehr-Performances*, die wir im Sommersemester 2010 am Fachbereich Erziehungswissenschaft der Universität Hamburg veranstalteten. Viele der Beiträge des Buches wurden dort schon als Vorträge gehalten. Sie sind durch Beiträge ergänzt worden, die weitere Perspektiven auf das Feld der filmischen Inszenierung des Lehrens eröffnen.

Die (Vor-)Geschichte dieses Buches lässt sich auch so erzählen: Alle Jahre wieder wird im Auditorium Maximum der Hamburger Universität der Film *Die Feuerzangenbowle* gezeigt. Fast alle Lehrende und Student/innen kennen den

Film. Es dürfte klar sein, dass er nicht auf direktem Weg mit der Empirie der gegenwärtigen Schule zu tun hat. Nach Überschreitung der Jahrtausendwende wird das noch unwahrscheinlicher. Dennoch, so kann man die Erfahrung machen, sind Sequenzen auch dieses Films äußerst produktive – Streit, Zustimmung und Differenzierungen auslösende – Schnittstellen zur aktuellen, vergangenen und zukünftig geplanten Lehrtätigkeit. Student/innen sprachen darüber, als hätten sie gestern noch etwas Ähnliches erlebt, quasi als Experten. Wir nahmen verstärkt Filme, in denen Lehre, Unterricht und Schule gezeigt werden, als Anlässe und Gegenstände für unsere Seminararbeit. In einem weiteren Schritt stellten wir die These auf, die auch in Beiträgen dieses Buchs direkt und indirekt auftaucht, dass man solche Filme in mindestens zweifacher Weise als Forschungsgegenstände auffassen kann. Sie können zum einen in einem ganz konventionellen Sinn Gegenstand von Forschung sein und mit sehr unterschiedlichen Methoden untersucht werden. Und sie können zum anderen selbst als Forschungsergebnisse von (bei uns) eingehenden Untersuchungen der Schulwirklichkeit behauptet werden und das nicht nur jeweils zeitgenössisch. Sie wirken als Verstärker, Zeitlupen und Zeitraffer sowie als Kontrast zur Formulierung jeweils eigener Erfahrung von gelungener und misslungener Lehre, sie produzieren Erinnerungen und eröffnen die Chance, sich vom Agieren der Erfahrungen mit Lehrern bestimmen zu lassen. Agieren hieße hier, dass manchmal nicht erinnert wird, sondern eine Reaktion eintritt, als handele es sich quasi um nebenan gefilmten Unterricht. Vermutlich haben sich alle Regisseure und Drehbuchschreiber interessanter »Schul- und Lehrerfilme« intensiv mit Schule und dem Lehren auseinandergesetzt. Wahrscheinlich die Wenigsten unter ihnen mit dem Bewusstsein: »Jetzt erforschen wir, was Schule und Unterricht im Innersten zusammenhält!« (Eine solche Befragung steht noch aus.) Dennoch lässt sich ersehen, dass die ästhetische Inszenierung namens Film, die oft auch als eine künstlerische bezeichnet werden kann, nicht nur auf einer intentionalen Ebene Forschung ist, sondern selber durch die Intensität der Auseinandersetzung und die vorgängigen Erfahrungen der Beteiligten – von den Drehbuchschreibern, über die Regisseure, Schauspieler, Laien, Requisiteure u.a.m. in und mit Schule und Unterricht – zum Transporteur von *Bildungen des Unbewussten* (Lacan 1998) wird. Es geht damit wohl um die Metaphorisierung von etwas Strukturellem. Es geht um Bildungen, die als wahrnehmbare beim Betrachter ankommen. Sie sind in der Regel hörbar oder sichtbar. Der ästhetische Bestand führt zu einer Resonanz, zu Gesprächen oder zum Schreiben über einen Film und findet dadurch eine andere Darstellungsform. So versuchen wir mit dem vorliegenden Buch in der Zeit der Betonung von Empirie, meist gedacht in Kontrolle und Gewissheit steigernder Funktion, letztlich der Berührung als Wahrheitskriterium der Botschaft wie einst im Reliquienkult, eine weitere Form der Empirie von Schule und des Lehrens zu erschließen. Die Ergebnisse filmischer Forschung am Lehren sind dabei genauso wenig einfach da, wie es die zahlenmäßig, in Balken und Tortendiagrammen erfassbaren Daten quantitativer Forschungen sind, sondern bedürfen der Konstruktion in einem forschenden Darstellungsprozess. So tritt der fiktionale Status von Film, z.B. als Spielfilm, neben den fiktionalen Status des Films als Dokumentarfilm. Die Generierung von Wissen über die Lehre bedarf immer Medien der Aufzeichnung, Darstellung und Übersetzung. Man hat es daher immer mit künstlichen, fiktiven Daten zu tun.

Die bisher formulierten Unterscheidungen im Begriff der Forschung – Forschung *am* Film (Gegenstand) und Forschungen *des* Films (Forschungsergebnis) – und im Begriff der Fiktion – Inszenierungsstrategien des Dokumentarischen und Inszenierungsstrategien des Spielfilms – lassen sich nochmals in Bezug auf einen kunst- und kulturwissenschaftlichem Begriff der Performanz (vgl. Fischer-Lichte 2002, Wirth 2002) reformulieren und präzisieren.

Wir verstehen entsprechend der Theorien der Performativität Akte des Lehrens in institutionellen Rahmungen wie der Schule und außerhalb derselben als *Lehr-Performances* und damit im weitesten Sinne als Aufführungen, als Inszenierungen des Lehrens. Lehrer wird man, in dem man einen Lehrer verkörpert bzw. als ein Lehrer in Beziehung verkörpert wird, also einen Lehrer in der Schau seiner Schüler spielt – ähnlich einem Schauspieler im Dispositiv des Theaters oder des Kinos –, den erworbenen Idealvorstellungen entspricht oder nachgeht und auch, indem man einen durch die Institution Schule vorgeschriebenen Platz einnimmt (vgl. Boons 1987). Lehrer wie Schüler folgen so einer gesetzten, vorgeschriebenen und auch ritualisierten Inszenierung des *Lehrer-* und *Schüler-Werdens*, die wechselseitig anerkannt werden muss. Diese Anerkennung ist ein komplizierter Prozess, der sich nicht durch einen Rückzug auf die Position des Managements von Unterrichtsprozessen erledigen lässt. *Lehrer-* und *Schüler-Werden* lassen sich als komplexe Subjektivierungsprozesse innerhalb der Institution Schule beschreiben. Mit diesem Verständnis der Lehre lässt sich weiter behaupten, dass es keine Lehre als ›reine‹ Wissensvermittlung gibt, denn wo immer Zeichen, Informationen und Wissen hervorgebracht, umgeformt, zitiert, überschrieben, gedeutet werden, vollzieht sich *mehr* als nur ein Vermittlungsprozess. Es werden notwendig Imaginationen wachgerufen, ohne die kein Verstehen möglich ist, mit denen Aufmerksamkeit aber auch woanders hingelenkt werden kann. Es geht bei diesem *mehr* aber nicht nur um die Auswirkungen von Belehrungen und Wissensvermittlung, also um Effekte des Lernens, die Vermittlungen und symbolische Handlungen der Lehr-Performances zeitigen, sondern auch und insbesondere um die Kraft, die im Augenblick (der Verkörperung, Aufführung und Inszenierung) derselben wirksam wird.

Die Bezeichnung *Performance* haben wir auch deshalb gewählt, da sich diese singulären Akte der Lehre samt ihren zwischen den beteiligten Subjekten wirksamen Kräften nur in Übersetzungen und nachträglich erschließen lassen. Also erst in den reflexiven, intermedialen Bezugnahmen auf Lehre, indem beispielsweise etwas vom Aufführungscharakter des Lehrens auf der ›Bühne‹ des Films hervorgebracht und gezeigt wird, kann es in den erziehungswissenschaftlichen Diskurs übersetzt werden. Der Begriff der *Lehr-Performances* zeigt damit an, dass wir Filme nicht als Abbildung von Schulsituationen verstehen, sondern als notwendig fiktionale Konstruktionen, die im Moment der Betrachtung, im Zusammenstoß mit dem Betrachter, eine Wirklichkeit oder eine Wirksamkeit entstehen lassen, die so vorher nicht existierten, die aber Anschlüsse an die Erinnerungs- und Wunschproduktion ihrer Betrachter in Bezug auf Schule eröffnen (vgl. auch Simons/Masschelein in diesem Band). Filme sind in dieser Perspektive einer Theorie der Performanz somit als komplexe Inszenierungen von Lehrinszenierungen verstehbar, denen man in den Inszenierungsweisen und Darstellungen ihrer Geschichten über Lehrer und über das Lehren immer schon eine reflexive Dimension zusprechen kann (vgl. dazu auch Pauleit in diesem Band). Insbesondere interessiert uns an den filmischen Inszenierungen von Lehre, wie die Blick- und Sichtregie der Filme in den Betrachtungssituationen sich Geltung verschafft, und wie sich diese von den Schul- und Unterrichtssituationen unterscheidet oder wie diese übersetzt werden. Die Rezeption und das Sprechen über Filme treten vergleichend neben andere Unterrichtssituationen. Gute Filme sind in diesem Sinne als *Schnittstellen* zu bezeichnen, die eine bestimmte Aufmerksamkeit erzeugen, etwas öffnen, fraglich werden lassen und so ihre Betrachter ins Denken und Sprechen bringen, langweilige Filme wären solche, die bestätigend einlullen, so dass man nur nicken oder einnicken kann.

Im Moment der Betrachtung und Bearbeitung von Film findet also ein Subjektivierungsprozess statt, der in der *ikonischen Differenz* des audiovisuellen Bewegungsbildes andere Möglichkeiten der Öffnung und Übersetzung notwendig macht und anregt, als dies Texte oder Erzählungen tun können. Filmisches Hören und Sehen erzeugen die Unterstellung, dass alle den gleichen, sinnlichen Eindrücken unterworfen sind und davon in ihren weiteren Differenzierungen ausgehen, wobei bei Texten zwar auch die beiläufigen Imaginationen eine Rolle spielen, diese aber von anderen nicht so ›eingesehen‹ werden können wie die vorlaufende Bildproduktion eines gemeinsam angeschauten Films, der freilich ähnlich wie beim Textlesen oder dem Zuhören mit weiteren, für andere unsichtbare Imaginationen ergänzt wird.

Mit den zuvor skizzierten, theoretischen Zugängen zu den Lehr-Performances lässt sich das *Lehrer-Werden* als sich wiederholende, szenische Subjektivierungsprozesse innerhalb der Institution Schule beschreiben. Die vom

Dispositiv *Schule* dabei zur Verfügung gestellte Subjektform *Lehrer* lassen sich in ihrer je historisch-kulturell unterschiedlichen Konstitution, dann mittels der Betrachtung und Analyse von Dokumentarfilmen, Spielfilmen und TV-Serien deuten und in den erziehungswissenschaftlichen Diskurs übersetzen. Dabei gehen wir von folgenden Thesen aus:

Erstens: Die filmischen Lehr-Performances speisen sich aus einem historisch spezifischen symbolisch-kulturellen Imaginären, modifizieren es und reichern es auch mit neuen Figuren, Bildern und Aussagen an. Die individuellen, ›privaten‹ Imaginationen vom guten und schlechten Lehrer gehen daraus ebenso hervor, wie die in den fachöffentlichen pädagogischen und bildungspolitischen Diskursen kursierenden Vorstellungen von gelingender Schule, guter Lehre, u.a.m. *Zweitens*: Obwohl das symbolisch-kulturelle, imaginäre Wissen somit als ›Rahmen‹ oder als ›Matrix‹ der je individuellen Wahrnehmungen und Vorstellungen zu verstehen ist, kann man es keinesfalls als substanzielles Wissen erfassen. Es ist kein sicherer Bestand, sondern es ist dynamisch, wandelbar, flüchtig. Es handelt sich um ein performatives Wissen, das zu allen Zeiten und allerorten in der sozialen Realität der jeweiligen Gesellschaft immer wieder von neuem inszeniert und hervorgebracht werden muss. Der Film wird in dieser Perspektive zur kulturellen Praxis der (Re-)Inszenierung des Wissens um das Lehren und Lernen. Die filmisch inszenierten Lehr-Performances, die Lehrer- und Schüler-Figuren, ihre Geschichten, all die Gesten, die Räume, die Sprechakte, die Bilder und Töne sind nötig, um überhaupt Aussagen über das Lehren machen zu können. Pädagogische Praxisformen wie Lehre, Vermittlung oder Unterricht sind nie direkt zugänglich. Was Praxis ist und was dort wie bemerkt werden kann, ist wesentlich durch die medialen Formen und Inszenierungen geprägt, in denen sie sich zeigt. Der Film wäre damit auch ein ›archäologisches Instrument‹, das mittels seiner audiovisuellen Bilder sedimentierte Imaginations-Schichten des Lehrens, als Teile bestimmter bildungspolitischer, gesellschaftlicher oder kultureller Diskurse, abträgt. *Drittens*: Darüber hinaus vermuten wir, dass sich mit den Filmen strukturelle Elemente des Lehrens und Lernens erschließen lassen, die ihre je spezifisch historischen Materialisierungen und Inszenierungen überdauern.

Das skizzierte, weite theoretische Feld der filmischen *Lehr-Performances* kann man nun zusammen mit verschiedenen Filmen bereisen und sich dabei durch den jeweils gewählten Film für eine andere Facette der pädagogischen Wirklichkeit des Lehrens interessieren (lassen), ganz so wie es Jan Masschelein und Maarten Simons mit dem Film *Les Fils* (dt. Der Sohn, 2005) der Gebrüder Dardenne beschreiben. Der Film, so die Autoren, bilde dabei pädagogische Situationen nicht ab, sondern bringe ganz im Gegenteil solche pädagogischen Situationen und Fragen hervor, die ohne ihn so nicht existieren würden. An *Les Fils* beschreiben Simons und Masschelein sehr genau, wie der Film in der Zeit seiner

Erfahrung an der Lehrer-Figur Olivier und seinem Schüler Francis eine Aufmerksamkeit für die bildenden Momente des Lehrens erzeugt. In dieser Perspektive sind es nicht die Figuren allein, sondern ist es vielmehr der Film selbst, der
filmische Blick, der etwas über das Lehren lehrt, indem er zu sehen gibt, und der
die Autoren, wie sie schreiben, wieder zu Studenten werden lässt.

Adrienne Crommelin nutzt *Das fliegende Klassenzimmer* (1933/1954) um
Fragen an die identifizierenden Beziehungen zwischen Schülern und Lehrern zu
stellen und zu untersuchen, inwiefern in Kästners filmischem Erzählverfahren
die Position der Autorschaft an der Herstellung von Autorität des Lehrers beteiligt ist. Denn in Kästners Film, so ihre These, sei die Position des Lehrers in besonderer Weise mit der des Schriftstellers verschränkt. Die Frage nach der Möglichkeit des Lehrens werde als Frage nach der Möglichkeit des Erzählens und der
Erlangung der Position einer Autorschaft artikuliert: »In der zentralen Szene
nach der Schneeballschlacht leitet der Lehrer Johannes Bökh seine ›Strafpredigt‹
mit den Worten ein: ›Ich erzähle euch eine Geschichte und ihr hört zu. Das ist
unsere gemeinsame Strafe‹«.

Winfried Pauleit versteht den Film nicht nur als kulturelles Archiv, in dem
sich beispielsweise ein Panorama unterschiedlichster Lehrerfiguren und schulischer Lehr-Performances auffinden lässt, sondern auch als eine lehrende Institution die »Anschauungsunterricht« gibt. Konkret zeige sich diese Verdoppelung
immer dann, wenn ein Lehrer im Film auftritt und die Vermittlung von Wissen
praktiziert: man habe es folglich bei »Lehrer-Filmen« immer mit einer doppelten
Lehrer-Performance zu tun. Mit *Les 400 coups* (1959) und weiteren Filmen untersucht er, wie das Kino sich mit Ähnlichkeit und Differenz der Institutionen
Schule und Kino am Beispiel ihrer Lehr-Performances auseinandersetzt.

Gundel Mattenklott folgt mit einem weiteren Film von François Truffaut,
Der Wolfsjunge (1969), einer vom Film nahe gelegten Differenz zwischen sinnlichen, ästhetischen Bildungsprozessen und aufgeklärter Spracherziehung. Der
stille Film inszeniere mehrere Lehrer des wilden Kindes. Er schlage sich dabei
auf die Seite des Wolfsjungen und Schülers Victor, zeige das, was sein Lehrer
Itard zwar wahrnimmt, aber nicht versteht, weil es jenseits der Sprache liegt. In
dieser Perspektive impliziere der Film in seiner künstlerischen Form eine subtile
Kritik an dem erzählten, gewalttätigen Erziehungsversuch.

Der Club der toten Dichter (1989) ist, so Michael Wimmers These, die Inszenierung des pädagogischen Traums, dass es nämlich möglich wäre, andere
das Leben zu lehren. In einer genauen Lektüre verfolgt Wimmer, wie der Film
die grundlegenden Antinomien und Paradoxa des Lehrens zwar anspielt, aber
letztlich doch – allerdings nicht ohne Tragik – deren Lösbarkeit verspricht. Im
Scheitern der Lehrerfigur Keating erfüllt ihm der Film seinen pädagogischen
Traum von freien, selbsttätigen und widerständigen Schülern – »O Captain, mein

Captain!«. Der Film bestätige dabei eine in Dichotomien aufgeteilte Welt. Ein Denken, das dieser Oppositionslogik entkommen, das Ambivalenzen, Paradoxien und Aporien gewachsen und dem Widerstreit gerecht werden könne, sei, so Wimmer mit Derrida, bestenfalls schemenhaft in Sicht.

Mit *Blackboards* (2000) gibt Manuel Zahn die Gelegenheit, den Prozess einer Annäherung an den Gegenstand selber mit zum Analyseinstrument zu machen und darauf hinzuweisen, wie das geschieht, was man eine Erfahrung und dann auch eine Bildung an Filmen nennen kann. Das wird dadurch möglich, dass der Film wie ein Dokumentarfilm zu prozessieren scheint. Genau dies lässt die filmische Fiktion erkennen und bildet gleichsam die Möglichkeit, ästhetische und erziehungswissenschaftliche Diskurse zu verknüpfen, um diese am Film zu schärfen. Die Metamorphosen der im Film immer wieder präsenten Tafeln erscheinen wie Schnittstellen, eigentlich Tableaus, die neue Anordnungen in des Wortes vielfältiger Bedeutung lustvoll ermöglichen, auch wenn die Geschichte des Films oft sehr Bedrohliches zeigt.

Eva Sturm arbeitet an *Mona Lisas Lächeln* (2003) eine andere Version der unmöglichen Lösung der Paradoxa des Lehrens heraus. Sie bezieht sich dazu sowohl auf die Ebene der pädagogischen Beziehung, die Übertragung, als auch auf den Inhalt, die Bildende Kunst. Sie thematisiert als den Ausgangspunkt ihrer Überlegungen eine Identifikation mit der Protagonistin (Julia Roberts). Dabei wird sie in den Film »geklebt« wie in ein Fotoalbum. Sie findet dort auch eine Variation über die Liebe zur Kunst, die sich im Sprechen und an dessen Rändern äußert, die im Film auf vielfache Weise angespielt werden. Diesen Rand inszenieren sowohl die Schauspielerin als auch ihre Figur in der Filmerzählung und ermuntern damit die Betrachterin und Autorin, das Gleiche in ihrem Text zu tun.

Die Kinder des Monsieur Matthieu (2004) gibt Jürgen Vogt die Gelegenheit, einen weiteren französischen Film zu nutzen, um seine dort mitspielenden Kollegen vorzustellen, pädagogische Außenseiter, die ihm, Jürgen Vogt, seine Position zu artikulieren die Möglichkeit geben. Er geht den behaupteten Wirkungen von Musik und ihren Attraktionen nach, wie sie in Filmen aufgeführt werden. Über den im Zentrum stehenden Film *Die Kinder des Monsieur Matthieu* wird das angedeutet für weitere Protagonisten, wie Daniel Daréus in *Wie im Himmel* (2004), Glenn Holland in *Mr. Holland's Opus* (1995), Dewey Finn in *School of Rock* (2003), Roberta Guaspari in *Music of the Heart* (1999) oder Royston Maldoom in *Rhythm is it* (2004). Vogt zeigt, dass trotz nach gegenwärtigen fachdidaktischen Standards schlechtem Unterricht, die Wirkungen enorm zu sein scheinen, im Film und durch den Film, wobei diese darin bestehen, dass ein Produkt zur Aufführung kommt. Der Musiklehrer Monsieur Matthieu wird dabei im Medium Film zum Medium für die Musik, er hat Charisma, etwas, das im schulischen Alltag gefürchtet und vermisst wird. Die Stimme als Moment der Sexualität kennzeichnet die gezeigten musikalischen Aktionen.

Mit *Die Welle* (2008) traktiert Hanna Kiper die Performance von Vertrauen – Vertrauensbruch und dem Unterricht als Experiment. Ebenso kann man, das zeigt Kiper indirekt auf, den Film selber als ein solches Experiment nehmen, auch wenn er konventionell erzählt ist. Nur die Auslöschung seiner selbst erlaubt es, einen Spielraum gegenüber der Geschichte zu finden, gegenüber dem Film, mit dem man sich identifiziert hat. Auch das könnte die Botschaft des suizidierenden Schülers am Ende in der Erzählung des Films sein. Kiper führt vor, wie sie gegenüber dem Film eine Loslösung im Denken und Schreiben erlangt, z.B. durch die intermedialen Vergleiche unterschiedlicher Textfassungen mit dem Film, durch im Film angespielte erziehungswissenschaftliche und sozialpsychologische Konzepte und nicht zuletzt durch eine ethische Frage, was denn im Unterricht erlaubt sei an Verführung, auf dem Hintergrund der verführerischen Filmerfahrung selber.

The Wire (2002-2008) ist eine Serie. Sie verlangt andere Aufmerksamkeit für den hiesigen Zusammenhang. Sönke Ahrens zeigt, inwiefern man nur dann »etwas über das Lehren lernen kann, wenn man seinen Blick nicht auf die Lehr-Szenen fokussiert, sondern lernt so zu sehen wie die Serie es lehrt: unfokussiert« (S. 163). Das unfokussierte Sehen, dem etwas auffallen kann, dem etwas bemerkenswert vorkommt, wird ermöglicht, so Ahrens, durch ein Experiment. Die Serie sieht er als eine solche Experimentalanordnung, die ein Scheitern zeigt, das nie zum Abschluss kommt. »Scheitern ist so voraussetzungsvoll, dass es manchmal der Konstruktion eines artifiziellen und zur Welt hin abgeschlossenen Raumes bedarf, um es zu ermöglichen« (S. 164). Solche Chancen eröffnen Filme und Serien. Mit den empfohlenen *soft eyes* können der Betrachter und die Lehrer im Film etwas sehen, was den gewöhnlichen empirischen Studien entgeht.

Olaf Sanders Text *Echte Erziehung aus Frankreich* befasst sich mit den Filmen *Entre les murs* und *Être et avoir*. Als Fälschung des Authentischen sieht Sanders die beiden Filme. Diese Ahnung lässt ihn, trotz des Vorsatzes über die beiden Filme zu schreiben, zunächst einen ebenso langen neuen Anlauf nehmen, um sich bei Truffauts *Sie küssten und sie schlugen ihn* und *Der Wolfsjunge* einer Kontrastfolie zu versichern und dadurch die neueren Filme zu sehen. Sich aufdrängend werden sie gleichsam in der Nachträglichkeit der Analyse befragt.

Der Beitrag von Karl-Josef Pazzini, der ebenfalls den Film *Entre les murs* als Ausgangspunkt nimmt, fragt nach der Erfahrbarkeit dessen, was man Übertragung nennt, nach den Momenten, die im Film und beim Betrachten des Films eine Übertragung entstehen lassen. Übertragung löst Grenzen auf, macht Abgrenzungen mobil und ungewiss. Daraus resultiert ein Risiko bei der Thematisierung von Übertragungsprozessen in Lehrveranstaltungen selbst. *Entre les murs* dient als verführerische Schnittstelle, die Verführungen und Verfehlungen so zeigt, dass sie zum attraktiven Gegenstand in Unterrichtsprozessen werden können und auf diese Weise indirekt auf die dazu notwendigen Übertragungsprozesse deuten.

Das weiße Band (2010) ist, so zeigt Andrea Sabisch, auch die Explikation der Fürsorge als Verrat am Subjekt und des Untergangs der autoritären Autorität der im Film inszenierten Versionen der Vaterfigur. Das Versagen der Väter führt zu Autonomiestörungen. Dass der Film so erzählt werden kann, ist Resultat eines Schweigens in der Zeit, in der die nun erzählte Geschichte des Films (wenige Tage vor Beginn des ersten Weltkrieges) spielt. Der erzählende Lehrer und der Film verraten etwas. Die Kinder im Film überbieten die Ideale der Eltern. Sie verraten nichts. Sie bleiben daher gebunden, ohne die Bindung zu leben.

Denjenigen, die das Zustandekommen dieses Buches ermöglicht haben, möchten wir unseren herzlichen Dank aussprechen: wir danken den Autorinnen und Autoren, der Arbeitsstelle für wissenschaftliche Weiterbildung der Universität Hamburg für die finanzielle Unterstützung und Susanne Gottlob für ihr sorgsames Lektorat und den Satz des Manuskriptes.

Literatur

Boons, Marie-Claire (1987): L'Institution comme lieu / Die Institution als (dreifacher) Ort, in: Psychoanalytisches Seminar Zürich (Hg.): Between the devil and the deep blue sea. Psychoanalyse im Netz, Freiburg: Kore, S. 35-63

Fischer-Lichte, Erika (2002): Grenzgänge und Tauschhandel. Auf dem Wege zu einer performativen Kultur, in: Wirth, Uwe (Hg.): Performanz. Zwischen Sprachphilosophie und Kulturwissenschaften. Frankfurt a. M.: Suhrkamp, S. 277-300

Lacan, Jacques (1998): Das Seminar, Buch V. Die Bildungen des Unbewussten. Übersetzt von Hans-Dieter Gondek, Wien: Turia + Kant 2006

Wirth, Uwe (Hg.) (2002): Performanz. Zwischen Sprachphilosophie und Kulturwissenschaften. Frankfurt a. M.: Suhrkamp

Zahn, Manuel (2010): Lehr-Performances. in: Meyer, Torsten; Crommelin, Adrienne; Zahn, Manuel (Hg.): Sujet supposé savoir. Zum Moment der Übertragung in Kunst Pädagogik Psychoanalyse. Berlin: Kadmos, S. 111-119

Un-contemporary Mastery. The ordinary teacher as philosopher

Maarten Simons and Jan Masschelein
Laboratory for Education and Society

The feature films of the Belgian directors the Dardenne brothers[1] are one of the most lauded bodies of work in contemporary world cinema (They have twice won the Palme d'Or at the Cannes Film Festival).[2] Their films can be seen as educational cinema in a number of ways. On one hand, they investigate in an intriguing way the contemporary reality of education and, more particularly, the actual relationship between adolescents and adults. Their films can be seen as empirical philosophical studies that ask questions of essential educational situations and matters: What does it mean to be a child, an adult, a father, a son, a mother, a daughter, a teacher, a schoolmaster, a pupil? What does it mean, not in general, but in the concrete (and sometimes extreme) situations and conditions that society presents today? (See Masschelein 2011, in press). On the other hand, their films can be seen as educational because the way they are made engages the spectator in a particular way. The directors do not just represent an educational situation or matter but *present* a situation or matter in such a way that the spectator can be transformed and enlightened. Not in the sense that the films explain something (the reasons for and causes of what happens) or teach us a lesson. Their cinema is not moralising, it does not proclaim or defend any truth, nor does it express any doctrine, theory, or conviction. Rather, they enlighten in the sense that, to use the words of Robert Bresson one of their ›film fathers‹, they make appear (disclose) what, without them, would not appear (Bresson 1988, p. 82). This is not a revealing of what is underlying or presupposed or invisible, but a disclosing of what in a certain way is enclosed in the present. This disclosing does not offer reality-as-it-is or immediate access to a truth but, through a certain aesthetic arrangement and design, obliges us to take part in a sensory experience

---

[1] We refer to the five films Luc and Jean-Pierre Dardenne have made since the mid-nineties: *La Promesse* (in 1996); *Rosetta* (1999; Winner, Palme d'Or, Cannes); *Le Fils* (2002); *L'Enfant* (2005, Winner, Palme d'Or, Cannes); *Le Silence de Lorna* (2008).

[2] This article is partly based on an article (Simons, 2008) published in an edited book (Masschelein, 2008) that presents ideas on education all starting from the film *Le fils* (The Son) of Luc and Jean-Pierre Dardenne. We thank Mathias Decuypere and Naomi Hodgson for their help with the English translation.

wherein something discloses itself and is communicated/shared in a way that a dis-interested attitude is difficult to maintain: something starts to inter-est us, to concern us, to take part in/be part of our world. Such cinema, then, could be called educational (*bildend**) in this sense also, and it would be interesting to delve into the ways the films are made in order to further investigate this educational ›power‹: the film itself as a kind of ›master‹ (see Ahrens 2010, Masschelein 2008, 2010, 2011). What interests us in this contribution, however, is not this kind of educational ›power‹, but rather what these films actually make present to us. Here we focus on one film in particular *Le Fils* (2002) and what it shows us about what is at stake in education and, more specifically, in educational mastery. In what follows we will try to clarify this in a rather straightforward language, not really engaging in more ›technical‹ or philosophical discussions and theoretical frameworks (concepts). Rather we attempt to say something of what appeared to us in what the film shows, trying to avoid seeing it as an argument, statement, explanation, or story that we would like to critically test or dissect, but making use of some of Michel Foucault's suggestions and distinctions to find the words that offer some articulation of what there is to see.

Le Fils

Our starting point is the film *Le Fils* (*The Son*). In the film, near-silent images riddle the exchanges; in their silence these images contain a certain tension that makes us attentive. The focus is on the minutiae of the workplace, the techniques of woodworking, the source of lumber, the precision of measurements, how to hold and carry wood and so forth. There is no soundtrack other than the hammers and electric saws. The claustrophobic camera follows Olivier – a carpentry teacher for pupils who come from juvenile detention centres – an ordinary and inexpressive looking man with eyes hidden behind thick glasses and a back protected by a support brace. As a teacher he agrees to take Francis, a young boy who is newly released from juvenile detention, as an apprentice. Olivier follows the boy, who is impressed by his ability to estimate distances with his eye. He makes the boy attentive to the wood and, in a certain way, inspires him: disclosing a world in a way that starts to transform Francis and offers him the world in a new light. Francis is, however, not only a new pupil: he is also the murderer of Olivier's son. It is remarkable that, throughout the film, Olivier does not judge Francis; nor does he address him for the murder he has committed. He does not ask Francis *why* he has committed the murder. Or more precisely, he does ask once but not to know the underlying reasons. Rather, he wants to hear what Francis has to say about *what* he has done and *how*. Indeed, he says at one point in the film that he just wants to speak with Francis. »Je veux juste qu'on parle« (»I just want to speak with you«) is the answer he gives to Francis' request that Olivier becomes his guardian. Francis himself learns only towards the end of the film that his teacher is the father of the boy he killed.

It could be said, then, that Olivier is interested in Francis, at least if we understand interest as *inter-esse* (or in-spiration) and see it as a movement in which Olivier puts himself at stake and leaves behind his position as the father of a murdered child. This movement has no meaning, that is, there is no real explanation, but the effect of an opening or beginning. »Pourquoi fais-tu ça?« (»Why are you doing this?«), Olivier's ex-wife asks him after he has accepted the boy as an apprentice. Olivier answers that he does not know himself: »Je ne sais pas«. For Olivier, Francis does not appear primarily as the murderer of his son, but as the announcement of a new beginning, or as an invitation to speak and this, so we contend, can only happen because he is a master, meaning that Francis primarily appears as a schoolboy/apprentice.

Le Fils is a small film. It does not show a teacher who embodies the promise of a new or better society. It is not a film about the future or the past. Of course, the past does play a role – there is the murder of Olivier's son. And, of course, the future is also important: the future of the young murderer (Francis), of Olivier himself, of his ex-wife. But the film is not about that past or that future. The film is primarily a registration of moments and situations (in which past and future are compressed or condensed and are, in that sense, unimportant), and most importantly it is a registration of the attitude and *stance* of Olivier in these moments and situations, a registration of his gestures rather than of his (almost absent) words. In calling it a registration, we want to emphasize that the film *shows* something rather than telling us a story. What is shown does not depend on coming to an end in order to get meaning. A registration can always be interrupted (for what is registered does not vanish together with stopping filming), whereas a story has an end, even if it is an open end (and what happens, then, gets its meaning from this end). Therefore, one could say that the film is the registration of the daily common/ordinary life of a masterly teacher. It shows us what someone does by literally and figuratively staying focussed on someone. We will contend that the film registers how someone cares for himself and for the world.

There is of course, simultaneously, the story of the murdered son, of the hesitation, the approach, the misunderstanding, the conflict, the silent reconciliation. But this is not the story that carries the film; it could have been another story. The film continues after the reconciliation (which maybe was not really a reconciliation) and stops without announcement. This emphasizes once more that it is just a registration and not a story. Stories have heroes or anti-heroes, whereas a registration does not, and in this film there are certainly no heroes. What counts here is somebody caring for his craft (carpentry), accepting the world, trying to care for himself out of this acceptance and, thus, showing what we want to call mastery. Mastery here is understood in relation to a philosophical stance whereby philosophy refers primarily to a way of life, to a way of working on the self (Hadot 1995, Foucault, 2001/2005). The film is about someone who tries to live in the company of himself in and through the care for his craft. What we see, therefore, is not the story of someone silently reconciling himself to the death of his son, acknowledging that he will have to live with the murderer. It is rather the registration of someone who cares for himself out of a certain accepting stance: someone who doubts, thinks, walks, is silent, speaks, sweats, counts, … . Olivier does not display an attitude of wanting to know, or of wanting to change, something. He does not live the life of someone who (as the hero or anti-hero) wants to change the existing world. The person who is registered is someone who shows his mastery in carpentry, who in his mastery accepts ›reality‹, and precisely therefore sees the murderer of his son first and foremost as a pupil. Or, put the other way around, it is Olivier's mastery that positions the murderer as someone who wants to engage with the craft, who becomes fascinated, and to whom a future (*un a-venir**) opens up. In short: the film is the registration of the educational (*pädagogische**) force of mastery.

In this way, the film registers perhaps something that is at stake in the daily occupation of each teacher. If one would register the daily concerns of teachers at school, one would (probably in many cases) arrive at the same images: registrations of the small investigations, the fast thinking, the reluctant speech, the transpiration. And in particular: registrations of small actions and gestures that testify to the love of the craft (passion), or to mastery. These are the registrations that take place in *philosophically* caring for the self as a teacher, and of the hand of the master in banal, daily situations. For someone who accepts what is given, this given does not appear as something that has to be changed (by a heroic act or intervention – i.e. I have to change myself or to change the world). On the contrary, the self and the world appear as something asking for a caring concern, for a search for perfectionism (›I have to perfect what I do, what I think‹, ›I have to see, here and there, small things differently‹, ›be more present‹, ›be more attentive‹). What is registered first may be this attempt: the attempt of somebody who is trying to take care of herself and her craft. And precisely in doing this, a situation is created in which somebody else becomes a student/apprentice and becomes interested. Put in another context, it is the ordinary situation in which the child gets interested in what her father or mother (grandfather, grandmother, …) is doing – and gets interested precisely because her father or mother is not interested in the child, but in ›some-thing‹. This is not the situation where parents spend ›quality time‹ with their children (being interested in their children), but where parents are dealing with something, showing their mastery in small gestures, and in this way render their children interested – often despite themselves and their educational intentions.

When looking at the mastery presented by Olivier from the perspective of the prevailing contemporary schemes, it appears as un-contemporary – maybe even ridiculous or, worse, irresponsible. Looking at Olivier from the perspective of the competent expert teacher would let him appear most probably as incompetent (not emphatic, friendly, not taking into account pupils' needs, etc.). However, as we mentioned, we think that Olivier shows us crucial elements of what we consider to be the educational (*pädagogische**) dimension of teaching: its inviting, inspiring, and inter-esting dimension (which perhaps we could call also its ›worldly character‹). Let us sketch first, therefore, very briefly, the contemporary figure of the teacher that can be summarized in the attitude of the expert.

The contemporary teacher-as-expert

Today, teachers are expected to be *experts* (see also Geerinck *et al.* 2009, Geerinck 2011). To see oneself as an expert is to assume that your ability is based on ›knowledge‹ and ›competence‹. We can describe the teacher-as-expert along three dimensions: her relation to the world, to others, and to herself. In each of these dimensions, knowledge is crucial.

First, the expert teacher is someone who has acquired knowledge about *the world*, or a part of the world. She is an expert in at least one (scientific) discipline or ›subject‹. She knows how things are, how to deal with them, and wants to introduce students/pupils to this knowledge, or to enable them to discover or construct it by themselves. Second, *the relation to the other* is equally to be seen in terms of knowledge. The expert teacher disposes of didactic and pedagogic knowledge to support the student in acquiring (or constructing) knowledge. She shapes her relation with students on the basis of her knowledge about class management, learning processes, individual learning needs, learning styles, learning plans, attainment targets, etc. Third, for the expert teacher, *the relation towards herself* is also knowledge-based and knowledge-oriented. She assumes that she is, in principle, able to know herself and that this self-knowledge is crucial to the monitoring of her expertise. This self-knowledge is a self-awareness; that is, being aware that one's own opinions, emotions, and interests can play a role and always threaten one's expertise and ›professional judgement‹. For example, the expert is someone who knows to make a distinction between what is ›private‹

and what is ›work‹; someone who can decipher her own self-interest in order to neutralise it, and can then orient her action to the needs of the student.

We can indicate some recent shifts in the figure of the expert teacher along the three dimensions mentioned above, and it should become clear that knowledge remains central. First, whereas traditionally the relation towards the world (the teacher as the expert in a discipline) was central for the teacher, today it seems that increasingly it is her relation towards the student that is central (the teacher as the expert in facilitating learning processes). It is less about content and programmes based on (scientific) disciplines (based on knowledge about the world), than about competences and modules (based on what you should be able to ›perform‹ in the world). Moreover, the teacher is expected not only to efface herself in favour of a defined scientific knowledge base (about effective means), but also to constantly renew her own (implicit) knowledge base through permanent reflection on herself as she is confronted with new situations. Therefore, the contemporary teacher is required to be a ›reflective practitioner‹ (Schön 1983), and is expected to activate and mobilize self-knowledge on a permanent basis. Notwithstanding the fact that these shifts imply major changes, knowledge remains the base (see Geerinck et al. 2010).

Second, the relation to the other is focussed on ›correctness‹ and ›authority‹. For the teacher-as-expert, teaching is about acting ›correctly‹. The expert teacher is correct in as far she allows herself to be guided by means of knowledge and thus with respect to course content, didactics, and pedagogic means. Moreover, the teacher-as-expert is someone who borrows authority from her knowledge or expertise, and, hence, is someone who constantly distances (or tries to distance) herself from people that do not possess the expertise (e.g. pupils, but parents as well). In line with Jacques Rancière (1987), one could state that this concerns not only a distancing, but also an attempt continually to render oneself necessary. In claiming exclusivity, the following message always echoes in the voice of the expert: ›Without my expertise, you (pupils, parents) are not able to …‹. It is an authority or, rather, power based on knowledge and having access to knowledge.

Third, the contemporary teacher is expected also to take up an educational task, besides the instructional tasks. Here, the teacher enters the realm of norms and values, and hence is concerned with such things as personal, moral, or character development. In this domain as well, expertise has become a requirement (e.g. Veugelers and Vedder 2003). The expert teacher is someone who, with knowledge, involves pupils in the ›communication of values‹ and the ›clarification of values‹ – someone who is aware of her own values and norms and who offers expert guidance to pupils in order that they are able to develop their own sets of values and norms.

Finally, in the multifarious attempts to professionalise the teaching profession, it is this figure of the teacher-as-expert that is aspired to. By analogy with so-called ›real‹ professions, e.g. medicine, the aspiration is a teaching corps that is self-organizing (›an order of teachers‹ that also controls entry to the profession), that monitors that actions are based on valid knowledge (›professional expertise‹ taught in ›professional institutes‹ and based on knowledge supplied by ›professional researchers‹, and thus being ›evidence-based‹), that is further developing the ›knowledge base‹ (›professional development‹ by means of ›permanent training‹ or ›permanent improvement through self-reflection‹), and that imposes on itself certain rules and forms of behaviour (›professional deontology‹). Professionalism and expertise go hand in hand here.

The teacher-as-expert is contemporary. This is the type of teacher that many policy makers and, maybe to a certain extent also teacher educators, have in mind. Olivier is certainly not an expert in this sense. He is not a specimen of the ›order of teachers‹ that policy makers, teacher trainers, and educationalists often dream about today. The image of the expert seems hardly to tell us anything about what is shown in the registration of Olivier. Is Olivier not too preoccupied with himself to comply with the professional profile of an expert teacher? Isn't he too concerned with carpentry? Doesn't he keep too little distance in order to teach and explain something in a professional way? Olivier clearly knows a lot about carpentry. But, it seems that this is not only about knowledge and knowing. He seems not only to know his craft, but also to live up to it. He has authority: he has something to say and, eventually, Francis wants him to be his guardian. Francis asks him this somewhere in the second half of the film, inspired by his way of behaving and of relating to what he is doing (and still unaware of Olivier being the father of the boy he killed). In a way it seems that Olivier, one could say reluctantly, not only transmits his knowledge, but also what inspires his life, what makes him live (and clearly not only in the sense that it gives him a living). But again, he does not fit the profile of the expert in moral or spiritual development. He seems to do that without really strongly intending it: there is little evidence that Olivier has the explicit intention to ›save‹ the boy. Thus if the teacher-as-expert is contemporary, the least we can say is that Olivier is un-contemporary (and maybe still many teachers possess, in the light of the contemporary profile of the expert, that kind of un-contemporaneity).

Un-contemporary mastery

This attempt to sketch the teacher who has mastery is our philosophical exercise to think the un-contemporary teacher. That teacher is not someone who is represented by the film, but is our name for what presents itself (in the film) in small gestures, small things, little words and specific ways of relating. Hence, this sketch is not so much the description of another type of teacher, but is rather about the introduction of (necessarily un-contemporary) words that show other things and that might also invite (future) teachers to look differently at themselves. The notion ›the teacher-as-master‹ thus does not refer to a reality waiting for a (scientific) description, nor is it a mere concept that no reality responds to (yet). Instead, it names and ›brings to thought‹ what, according to us, presents itself in the film. A new three-dimensional sketch (regarding the relation towards the world, towards the other, and towards the self) is useful for this exercise in thinking that the film invites. For the teacher-as-master, it is not knowledge that is central to these three relational dimensions, however, but care.

Olivier's hands are shaped by the wood. The way in which he deals with the wood, is attentive to how the boys treat and manipulate it, and how he himself is concerned about what happens to it, has inscribed itself in his body, his gesture, his gaze. They testify to his caring relation towards the wood. While expertise implies a relation of knowledge towards the *world*, mastery is characterised by the relation of care. For the teacher-as-expert, the world is something that can be known. Expertise and knowledge constitute the basis for mastering, fashioning, shaping, and inhabiting the world, and they constitute the objects an expert teacher wants to transmit to the pupil (or the objects she wants to develop herself). The master, on the other hand, is the one who perceives the world, or something in the world, as demanding care. It is someone who takes up responsibility for the world, to use the words of Hannah Arendt (1968). The mastery of Olivier in carpentry manifests itself in the care he takes for the wood, just as this might be the case with the English teacher and her relation with the language, or the mathematics teacher who manifests this care towards the world of numbers and arithmetical operations. In this care for the world, *respect*, *devotion*, and *passion* come together in what we might, in uncontemporary terms, describe as ›embodied love‹.

Mastery shows itself in some sort of *respect* for the ›essence‹ of something, that is, of its thing-ness. The wood asks, as it were, to be carved in a particular way. This respect for the matter implies a particular *devotion* as well. The master is, in a certain manner, in service of the wood, or in service of the English language, or of mathematics. Olivier is not mastering the wood he works with, but he touches it with devotion and his respectful hands embody a kind of mastery that the wood imposes on him. Furthermore, this relation of respect and devotion seems to be connected with a kind of *passion*. The teacher as master is, in one way or another, filled with enthusiasm or, rather – and explicitly formulated in the passive voice – the master is filled with enthusiasm for her subject matter.

But, as Olivier shows, this enthusiasm and passion are neither primarily expressed in words, nor does it manifest itself in grandiose, glorious, extraordinary, or spectacular activities or behaviour. They show themselves in the rather ordinary gestures that embody his being taken away. Olivier is also blinkered when it comes to his subject matter. It is a form of idiocy, which as Giorgio Agamben formulates strikingly, on the one hand has to do with a ›ceasing‹, a being struck dumb, and thus a being touched by the matter, and on the other hand with a simultaneous desire to engage oneself with something or to be in service of the thing (Agamben 1995). This double aspect implies that the master does not get totally absorbed in what she is doing. She is not someone who coincides with herself. There is a constant distance in this involvement – both with regard to the self and to the subject matter or the world. Hence, the master is someone who can, in the practicing of her job, also and always be engaged in a certain way with herself and her life; she is someone who has to take care. It is never final. And because it is never final, it is a question of searching, of being engaged, of caring – that is, of not being indifferent. This brings us to the second dimension: the relation to the self, in the form of *meditation, mastery, exercises, embodied knowing,* and *perfection.*

The expert regards herself as an object of knowledge and tries to found her actions on knowledge about the world and on dealing optimally with others. For the master, involvement with the self, or reflexivity, is not about knowledge. The relation between ›reflexivity‹ and ›knowledge‹ is perhaps evident to us. However, following Foucault, it is interesting to stress that, in Western history, different forms of reflexivity can be distinguished. Foucault understands the notion of reflexivity (*réflexivité**) as ›an exercise of thought, of thought's reflection on itself, of looking at oneself‹ (Foucault, 2001/2005, p. 460), and one is dealing, therefore, with involvement with the self: Foucault also speaks of a ›permanent presence of the self to itself‹ (ibid.). A central idea in these ›exercises of thought‹ is that of conversion, of converting to the self (*se convertere ad se*), of the return to the self, of turning around towards oneself. In constituting oneself as a subject of truth, Foucault distinguishes three major forms of reflexivity: recollection, method, and *askēsis*, and it is the third that he associates with mastery.

In *recollection* (and as outlined exemplarily by Plato), the past is regarded as a carrier of truth. This past, then, needs to be made present through recollection. The truth is, as it were, present in everyone, but has to be made present again reflexively, that is, through recollection. This form of reflexivity is also a core element of some religions that consider tradition (and recollection of the beginning) as the source of truth. In *method* (and here Descartes is exemplary), one is primarily concerned with the search for a criterion of certainty, on the basis of which truth is organized as a unity of objective knowledge. The methodical form of reflexivity is characteristic of the modern researcher, who is led by the scientific method and is concerned about her neutrality or objectivity. Method as form of reflexivity is also characteristic of the expert (teacher). The form of reflexivity characteristic of the master, however, is, if we follow Foucault, neither method, nor recollection, but *meditation*. It is important to try to describe the term meditation (or, ascesis or philosophy as an art of living) more precisely.

Very often the term ›meditation‹ has the connotation of ›being attentive to one's inner condition‹, or the ›emptying out or purifying of the soul‹. And in combination with contemporary forms of spirituality, meditation is regarded as a technique for obtaining knowledge about the self based on introspection. In the context of Greek antiquity, in which Foucault situates mastery, however, ›meditation‹ or ›ascesis‹ is a (lifelong, philosophical) exercise in which one ascertains (or tests) whether what one thinks and does are in accordance, and in which one tries to transform oneself so that this accordance is achieved. In meditation, one does not want, then, to gather knowledge about one's ›innermost feelings‹ or ›concealed desires‹ (i.e. that would act as the origin of one's actions), but rather to test thoughtfully whether what one does (and has done) is in accordance with the truth one postulates or the ideas one has. Here, then, the self is not something that can be known (or deciphered, discovered, or liberated), but rather the origin of one's actions and something that requires constant care. For this particular kind of care, one needs to know the self in a certain manner; one has to test oneself, and trace to what extent thinking and doing are in accordance. But this knowledge of the self is in service of the care of the self; it is not a knowledge about some ›deep I‹.

Olivier is clearly someone who thinks, but silently. It is embodied. He is not someone who stops working, tries to find out who he really is, and takes his time to look for some evidence in order to take a decision and to move on. He acts, he works, he faces events, hesitates, gives instructions, does his exercises, but in all this there is a concern, a kind of attentiveness for the self in the situation, in relation to others, and primarily as someone who works with wood. The care of the self indeed aims at mastery, and this mastery shows itself in a constant and attentive search for accordance between what one thinks and what one does. Put differently: someone's mastery shows itself to the extent that someone is present in what she does, and to the extent that someone, in what she says and does, also shows who she is or what she stands for. Olivier establishes mastery not because he carves the wood as such, but because he is present himself in this carving, and to the extent that he does this in an attentive or concentrated manner. In this sense, of course, someone who establishes mastery is very ›contemporary‹; she is precisely someone who is very present in the present. For the teacher as master, then, there is always something at stake. The English teacher for example can have, and establish, an enormous amount of expertise regarding grammar or literature, but can set herself aside and be absent, as it were. In that case, the devotion or inspiration is not there; this is a teacher for whom nothing is at stake in what she says and who, in a manner of speaking, deals disrespectfully with her subject matter.

This presence does not mean, however, that the teacher has to express her opinion or show a personal or unique touch. It is not about being personal, but about, as it were, the wood: to enable the wood to appear as wood, the pupil to come into its presence, the wood to become part of his world, and the pupil to be formed at the same moment that the wood becomes ›some thing‹, i.e. something that inter-ests. Care of the self and thinking are not, then, a personal issue, or about expressing one's inner self and unique personality. The care of the self always implies a care for the world. Care of the self is needed in order for wood to present itself as wood, and not for Olivier to appear as a unique, sensitive person.

It is important to stress that devotion, respect, and passion have to be established in some way. To be attentive requires effort. In that sense, the teacher-as-master is someone who works on herself in ›meditative exercises‹, someone who struggles with herself, someone who searches. As Foucault (2001/2005) remarks, it is no coincidence that the Greeks refer constantly to the figure of the athlete who is working on her condition. Mastery implies exercise, or preparation. The master is someone who works on her condition (of devotion, respect, passion) and, precisely for that reason, is someone who will never completely disappear in her work. One is never prepared as a teacher, at least not in the sense of having a sufficient knowledge base to confront all challenges. Olivier was not prepared in that sense – how could one be prepared to face the murderer of one's son? Yet, at the same time the film could be looked at as a long exercise of preparation, that is, careful looking for a just attitude, rights words, and meaningful gestures, including the physical exercises required to keep in shape. Is this really different from a more ordinary situation where a teacher who, before entering the classroom and starting the class, takes some time to read something? They may not be readings directly referring to the course, but readings that enable her to become attentive and to concentrate herself. Or we could think of the teacher who meticulously prepares for a course. Not initially to follow these preparations (that is often not the case), but primarily because the writing of these preparations and the thinking about that course help to achieve attentiveness for the matter. These preparations, then, do not function as plans to be applied during the course: this would be a function of the preparation for the teacher-as-expert. The teacher-as-master in particular prepares herself, so that she can be attentive and deal passionately with certain matters during the class. Or stated otherwise: the master prepares something out of respect for the matters she deals with, while the expert does this out of fear of not knowing how to act. In other words, by means of these (in some respect banal) preparations and exercises, one can prepare oneself or work on one's condition. It is important to stress that there is no logical or causal connection between this condition and preparation, and the ultimate (athletic, intellectual, verbal, pedagogical ...) performance. This connection is present for the expert but, in that respect, (course) preparations have the meaning of planning, or the measuring out of a plan of action. Bringing oneself into condition or preparing ›the self‹ does not guarantee a masterly performance, but it can lead to inspiration, attentiveness to, or concentration on the matter. This brings us to two other elements that are central in the relation to the self of the teacher-as-master: embodied knowing and perfection.

The expert is perpetually dealing with knowledge, but this knowledge is something that is placed outside the expert herself (e.g. course contents). In mastery, knowledge is something that is embodied. Olivier's mastery in carpentry establishes itself in his body – in the hands and the gaze of the master. The hands and the gaze know, as it were, what they have to do and how to do justice to the wood he is dealing with. One might say that the gaze and the hands of Olivier embody a knowing, and that this knowing is in accordance with the matter itself (the wood). Yet, it is not about what one calls an ›automatism‹ or a ›routine‹; someone who is acting routinely, or ›on autopilot‹, is someone who is not present, someone who is ›reciting a course‹. The master – out of respect for her subject and being attentive to what might happen – remains present and is never, therefore, totally absorbed in what she is busy with. This is perhaps the unease, but at the same time presence, we see in Olivier as he tries to relate to the situation.

The central attitude of the expert consists in enlarging her expertise, and this means adapting the available knowledge base in order to act ever more correctly or with ever more expertise. In our ›postmodern condition‹, as Jean-François Lyotard (1979) stirringly describes, the expert teacher – aside from her knowledge about targets (modules, curriculum, final attainment levels) – pays tribute to the following principles: effectiveness (reaching the goal), efficiency (reaching the goal in the fastest or cheapest way), and performativity (attaining more and more with less and less). These terms do not apply to mastery. The central attitude in mastery is, conversely, an orientation towards perfection. In all his comments to Francis and the other schoolboys on how they perform, in the way he looks at them, stands by them, and in the way he shows them how to do something, and evaluates and adjusts their actions, Olivier testifies to this orientation towards perfection. Perfection is not to be confused here with what was earlier, in the idiom of the expert teacher, called ›correctness‹. Perfection is not a state (or a final destination), but has to do with ›doing right‹; not as in ›in accordance with the criteria‹ or ›based on knowledge‹, but in the sense of ›the right words‹ or ›the right deeds‹. Confronted with an unusual situation or with a sudden question from a pupil, the teacher-as-expert might say and do the ›correct‹ things (that is, in conformity with set criteria), but these are not necessarily the ›right‹ words and deeds. What is right depends on the situation, and one can only utter the ›right words‹ or do the ›right things‹ when someone is attentive to and present in the situation at hand. To act correctly and say the right things also always means a kind of ›appropriateness‹. But at the same time, what the master does must be in accordance with the thing itself – it has to be right, or ›just‹. The teacher as master is someone who succeeds in saying and doing ›the right thing‹ in a particular situation. In making the right gesture or pronouncing the right words, the master also always brings her thinking and acting in accordance with each other. And the master is able to do this because she does not coincide with the matter at hand or with the self. Thus, the matter and the self are not determined. There is such a thing as rightness because nothing is fixed, and something always can and always needs to be determined. It is the rightness by means of which Olivier reprimands Francis and the other pupils now and then, but it is also the rightness of his always careful words and deeds.

Perfectionism, then, does not refer to some pathological attitude, but to a lifelong occupation that has as its purpose always obtaining this condition that enables one to do and say ›what is right‹. A deviation (from a certain criterion) can, for an expert carpenter, be insignificant in as far as the goal is attained. That is not the case for Olivier. The master indeed is concerned about the very same deviation because it is not right, at least not according to the nature of the matter and in line with her involvement with that matter. It is the perfectionism of the teacher who demands respect for the subject and for her non-indifferent presence with that subject. In the eyes of the expert, the perfectionism of the master is exaggerated, useless, or even morbid and unbearable. For the master, the expert has no ›professional pride‹, that is to say, she has an indifferent relation with what she is dealing with.

The un-contemporary master-as-teacher

It is not without reason that in the discussion of the first two dimensions (i.e., world and self), there is hardly any reference to the third dimension: the relation towards the other, or the relation towards the pupil. For the expert, the relation to the other (as pupil) is central – certainly in the contemporary form where the well-being and individual needs of the pupil have to direct or guide the teacher's actions. For un-contemporary mastery, this relation is in a certain respect secondary, and it is perhaps better therefore to speak of the master-as-teacher. Indeed, for the master, ›care or love of the subject‹ (and the care for oneself) is central, and the relation towards the pupil or student is a derivative of this love (and care). Or to put it differently: the pedagogical is the brilliant *shadow side* of mastery.

Referring to the mastery of Socrates, Foucault (2001/2005) reminds us that, in mastery, the care for the self precedes the care for the other; one cannot engage with others, one cannot care for others, when one has not learnt to take care for oneself. Such thoughts may be at odds with our contemporary appreciation of relations in the context of education and teaching. We often presume these relations are characterized by the ›care for others‹: teachers, parents, youth workers ... efface themselves, give up their self-interests, and proverbially live for others. Someone endowed with mastery, however, is not the person who sacrifices herself for the other. But that does not mean the master puts her owns interests first or that we are dealing with egoism or egocentrism. Mastery concerns a particular relation to the world (viz., a devotion to something in the world), and also always implies a care for the self (viz., working on oneself in that distance regarding the world). It is precisely because of this mastery (care for the world and care for oneself) that the master ›opens up‹ a world, offers the opportunity to get interested, and hence invites others to take care for the world and for oneself. What is so apparent in *Le fils* is precisely that, despite himself, Olivier – who is also permanently confronted with the murderer of his son, who is certainly not oriented towards Francis' ›learning needs‹ or his enjoyment of learning (indeed up to the very end it remains a real possibility that he will take revenge), who never is particularly friendly or showing any empathy – his love and care for the wood and his care for himself being so embodied, can inspire Francis. Francis, who appears as beaten, enclosed in himself, deeply alone, and anxious in some way, becomes interested in the wood and in carpentry i.e. wood becomes part of his world and gets meaning. Wood starts to form him. Not because Olivier would like to save Francis and would like him to become a carpenter in order to give a young delinquent a new chance. Indeed he suspends what he wants of him or for him. It is because Olivier, despite himself, arrives at making the wood present, bringing it to life so to speak, and bringing Francis literally near to it, through his way of dealing with it.

Mastery thus involves care of the self and care for something, but that does not prevent someone from being there for her students. On the contrary, it seems as if precisely this position (of working on one's subject and on oneself) places those youngsters – including Francis and the other schoolboys – in a position in which they can and want to study, that is, they have become inter-ested. This is close to the thoughts of Arendt (1968). According to her, only people who take up responsibility for the world are able to be engaged with teaching and education; only they can make it possible, by means of rendering the world (or something in the world) *present*, in order that the new generation can show itself as a *new* generation in the world. Not taking up responsibility for the world as a teacher or as a parent implies depriving young people of the possibility or the ability to renew the world. What is at stake here is that making ›some thing‹ present or disclosing the world (e.g. wood) makes possible that unique educational experience of being able to begin, an experience of potentiality (Masschelein and Simons 2010). Perhaps the expert teacher, and the expert parent, despite good intentions, are too occupied with students or children actually to make possible that experience of ›being able to be in front of some thing‹. Indeed, the child or the pupil probably does not want a parent or teacher who is (only) interested in him/her, but first and foremost a parent or teacher who is interested in ›some thing‹ and who can, thus, generate interest. In the terminology of mastery, this means the following: only she who cares for the world, and for herself in the world, can take care of the other. The notions *authority, invitation*, and *touchstone* enable us to describe more specifically the relation to the pupil that arises from mastery.

In her mastery, the teacher does not represent the world for the pupil (as the expert teacher would), but rather *presents* the world. Olivier embodies his mastery in carpentry. This mastery is as such not transmittable – you cannot teach someone love for the subject. Yet, Olivier lets pupils practice, lets them prepare themselves, tries to make them attentive, and to keep them focussed on the subject. With her mastery, the teacher will continually give instructions, saying what can and what cannot be done, demanding exercise and perseverance, concentration, attention, and devotion. It is striking also how Olivier is concerned about what happens to his pupils outside school, not in their life world or social conditions *per se*, but as he wants to avoid them impacting negatively on the attention and discipline needed to deal with the subject at school. Moreover, with his passion and perfectionism, Olivier cannot but intervene and say how it ›must be‹ – if only because he is not able to hide it and shows it despite himself.

The master-as-teacher has authority, but this authority is not based on knowledge or expertise. Authority is connected to her mastery and thus to her devotion and the knowing that she *embodies*. In the relation of authority between the master-as-teacher and the pupil, two things converge: one, the invitation to become involved with the subject (carpentry, language, mathematics, …) and thus an invitation to take care for oneself and the world and, two, the offering of a kind of touchstone (with regard to perfectionism in carpentry, language, mathematics, …) and thus the call to do this with love or mastery. In a way, the master-as-teacher calls a classical pedagogical setting into being: she invites pupils to engage themselves with wood carving, formulas, texts. She makes something available with the invitation to experience the subject and at once to experience one's ability. By showing her mastery, the teacher will always be a touchstone. Olivier is not a teacher who merely facilitates or someone who eschews intervention. He is present, he intervenes in what the students are doing, he gives instructions, and in doing so his love for the subject and for the students seem to merge. In and through her perfectionism, the teacher becomes someone who offers students time and again the opportunity to verify whether their thinking and doing are in accordance.

Acceptance

As a last point, we want to emphasize the attitude of acceptance that characterizes Olivier's mastery. The term ›acceptance‹ refers here to an attitude of devotion; an attitude that consists in devoting oneself to reality: to giving up the longing to know how it came about, to change, and to design it (characteristic of the attitude of expertise), and instead being caringly present in ›what is‹. This acceptance is not something that happens to someone, but is a state of mind on which one has to work. Acceptance, thus, does not refer to a defeat (›Unfortunately, I have to reconcile myself to the facts or to the recalcitrant reality.‹), but to a positive state of mind, or attitude of devotion and being present. The distance to oneself and to the world that is inaugurated in this acceptance is not to be regarded as a relation of indifference, but as a relation of involvement in which something in the world, but also for oneself in that world, is at stake. *Le Fils* shows this attitude of acceptance that is connected with mastery. It is present in at least three different respects and on at least three different levels.

First, there is the acceptance of Olivier on behalf of his work, particularly his perfectionist attitude to carpentry. Olivier is, first and foremost, someone who devotes himself to some thing – but precisely without losing himself in it. It is both his way of taking responsibility for the world and his way of taking care of himself. And this love for the world is at once a love of the renewal of the world, of sharing his world, having someone partake in it, or setting it free for the new generation. Second, it seems as if precisely this acceptance, or this attitude of devotion, coincides with an attitude of acceptance towards Francis. The moment that Olivier accepts Francis as a pupil is the moment at which Francis stops being primarily the murderer of his son. It is the mastery, the love for the subject or for the world and its renewal, that seems to triumph here, or that at least opens up a space in which a pupil can start to take care of herself, and in which she can search again for accordance between acting and doing. Mastery casts a pedagogical shadow. From this perspective, the film is a registration of how mastery prevails over revenge or rage – it is a registration of someone who perseveres in trying to take care of himself, however hard that might be and however much incomprehension this might raise. Third, this also implies an acceptance of the future or of ›the new‹. Since Olivier lets mastery prevail – and thus keeps on caring for himself – he grants Francis a future, or at least he inaugurates a pedagogical (shadow) space in which Francis can try to take care of himself and prepare himself for the future. It is a kind of ›second chance‹, then, but not a second chance that Olivier grants him out of charity, or that he grants in exchange for a promise or a confession. Instead it is perhaps a second chance that originates (time and again) from mastery and implied acceptance, and to a certain extent also despite the intentions of the master. Olivier indeed is acting upon, what Rancière (1987) terms, the ›assumption of equality‹; that is, his point of departure is not the possible difference between or inequality among his pupils. In what he does he seems to assume that everyone is equally able to be interested, skilled, and hopefully devoted to carpentry. This assumption of equality is at once an assumption of potentiality, that is, of acting as if everyone is able to. Although Francis is different, very different, and although Olivier surely hesitates and struggles throughout the whole film, Francis is at the same time accepted as pupil like any other, and addressed as being able like any other. But this assumption is also an acceptance of the future or of ›the new‹ for Olivier himself. He lets mastery triumph, and remains present in what he seems to like doing, with what he seems to have to do, and with what he seems to keep on having to do.

Credits

Each remark and each concept is undeniably an exaggeration of reality. In that sense, the foregoing account deviates from the purpose of describing the small, ordinary teacher. Yet, maybe these remarks and concepts, and the somewhat uncontemporary terms, make it possible to grasp something of the teacher. It might be something of the teacher that everyone knows, and that, probably precisely for that reason, no one really knows: mastery and acceptance – something that is, regarded through the contemporary lens of expertise, not worthwhile. The care of the self and the mastery of the teacher are manifest in small things – if we are able to think small and a bit out of time. It is in the teacher who, for instance, quickly sifts through something between times, ponders for a second, walks around in a hurry, and answers a question with a slight hesitation. The teacher who briefly doubts what she is saying while she is saying it, who listens attentively to pupils yet does not lose herself completely in that attention, who speaks routinely, and who gesticulates without being predictable. It is not in the teacher who constantly seeks eye contact with her pupils, and who wants to listen actively to them, but equally it is not in the teacher who, turning to the blackboard or tradition, turns her back on the pupils. It is in the teacher who keeps an eye on the pupils, who is present in the classroom, but who is equally and also just that bit too much occupied with the subject matter, departing from her ›love for the subject‹. It is in the teacher who succeeds in bringing pupils in to contact with the subject matter – and this by small things and small acts – with a certain severity, for a moment. It is in the (magnificent) moment or situation in which pupils are exposed to the subject matter; the moment, and the situation of mastery that, in a manner of speaking, has absorbed past and future. This is simply the moment in which teacher and pupil, drawn into the masterful moment of the class, lose track of time for a while, and become interested in something, exposed together.

It was the film *Le Fils* that, for us, made something present, provoked thinking, made us interested. We became students again – and remembered the importance of study in doing research today. This text is an attempt to think about the teacher in the presence of Olivier and Francis. Of course, it is all fiction, but what makes the films of the Dardenne Brothers so inter-esting is that they bring us into contact with reality (again). Not because their films are realistic – that would imply that they are telling us stories. They made us think of Olivier and Francis, and far from being the names of some characters in a neat script they became part of our world. That is perhaps the mastery of the Dardenne Brothers: their mastery in the art of making things present, disclosing the world, and hence casting a pedagogical shadow in which we can think of education again.

Bibliography

Agamben, Giorgio (1995): Idea of Prose. State University of New York Press. Albany, NY

Ahrens, Sönke (2010): Immanente Wahrheiten. Das bildende Kino der Dardennes. Weimarer Beiträge 56, 3, pp. 432-439

Arendt, Hannah (1968): The Crisis in Education. In Between Past and Future. Eight excercises in political thought (pp. 170-193). New York: Penguin (1983)

Bresson, Robert (1988): Le cinématographe. Paris: Gallimard

Foucault, Michel (2001): L'hermeneutique du sujet. Paris: Gallimard. (English (2005): The Hermeneutics of the Subject. New York: Palgrave Macmillan)

Geerinck, Ilse; Masschelein, Jan; Simons, Maarten (2010): Teaching and knowledge: a necessary combination? An elaboration of forms of teachers' reflexivity. Studies in Philosophy and Education, 29, pp. 379-393

Geerinck, Ilse (2011): The Teacher as Public Figure. Three Portraits (unpublished Dissertation: K. University Leuven) Leuven

Hadot, Pierre (1995): Philosophy as a Way of Life: Spiritual Exercises from Socrates to Foucault. Oxford: Wiley-Blackwell

Masschelein, Jan (Ed.) (2008): De Lichtheid van het opvoeden. Een oefening in kijken, lezen en denken. Leuven: Lannoo

Masschelein, Jan; Simons, Maarten (2010): Schools as Architecture for Newcomers and Strangers: The Perfect School as Public School? Teachers College Record, 112 (10)

Masschelein, Jan (2011, in press): Inciting an attentive experimental ethos and creating a laboratory setting. Philosophy of education and the transformation of educational institutions. Zeitschrift für Pädagogik

Masschelein, Jan (2010): De cinema van de Dardennes als publieke denkoefening. In de bres tussen verleden en toekomst. Oikos: Forum voor Sociaal-Ecologische Verandering, 4 (55), pp. 38-46

Rancière, Jacques (1987): Le maître ignorant. Cinq leçons sur l'émancipation intellectuelle. Paris: Fayard

Schön, Donald A. (1983): The reflective practitioner. How professionals think in action. New York: Basic Books

Simons, Maarten (2008): Meesterschap. In: Masschelein, Jan (Ed.) (2008): De Lichtheid van het opvoeden. Een oefening in kijken, lezen en denken, pp. 21-37. Leuven: Lannoo

Veugelers, Wiel; Vedder, Paul (2003): Values in teaching. Teachers and Teaching: Theory and Practice , vol. 9, 4, pp. 377-389

Regiepädagogik. Erich Kästner: »Das fliegende Klassenzimmer« (1933/1954)

Adrienne Crommelin

Für die Verfilmung *Das fliegende Klassenzimmer* aus dem Jahr 1954 schrieb Erich Kästner selbst das Drehbuch. Dass die beiden späteren Verfilmungen von 1973 und 2002 nicht Gegenstand der Untersuchung sind, heißt nicht, dass der ersten Verfilmung der Status eines etwaigen ›Originals‹ zukommt. Vielmehr zeigt sich an der Verfilmung von 1954 eine Besonderheit, die bei den späteren Verfilmungen in den Hintergrund rückt: Bei Kästner ist die Position des Lehrers in besonderer Weise mit der des Schriftstellers verschränkt. Nicht nur in vielen seiner literarischen und essayistischen Texte, sondern auch auf Werbeanzeigen für seine Kinderbücher inszeniert sich Kästner in Text und Bild als Erzieher und Lehrer.[1] Die Frage nach der Möglichkeit des Lehrens wird damit artikuliert als Frage nach der Möglichkeit des Erzählens und der Erlangung der Position einer Autorschaft. In der zentralen Szene nach der Schneeballschlacht leitet der Lehrer Johannes Bökh seine ›Strafpredigt‹ mit den Worten ein: »Ich erzähle euch eine Geschichte und ihr hört zu. Das ist unsere gemeinsame Strafe.« (44:48ff. Min.) Im Folgenden soll untersucht werden, inwiefern in Kästners filmischem Erzählverfahren die Position der Autorschaft an der Herstellung von Autorität beteiligt ist.[2] Bei der Bearbeitung der Fragestellung werden einige grundlegende Begriffe der Lacan'schen Psychoanalyse – das Symbolische, das Imaginäre und das Reale – angewandt. Vorweg einige Bemerkungen über diese Begriffe in Bezug auf das Lehren.

---

[1] Im 1946 verfassten Vorwort zum Gedichtband *Bei Durchsicht meiner Bücher* heißt es: »Satiriker können nicht schweigen, weil sie Schulmeister sind. Und Schulmeister müssen schulmeistern. Ja, und im verstecktesten Winkel ihres Herzens blüht schüchtern und trotz allem Unfug der Welt die törichte, unsinnige Hoffnung, dass die Menschen vielleicht doch ein wenig, ein ganz klein wenig besser werden könnten, wenn man sie oft genug beschimpft, bittet, beleidigt und auslacht. Satiriker sind Idealisten.« (Kästner 1998, Bd. I, S. 371).

[2] ›Autorschaft‹ meint dabei jegliches Verhältnis eines Autors zu einem von ihm geschaffenen ›Werk‹, sei es ein Text, ein Film, ein Bild, ein musikalisches Werk oder eine Inszenierung.

Lehren – symbolisch, imaginär, real

Bei Lacan steht das Symbolische für die Dimension der Differenzen, der verschiedenen Plätze. Bezogen auf das Lehren heißt das zunächst: Der Platz des Lehrers ist ein anderer als der des Schülers. Lehren heißt Einführung – des Lehrers und der Schüler – in die symbolische Ordnung. Hierzu bedarf eines gehörigen Aufwandes, denn die von den einzelnen Individuen zu unterscheidenden symbolischen Plätze sind nicht einfach ›da‹, sondern müssen jeweils eingerichtet werden. Dies ist keine einmalige Angelegenheit (vgl. hierzu Pazzini 2010, S. 320). Der Lehrer bereitet die Schüler auf unterschiedliche Arten von Platzwechseln vor: Prüfungen, aber auch der Wechsel von einem Medium in ein anderes oder von einer Ordnung in eine andere. Die Einführung in die symbolische Ordnung geschieht als Einführung in die Ordnung des Gesetzes, des Allgemeinen. Das ist mit Akten der Trennung verbunden.

Lehren als Akt in der Ordnung des Symbolischen wäre jedoch unmöglich, wenn es nicht auf die Dimension des Imaginären setzen könnte, auf die Identifizierung, sei es mit einem Ideal oder mit einer Person, auf Ähnlichkeitsbeziehungen, auf gegenseitiges Verstehen und Vertrauen, kurz: auf die Einbildungen des Lehrers und der Schüler. Das Reale ist das, was sich der Darstellung und dem intentionalen Zugriff entzieht. Es wirkt im Verborgenen, seine Wirkungen treten als Verausgabung, Wiederkehr, als unheimliche Begegnung, als Unterbrechung und Inkonsistenz der symbolischen Ordnung zutage. Das Reale ist bei jeder Form von Lehre im Spiel, es ist das, was weitergegeben wird, wovon sich aber erst im Nachhinein sagen lässt, dass es im Spiel war. Die folgenden Überlegungen beschränken sich auf die Untersuchung des Verhältnisses von Symbolischem und Imaginärem im *Fliegenden Klassenzimmer*.

Medienwechsel

Als Schriftsteller der Weimarer Zeit war Kästner den Wechsel zwischen unterschiedlichen Medien[3] und Genres wie Buch, Film, Kabarett, Theater, Zeitung und Rundfunk gewohnt (vgl. Hickethier 1999, S. 82). Aus einem Medienwechsel ist auch das *Fliegende Klassenzimmer* hervorgegangen, das von einer Karikatur seines Freundes Walter Trier aus dem Jahr 1927 mit dem Untertitel

---

[3] Der Begriff des Mediums wird hier nicht allein bezogen auf die Wahrnehmung oder im technisch-apparativen Sinn verwendet, sondern im Luhmann'schen Sinn verstanden als Bedingung von Möglichkeiten. So kann beispielsweise das Theater insofern als Medium verstanden werden, als es bestimmte Möglichkeiten der Darstellung und Handlungen zulässt und andere ausschließt.

Schulz, der fliegende Schulmeister mit seiner Klasse auf einem Schul-Ausflug inspiriert war.[4]

Damit klingt das Thema des technischen Fortschritts und seiner Folgen für das soziale Leben an – die Möglichkeiten und Folgen des technischen Fortschritts und die Legitimation des Gebrauchs technischer Mittel werden im Film mehrfach thematisiert.[5] Zugleich spielt der Titel vage auf von Reformpädagogen formulierte Prinzipien wie ›Pädagogik der Anschaulichkeit‹ und die Forderung einer ›Öffnung der Schule auf das Leben‹, auf Diskurse der Kritik und Erneuerung der Schule, an.[6] Indem der Titel das Prinzip eines alltagsnahen Realismus, für den Kästner im Vorwort von *Emil und die Detektive* plädiert,[7] mit dem phantastisch anmutenden Bild des Fliegens konfrontiert, verspricht er eine Transformation der realen Verhältnisse. Im Folgenden soll gezeigt werden, dass die Handlung des *Fliegenden Klassenzimmers* entgegen diesen Erwartungen an der Stabilisierung bestehender Verhältnisse – der Identitäten der Protagonisten und des sozialen Gefüges – arbeitet.

Der Film hält sich eng an die Buchvorlage, was sicher daher rührt, dass Kästner bereits beim Verfassen des Romans eine Verfilmung plante.[8] Dennoch ist es erstaunlich, dass man dem Film die zwischen der Erstveröffentlichung des Buches Anfang 1933 und der Verfilmung im Jahr 1954 liegende Zeitspanne von 21 Jahren nicht anmerkt. Die Zeit des 3. Reiches scheint wie ausgespart. Lediglich die Ausführungen Dr. Bökhs zum »Baumeister« Bruno Taut lassen eine

---

[4] Die Zeichnung gehört einer Reihe von Zeichnungen an, in der Trier sich mit den Möglichkeiten, die durch den technischen Fortschritt gegeben sind, auseinandersetzt (vgl. Ladenthien 2006, S. 214).

[5] Z.B. in der Unterrichtsszene, als Dr. Bökh mit den Schülern das Vorhaben des Architekten Taut diskutiert, die Alpen durch Sprengungen in ästhetischer Hinsicht zu verändern (17:28ff. Min.).

[6] Worin die ›Erneuerung‹ der pädagogischen Praxis jeweils besteht, wird – je nach der Tradition, auf die sich die einzelnen Vertreter der Reformpädagogik beziehen – jeweils verschieden artikuliert, gemeinsam ist den verschiedenen Ausrichtungen reformpädagogischer Diskurse jedoch eine Rhetorik des Zerfalls klassischer Werte, die einstmals bestanden hätten und wieder eingesetzt werden sollten (vgl. Oelkers 1996, S. 16ff.).

[7] Dort befolgt der Erzähler den Rat des Kellners: »›(...) das Beste wird sein, Sie schreiben über Sachen, die Sie kennen. Also, von der Untergrundbahn und Hotels und solchem Zeug. Und von Kindern, wie Sie Ihnen täglich an der Nase vorbeilaufen, und wie wir früher mal welche waren.« (Kästner 1998, Bd. VII, S. 198).

[8] Bereits Ende 1933 war Kästner mit R.A. Stemmle in Verhandlungen über die Verfilmung des *Fliegenden Klassenzimmers* (vgl. Tornow 1998, S. 9). Nur wenige Episoden wie die Sekundaner-Erzählung über den veralteten Witz des Direktors und die daran anschließende kurze Debatte über ein neues Lehrer-Ideal, das reformpädagogische Züge hat, wurden nicht ins Drehbuch übernommen. Hinzugefügt wurde die Unterrichtsstunde bei Johannes Bökh; die im Film an früherer Stelle stattfindenden Verhandlungen mit Friseur Krüger sind im Film zu einer eigenen Szene ausgestaltet worden, bei der die Schüler selbstbewusster auftreten als im Roman. Im Film wird in dieser Szene zudem Professor Kreuzkamm eingeführt. Diese Änderungen betreffen in erster Linie dramaturgische Aspekte wie Reduzierung der Handlungsstränge und Einfügung bzw. Ausarbeitung komischer Szenen.

historische Verortung des Films zu. Weder die mediale Differenz zwischen Buch und Film noch die historische Differenz scheinen in der Weise relevant, dass eine problematisierende Artikulation dieser Unterschiede in der filmischen Umsetzung erfolgt wäre.[9]

Ähnliches trifft für das Verhältnis von Text, Ton und Bild im Film zu: Text, Bild und Ton entsprechen sich gegenseitig, Reibungen treten nicht auf. Dies zeigt bereits die Eingangsszene, in der der Erzähler sagt: »Die Gräser verneigen sich respektvoll, man weiß nicht genau, vor wem.« Parallel zu dieser Beschreibung wird in Großaufnahme die Bewegung der Gräser gezeigt, so dass keine Differenz zwischen Gesagtem und Gezeigtem entsteht.

Auch auf der Ebene der Handlung finden Übergänge zwischen verschiedenen Medien statt. Als die fünf Tertianer von ihrer Besprechung beim Nichtraucher zurückkommen, ist zunächst ein Zeitungskiosk zu sehen. In der nächsten Einstellung versammeln sich die Schüler zur Lagebesprechung vor dem Kino, einige studieren die Filmplakate. Wie Gundel Mattenklott (1999, S. 68) bemerkt, stellt Kästner die Kinder als selbstbewusst und souverän in der Beherrschung unterschiedlicher Techniken und Medien dar. Die Übergänge zwischen den verschiedenen Medien und Darstellungsformen verlaufen ohne Brüche oder Widerstände, die verschiedenen ›Formate‹ haben sich harmonisch in das Gesamtgefüge einzupassen. Was sich – wie Ferdinands Klavierspiel – verselbständigt und absondert, wird mit allen Mitteln wieder in die bestehende Ordnung des schulischen Unterrichts oder des Theaterstücks hereingeholt.

Rahmungen

Der außergewöhnliche Stellenwert, den Kästner den Rahmungen, rahmenden Handlungen und Ritualen einräumt (sowohl auf der Ebene der filmischen Erzählung als auch auf der Ebene des Erzählten), kann als ein Versuch gelesen werden, die Übergänge und Wechsel von einem Platz an den anderen zu bewältigen, dabei aber die Brüche und Inkonsistenzen des Symbolischen zum Verschwinden zu bringen.

Die Rahmenhandlung des *Fliegenden Klassenzimmers*, in der Kästner als Schriftsteller auftritt – ›sich selbst‹ spielt –, wird vom Film größtenteils über-

---

[9] So ist es erstaunlich, dass das Zukunftsbild Martin Thalers auch im Jahr 1954 noch immer eine Kutsche zeigt und nicht etwa ein Auto. Das Bild spielt eher auf die Ideale des Bürgertums des 19. Jahrhunderts an ebenso wie die Zitate der Schülerdialoge, z.B. »Bei Philippi sehen wir uns wieder« (29:27 Min.).

nommen.[10] Die erste Einstellung nach dem Vorspann zeigt eine sommerliche Wiese, es folgt ein Schwenk auf das Panorama der Alpen mit Blick auf die Zugspitze und zuletzt sieht man Kästner an einem Tisch beim Verfassen einer Geschichte. Der Erzähler (die Stimme Kästners) schildert, wie schwierig es ist, mitten im Sommer eine Weihnachtsgeschichte zu schreiben, d.h. den Wechsel von der Sphäre der Realität in die Sphäre der Fiktion zu bewerkstelligen. Durch den Hinweis auf die hohen sommerlichen Temperaturen wird die Fähigkeit, sich in die Imagination einer winterlichen Szenerie hinein zu begeben, als Leistung der Überbrückung einer enormen Differenz dargestellt. Der Übergang in die Sphäre der Fiktion wird jedoch zur idyllischen Szene. Der Autor Kästner erscheint als derjenige, der den Übergang von der Realität zur Fiktion meisterlich beherrscht. Für die Herstellung des Erzählens bedarf es eines Instruments zur Herstellung eines Blicks, der das Entfernte heranholen und die Kluft zwischen Realität und Phantasie überwinden kann. Indem die Kameraeinstellung Kästners Blick durch das Fernglas übernimmt (02:53 Min.), steuert der Erzähler Kästner zugleich den Blick des Zuschauers.

Im Vorspann wird Kästner als Verfasser der Buchvorlage und des Drehbuchs genannt, nicht jedoch als Darsteller. Die ›Enthüllung‹ seines Namens wird am Ende des Films inszeniert. In der letzten Szene, in der der Autor Kästner seinen Figuren begegnet, bleibt er solange unerkannt, bis er selbst das ›Geheimnis‹ um seine Person lüftet, indem er Johnny Trotz ein Exemplar des *Fliegenden Klassenzimmers* mit dem Vermerk »und Johnny Trotz« als zweitem Autornamen überreicht. Kästner inszeniert sich einerseits als unerkannter Star (vgl. Ewers 2002), zugleich weist diese Szene dem Autor die Position einer Instanz zu, die ihre Leser im Blick hat, selbst jedoch den Blicken entzogen ist. Im selben Moment, als Kästner ein Gespräch mit Johnny anfängt, von dem Augenblick an, als der Leser den Autor wahrnimmt, beginnt er, sich zu entfernen, indem er seine Notizen zusammenfaltet und in die Tasche steckt. Im weiteren Verlauf der Unterredung mit Johnny, der staunend die Fragen des Unbekannten beantwortet, setzt er den Hut auf und verschwindet. Am Ende stellt er sich als »ein Freund guter Freunde« vor, sein Name wird erst preisgegeben, als er bereits die Szene verlassen hat. Kästners Position besteht darin, stets präsent und dabei dem Blick entzogen zu sein.[11] Einige Szenen werden mit Schwarzbildern aufgeblendet, die

---

[10] Kästner ist bekannt für seine Vorworte, in denen er seine Leser detailliert instruiert, wie sie in seine Werke eintreten sollten. Im Vorwort zu *Als ich ein kleiner Junge war* heißt es: »(...) mit einem Vorwort sind mir die Bücher lieber. Ich bin dafür, dass die Besucher gleich ins Haus fallen. Es ist weder für die Besucher gut, noch fürs Haus.« (Kästner 1998, Bd. VII, S. 9) Zur Einschätzung des Stellenwerts der Vorworte bei Kästner vgl. Karrenbrock 1995, S. 215-221; kritisch Ewers 2002.

[11] Kästner setzt sich als Kritiker zwar mit Stummfilmen von Buster Keaton und Charlie Chaplin auseinander, beteiligt sich aber erst in dem Moment an der Herstellung von Filmen, als der Tonfilm

von der Stimme des Erzählers begleitet werden. Der Erzähler Kästner überbrückt so jeweils mit seiner eigenen Stimme die Übergänge und ist so an der Rahmung der Einstellungen unsichtbar beteiligt.

Ähnlich wie der Erzähler Kästner den Blick des Zuschauers steuert, ist der Lehrer Dr. Bökh an den Rahmungen der einzelnen Szenen beteiligt, wie es am abendlichen Ritual, das dreimal mit jeweils nahezu identischem Ablauf darge-stellt wird, gezeigt werden kann.[12] Über eine Haussprechanlage instruiert Dr. Bökh den Hausmeister, das Schultor zu schließen und zu prüfen, ob das Gebäude nach außen verschlossen ist; er nimmt eine Decke aus einer Schublade, verdun-kelt den Vogelkäfig, der in seinem Zimmer steht, und schaut zu, wie der Haus-meister das Schultor verriegelt. Es wird zwar dargestellt, dass die Überwachung der Grenzen zwischen innen und außen mit den Mitteln der schulischen Instituti-on (die Sprechanlage ist Teil der Schule) ausgeübt wird, allerdings wird diese Kontrollfunktion sowohl räumlich als auch auf der Ebene der Handlungen mit der privaten, intimen Sphäre des Lehrers vermischt. Der kontrollierende Blick verschmilzt mit dem versonnenen Blick auf die herab fallenden Schneeflocken, so dass die überwachende Seite der Funktion des Lehrers verdeckt wird. Derart wird die Autorität des Lehrers nicht über das Register des Symbolischen (der Lehrer als Vertreter des Gesetzes), sondern in der Logik des Imaginären etab-liert.

Der doppelte Lehrer – die Ordnung des Imaginären

Das Motiv des Doppelgängers kommt bei Kästner in unterschiedlichen Formen und Konstellationen vor.[13] Zwar gibt es im *Fliegenden Klassenzimmer* keine Doppelgänger oder Zwillinge. Strukturell betrachtet ist der Film jedoch beinahe durchgängig von Beziehungen der Gleichheit und Ähnlichkeit organisiert. Dies trifft sowohl auf die Beziehungen der Erwachsenen und der Kinder untereinan-der als auch auf die Verhältnisse zwischen den Generationen zu. Die meisten Figuren befinden sich in Spiegelbeziehungen, nur wenige Figuren wie Professor Kreuzkamm werden nicht von einem Gegenüber gespiegelt.

Eine zentrale Spiegelkonstellation ist die zwischen Dr. Johannes Bökh und seinem Jugendfreund Dr. Uthoff. Beide sind Schüler des Johann-Sigismund-Internats. Als der Schüler Johannes Bökh sich einer Strafe unterziehen soll,

---

Verbreitung findet. Es scheint, als bräuchte er die Herrschaft des Wortes über das Bild, um seine Autorposition zu sichern (vgl. Hickethier 1999, S. 82).

[12] Dieses Ritual kommt im Buch noch nicht vor.

[13] Ähnliche Überlegungen wie die im Folgenden vorgetragenen finden sich auch bei Zinnecker-Mallmann (2005), allerdings argumentiert sie stärker von Kästners Biografie her.

nimmt sein Freund stellvertretend seinen Platz ein. Auch die Erwachsenen weisen viele Gemeinsamkeiten auf, vor allem in ihrer von gegenseitiger Identifizierung geprägten Beziehung zu den fünf Primanern.[14]

Die Ähnlichkeitsbeziehungen der fünf Schüler-Hauptfiguren untereinander resultieren weniger aus etwaigen ähnlichen Eigenschaften, sondern aus ihrer Einstellung zu den Autoritätsvertretern Dr. Bökh und Dr. Uthoff. Die zentrale Szene der Herstellung dieser Identifizierungen ist die ›Strafpredigt‹ des Dr. Bökh (44:48 - 48:11 Min.) – neben Johnnys Erzählung über seine Herkunft am Beginn des Films ist sie die zweite autobiografische Erzählung. In den genannten einleitenden Worten identifiziert sich der Lehrer mit der Figur des Erzählers (»Ich erzähle euch eine Geschichte und ihr hört zu«). In Dr. Bökhs Erzählung wird seine enge Freundschaft zum Nichtraucher in die Filmhandlung eingeführt. Diese Freundschaftsbeziehung als Verhältnis der gegenseitigen Identifizierung wird anschließend in der Identifizierung des erwachsenen Dr. Johannes Bökh mit seinen Schülern fortgesetzt. Er wendet sich an jeden einzelnen Schüler und spricht sich selbst und dem Schüler eine Eigenschaft zu: Er war mutig wie Matthias, gerechtigkeitsliebend wie Martin, hatte Heimweh wie Uli, las »schlaue Bücher« wie Sebastian etc. Durch diese Mechanismen der Identifizierung wird die Autorität des Lehrers erzeugt. Der ideale Lehrer bietet den Schülern viele Möglichkeiten für Identifizierungen an. Die Identifizierung mit seinen späteren Schülern ist für Dr. Bökh das wesentliche Motiv, den Platz des Lehrers einzunehmen. Das Ziel ist dabei die Wiedergutmachung dessen, was ihm selbst als Kind widerfahren war. Mit Lacan gesprochen ist diese Form der Identifizierung nicht auf der Ebene des Symbolischen, auf der Ebene der Anerkennung einer symbolischen Schuld gegenüber dem Anderen, eines Ich-Ideals, angesiedelt, sondern auf der Ebene des Imaginären, der Stabilisierung des Ideal-Ichs.[15]

Ausgehend von der Überlegung, dass der Identifizierung auf der Ebene des Imaginären das Primat vor dem Symbolischen (der Ordnung der verschiedenen Plätze, Genres und der Übergänge) zukommt, lassen sich auch zentrale Szenen wie die Geografiestunde und die Aufführung des Theaterstücks verstehen. Hier wird keine neue Art des Unterrichts eingeführt, vielmehr wird dargestellt, dass

---

[14] So gibt z.b. der Nichtraucher den Schülern für die bevorstehende Auseinandersetzung mit den Realschülern den Tipp, dass nur zwei Stellvertreter zu einem Zweikampf gegeneinander antreten sollten, und sein Rat findet sowohl bei Matz als auch Johnny Zustimmung. Nach Johnnys Worten »Manchmal ist es doch ganz gut, dass es Erwachsene gibt«, lautet die Antwort des Nichtrauchers: »Vergiss es nicht, wenn du groß bist, Johnny«. Damit spricht der Nichtraucher aus, was laut Kästners eigener Aussage den Kern seines Selbstverständnisses als Autor ausmacht: Der erwachsene Autor bewahrt die Eigenschaften des Kindes, er erinnert sich an seine Kindheit.

[15] Zur Unterscheidung zwischen imaginärer und symbolischer Identifizierung vgl. Lacan 1975, S. 167-184; vgl. ders.: 1996, S. 257-273.

und *wie* die Identifizierung zwischen Lehrern und Schülern funktioniert. Sowohl die Geografiestunde als auch das Theaterstück zeigen hauptsächlich, wie die Schüler sich selbst darstellen und ihren Lehrer Dr. Bökh nachahmen, indem sie sich seine Redeweise und Gestik aneignen. Zwar lassen sich, wie Ladenthien (2006; 2008) feststellt, Bezüge zur Reformpädagogik erkennen,[16] diese Anspielungen verbleiben jedoch eher im Vagen und Oberflächlichen.[17] Ein Anschauungsunterricht im Sinne der Reformpädagogik wird zwar beschworen, findet jedoch nicht statt. Sowohl ›wirkliche‹ als auch der im Theater inszenierte Unterricht bestätigen den herkömmlichen gymnasialen Unterricht, bei dem der Lehrervortrag im Zentrum steht. An vielen Stellen reproduzieren die Schüler auswendig Gelerntes. Eine Öffnung des Unterrichts auf die Lebens- und Erfahrungswelt der Schüler findet nicht statt, sondern bleibt Fiktion. Die autoritäre Pädagogik gilt als bereits überwunden, autoritäres Fehlverhalten tritt höchstens als harmlose Randerscheinung auf. Vor allem aber fehlt ein wesentliches Element vieler reformpädagogischer Diskurse: das Versprechen der Schaffung einer besseren Gemeinschaft, ein explizit formuliertes Ideal einer zukünftigen Gemeinschaft ›neuer Menschen‹ und die dazugehörige Programmatik. Dies zeigt sich besonders deutlich in der ›Strafpredigt‹ des Dr. Bökh. Seinen Vorsatz, einen besseren Unterricht zu machen, der nicht von autoritärer Kontrolle, sondern von gegenseitigem Vertrauen geprägt ist, leitet er nicht aus einer Philosophie oder von Idealen ab. Auch beruft er sich dabei auf keinerlei positive Vorbilder, seien es Lehrer oder pädagogische Schriften, sondern es ist allein seine persönliche Erfahrung, die ihn dazu bewegt, ein anderer Lehrer zu werden. Eine Analyse des *Fliegenden Klassenzimmers* entlang der Frage, in welchem Verhältnis das Lehren zum Imaginären und zum Symbolischen steht, scheint m.E. fruchtbarer als die Entscheidung der Frage, ob und inwiefern Kästner eine Orientierung an reformpädagogischen Zielen nachzuweisen ist.[18]

---

[16] In Aufsätzen wie *Zur Entstehungsgeschichte des Lehrers* und *Als ich ein kleiner Junge war* hat Kästner die autoritäre Ausbildung der Volksschullehrer kritisiert, die er selbst in Leipzig am Fletcher'schen Seminar erlebt hatte, auch war er aller Wahrscheinlichkeit nach von Kindheit an wiederholt mit Lehrern in Kontakt gekommen, die im weitesten Sinne Anhänger der reformpädagogischen Bewegung waren.

[17] So ist z.B. die im Theaterstück enthaltene Rede, dass die Schulbücher ins Feuer geworfen werden, da die unmittelbare Anschauung vorzuziehen sei, lediglich der harmlose Anlass für einen Lacher im Publikum und hat keinesfalls den Status einer ernst zu nehmenden Vision, wie sie z.B. in dem Roman *Emlohstobba* von Hermann Lietz erscheint: Der Protagonist Namreh träumt, dass Lehrbücher und Grammatiken auf einen brennenden Scheiterhaufen geworfen werden, während Autoritäten wie Rousseau wohlwollend zuschauen (vgl. Lietz 1897, S. 68f).

[18] Volker Ladenthien (2006; 2008), der Kästner als pädagogischen Fachmann (2006, S. 214) bezeichnet, sieht im *Fliegenden Klassenzimmer* die Inszenierung reformpädagogischer Praktiken. Zwar hat sich Kästner, wie aus seinen autobiografischen Schilderungen bekannt, wiederholt mit pädagogischen Fragen auseinandergesetzt und in der Weimarer Zeit waren reformpädagogische Ansätze und Bewe-

Dass Autorität überwiegend auf der Ebene des Imaginären her angesiedelt wird und nicht als Instanz in Erscheinung tritt, die an der Einrichtung symbolischer Plätze und an den Übergängen von einem symbolischen Platz an einen anderen arbeitet, wird auch an den Vaterfiguren deutlich.[19] Der Wechsel in die Position des Vaters, den der Nichtraucher vollzogen hat, wird mit aller Kraft negiert. Johannes Bökh betont, dass die Freunde sich trotz (!) der Heirat nicht getrennt haben, und es kommt nicht zu einer länger dauernden Ausübung der väterlichen Funktion, da Frau und Kind bald nach der Geburt des Kindes sterben. Im *Fliegenden Klassenzimmer* wird die Funktion des Vaters vielfach als geschwächt dargestellt: Die leiblichen Väter sind durchweg in schwierigen Positionen. Sie treten überwiegend als Randfiguren in Erscheinung und verbleiben zumeist in geraumer Entfernung wie der Vater von Johnny Trotz, der seine Vaterschaft nicht anerkennt, und der arbeitslose Vater von Martin Thaler. Professor Kreuzkamm gelingt es nicht, von der Position des Vaters in die Position des Lehrers zu wechseln. Der einzige Vater, der buchstäblich eine ›ansehnliche Figur‹ macht, ist der Kapitän, der das Fehlen des leiblichen Vaters kompensiert. Das Versagen oder auch das reale Fehlen der Väter, das Brüchig-Werden der Autorität, das im Deutschland der 1950er Jahre als gesellschaftliches Problem wahrgenommen wird, kommt zwar bei Kästner auch vor, allerdings wird dieses Problem marginalisiert: Es handelt sich um das Versagen Einzelner, deren Verfehlungen durch die Gemeinschaft kompensiert werden.

Die historische Dimension wird im *Fliegenden Klassenzimmer* beinahe gänzlich zum Verschwinden gebracht. Kirchberg ist ein Ort, wie es viele gibt, der Name der Schule – Johann-Sigismund-Gymnasium – suggeriert zwar das Vorhandensein einer pädagogischen Tradition, führt jedoch bei genauerem Hinsehen ins Leere.[20] Zwar ist von Modernisierungserscheinungen wie der Straßenbahn und dem Auto die Rede, doch zieht sich der Film ins Idyll zurück: auf die Wiese, in einen stillgelegten Eisenbahnwagon, auf einen Platz vor einer alten Burg, auf die Eisbahn und in den Hofgarten.

---

gungen ein selbstverständlicher Teil pädagogischer Diskurse. Es ist jedoch nicht bekannt, dass Kästner sich intensiv mit reformpädagogischen Ansätzen und Theorien auseinandergesetzt hätte. Die Bezugnahmen auf reformpädagogische Ansätze sollten daher nicht zu hoch veranschlagt werden.

[19] Damit kommt die vorliegende Analyse zu einem ähnlichen Befund wie Martin Lindner (1999). Interessanterweise macht auch Lindner auf das wiederholte Vorkommen von Spiegelungen aufmerksam und auf die Neigung Kästners, sich in seinem gesamten Werk literarisch zu vervielfältigen (vgl. ebd. S. 64). M.E. steht diese Neigung in einem Zusammenhang mit der Schwierigkeit oder Unmöglichkeit, Übergänge darzustellen, was bedeuten würde, einen Umgang mit den Erscheinungsweisen der symbolischen Ordnung zu finden.

[20] Johann Sigismund war von 1608 bis 1619 Kurfürst und Markgraf von Brandenburg und Herzog und Mitregent von Preußen. Er soll im Zeitalter religiöser Konflikte eine verhältnismäßig tolerante Politik betrieben haben. Eine pädagogische Tradition wird mit seinem Namen nicht verbunden.

Die Mahnung »Vergesst es nicht«, die im gesamten Film mehrfach ausgesprochen wird, erweist sich vor diesem Hintergrund als problematisch. Wenn vergessen immer auch heißt, dass etwas verloren geht, eine Trennung vollzogen wird, wodurch Differenzen und der Übergang von einem Platz an einen anderen allererst möglich werden, so wird im *Fliegenden Klassenzimmer* ein Mit-sich-identisch-Bleiben propagiert.[21] Wo keinerlei Unterbrechung und Trennung möglich ist, kann ein wesentliches Moment von Lehre nicht artikuliert werden.

Literatur

Ewers, Hans-Heino (2002): Der Autor als Star. Erich Kästners auktoriale und aktionale Selbstinszenierung im Kinderroman. In: Dolle-Weinkauf, Bernd, Ewers, Hans-Heino (Hg.): Erich Kästners weltweite Wirkung als Kinderschriftsteller. Studien zur internationalen Rezeption des kinderliterarischen Werks, Frankfurt a. M., Berlin, Bern et al.: Peter Lang, S. 11-30

Hickethier, Knut (1999): Kästner geht zum Film. Der Schriftsteller als Drehbuchautor. In: Wegner, Manfred (Hg.): »Die Zeit fährt Auto«. Erich Kästner zum 100. Geburtstag. Katalog zur Ausstellung im Deutschen Historisches Museum, 24. Februar bis 1. Juni 1999 und im Münchner Stadtmuseum, 2. Juli bis 31. Oktober 1999, Berlin: DHM GmbH, Münchner Stadtmuseum, S. 65-76

Kästner, Erich (1998): Das fliegende Klassenzimmer. In: Werke, Bd. VII. Parole Emil. Romane für Kinder I, hg. v. Franz Josef Görtz in Zusammenarbeit mit Anja Johann, S. 193-302, München: Hanser (1929 i.O.)

Kästner, Erich (1998): Das fliegende Klassenzimmer. In: Werke, Bd. VIII. Eintritt frei! Kinder die Hälfte! Romane für Kinder II, hg. v. Franz Josef Görtz in Zusammenarbeit mit Anja Johann, S. 41-159, München: Hanser (1933 i.O.)

Kästner, Erich (1998): Zur Entstehungsgeschichte des Lehrers. In: Werke, Bd. II. Wir sind so frei. Chanson, Kabarett, kleine Prosa, hg. v. Hermann Kurzke in Zusammenarbeit mit Lena Kurzke, München: Hanser, S. 75-77 (1946 i.O.)

Kästner, Erich (1998): Vorwort zu: Bei Durchsicht meiner Bücher. In: Werke, Bd. I. Zeitgenossen, haufenweise. Gedichte, hg. v. Harald Hartung in Zusammenarbeit mit Nicola Brinkmann, München: Hanser, S. 370-371 (1946 i.O.)

Kästner, Erich (1998): Als ich ein kleiner Junge war. In: Werke, Bd. VII. Parole Emil. Romane für Kinder I, hg. v. Franz Josef Görtz in Zusammenarbeit mit Anja Johann, S. 7-152, München: Hanser (1957 i.O.)

---

[21] »Das Vergang'ne ist geblieben, und der Weg behält die Schritte. Das Zeriss'ne bleibt geschrieben«, lautet der magische Spruch des Petrus, mit dem am Ende der Theateraufführung, das verschwundene Mädchen wieder zurückgeholt wird (01.13:40 Min.).

Karrenbrock, Helga (1995): Märchenkinder – Zeitgenossen: Untersuchungen zur Kinderliteratur der Weimarer Republik, Stuttgart: M&P Verlag für Wissenschaft und Forschung

Lacan, Jacques (1990): Das Seminar Buch I. Freuds technische Schriften (1953-1954), übersetzt von Werner Hamacher, Weinheim: Quadriga, 2. Aufl. (1975 i.O.)

Lacan, Jacques (1996): Das Seminar Buch XI. Die vier Grundbegriffe der Psychoanalyse, übersetzt von Norbert Haas, Weinheim: Quadriga, 6. Aufl. (1973 i.O.)

Ladenthien, Volker (2006): Das fliegende Klassenzimmer. In: PÄD Forum 4/2006. Thema: Die gefilmte Schule, S. 214-219

Ladenthien, Volker (2008): Das fliegende Klassenzimmer. In: Jacke, Charlotte; Winkel, Rainer (Hg.): Die gefilmte Schule, Baltmannsweiler: Schneider Verlag Hohengehren, S. 31-43

Lietz, Hermann (1897): Emlohstobba. Roman oder Wirklichkeit? Bilder aus dem Schulleben der Vergangenheit, Gegenwart oder Zukunft?, Berlin: Dümmler

Lindner, Martin (1999): Unter der gefrorenen Oberfläche. Neusachliche Mythen in Erich Kästners ›Indirekter Literatur‹. In: Wegner, Manfred (Hg.): »Die Zeit fährt Auto« …, a.a.O., S. 52-64

Mattenklott, Gundel (1999): Kindheit im Spiegel. Zu Erich Kästners Kinderbüchern. In: Wegner, Manfred (Hg.): »Die Zeit fährt Auto« …, a.a.O., S. 65-76

Oelkers, Jürgen (1996): Reformpädagogik. Eine kritische Dogmengeschichte, 3. vollst. bearb. u. erw. Aufl., Weinheim, München: Juventa (1989 i.O.)

Pazzini, Karl-Josef (2010): Überschreitung des Individuums durch Lehre. Notizen zur Übertragung. In: Pazzini, Karl-Josef; Schuller, Marianne; Wimmer, Michael (Hg.): Lehren bildet? Vom Rätsel unserer Lehranstalten, Bielefeld: transcript, S. 309-326

Tornow, Ingo (1998): Erich Kästner und der Film, München: Deutscher Taschenbuch Verlag

Zinnecker Mallmann, Konstanze (2005): Der doppelte Erich. Das Doppelgängermotiv bei Erich Kästner. In: Jahrbuch der Psychoanalyse 51/2005, S. 213-254

Filmische Lehrperformances zwischen Schule und Kino. »Les 400 coups« und andere Filme

Winfried Pauleit

Während des gesamten 20. Jahrhunderts hat der Film in unterschiedlicher Weise Wissen generiert und vermittelt. Und zwar nicht nur in dokumentarischen Formaten, wie z.B. im wissenschaftlichen Film oder im Kultur- bzw. Lehrfilm, sondern insbesondere auch massenwirksam in seinen populären Erzählformen, sowie im Autorenfilm und in dem, was man heute Weltkino nennt. Dieses Wissen des Films hat seine Basis in der Ästhetik und Diskursivität des Films und in den Erfahrungen, die daraus hervorgehen. Auf diesem Hintergrund hat sich eine komplexe kulturelle Institution herausgebildet, die man kurz *den Film* oder *das Kino* nennt. Diese Institution steht historisch betrachtet weniger in der idealistischen Tradition der *Ästhetischen Erziehung* Schillers, der das Theater als bürgerlich moralische Anstalt konzipiert; sondern vielmehr in der Tradition einer Schaulust und des kulturellen Jahrmarktvergnügens der unteren Schichten, die sich vor allem im frühen Kino ausprägt (Schlüpmann 2010). Inzwischen hat sich diese Unterscheidung verwischt. Film ist vielmehr zu einem allgemeinen und sehr facettenreichen Medium unseres Vorstellungsvermögens und Denkens geworden (Kappelhoff 2008).

Insbesondere der moderne Film hat zu dieser Entwicklung beigetragen. Denn dieser *denkt* sichtbar und hörbar über sich selbst und sein Wissen nach (Göttler 1993). Er stellt sein eigenes Gemachtsein aus und beschreibt die Prozesse des Umgangs mit Ton- und Bildmustern in der Filmproduktion (und Rezeption), oder anders formuliert: er gibt Anschauungs*unterricht* in filmischem Denken. Der moderne Film erweitert das sprachliche Denken, in dem er Klang- und Bildobjekte als ästhetische Basis filmischer Bedeutungsproduktion in den Vordergrund rückt, sprich: er gibt *Unterricht* in ästhetischer Wahrnehmung und filmischer Zeichentheorie (Pauleit 2011). Film ist aber nicht nur selbstreflexiv, sondern ebenso in der Lage, sehr unterschiedliche Diskurse und Denktraditionen aufzugreifen, zu gestalten und daraus ein offenes Feld von Diskursen zu generieren (Wollen 1982).

Dies schließt auch die Reflexion anderer Institutionen mit ein, wie beispielsweise der Schule. Gerade performative Prozesse können im Film sicht- und hörbar werden. Im Film werden sie aber auch gespeichert und bleiben dadurch dauerhaft – als erweiterte Form eines Wissens neben bzw. in Ergänzung zu Sprache und Schrift – verfügbar. Der Film bildet damit ein kulturelles Archiv aus, in dem sich beispielsweise ein Panorama unterschiedlichster Lehrerfiguren und schulischer Lehrperformances auffinden lässt, das von der Institution Schule in ihren zahlreichen Spielarten und von ihren historischen ebenso wie fantastischen Ausformungen berichtet. Das kulturelle Archiv des Films lässt sich aber nicht allein als Einladung zu einer archäologischen Untersuchung von Schule und schulischen Lehrperformances verstehen. Gerade weil der Film selbst eine Tradition von Wissen und Vermittlung ausgebildet hat, verdoppelt er mit seinen Mitteln das Anliegen der Schule. Konkret zeigt sich diese Verdoppelung immer dann, wenn ein Lehrer im Film auftritt und die Vermittlung von Wissen praktiziert. Dann überlagern sich unweigerlich die Organisationsformen der Institutionen Kino und Schule: der Lehrer steht den Schülern gegenüber und der Film seinen Zuschauern. Wir haben es folglich beim Lehrer im Film immer mit einer doppelten Lehrperformance zu tun (Pauleit 2007). In dieser Verdoppelung wird gleichzeitig die Geschichte der Institution Kino erzählt und gespiegelt – als einer Institution, die Wissen speichert und vermittelt.

Im Folgenden werde ich einen paradigmatischen Film des modernen Kinos und seine doppelte Lehrperformance ins Zentrum rücken. Mit *Les 400 coups* (François Truffaut 1959) werde ich eine spezifische historische Situation herausstellen, in der das Kino sich mit Ähnlichkeit und Differenz der Institutionen Schule und Kino am Beispiel ihrer Lehrperformances auseinandersetzt. Neben dem spezifischen Beispiel interessieren mich auch die Kontexte der Filmgeschichte als Vermittlungsgeschichte filmischen Wissens. Im Besonderen sind dies andere Filme und ihre Lehrperformances, die dem genannten Beispiel vorausgehen, wie z.B. *Zéro de conduite* (Jean Vigo 1933, dt. *Betragen ungenügend*) und *The Happy Time* (Richard Fleischer 1952, dt. *Mein Sohn entdeckt die Liebe*) sowie solche, die ihm nachfolgen, wie *L'enfance nue* (Maurice Pialat 1968, dt. *Nackte Kindheit*), *L'enfant sauvage* (François Truffaut 1970, dt. *Der Wolfsjunge*) und *L'eau froide* (Olivier Assayas 1994, dt. *Das weiße Blatt*). Dabei geht es weniger um die Institution Schule und ihre Lehrperformances aus erziehungswissenschaftlicher Perspektive, als um die Reflexion von Schule und Lehrperformances im Film aus film- und medienwissenschaftlicher Sicht sowie um das Kino als Institution und seine spezifische Form von Lehrperformance.

1. *Les 400 coups* (François Truffaut 1959, dt. *Sie küssten und sie schlugen ihn*)

Die erste Einstellung des Films – nach dem Vorspann – beginnt auf einem namenlosen Schüler, der schreibt. Man sieht, wie der Schüler schreibt, und man hört auch den kratzenden Schriftzug seiner Feder: ein audiovisuelles Bild des Schreibens. Aber was er schreibt, bleibt verborgen. Das filmische Bild des Schreibens ist so angelegt, dass die Worte nicht als Worte entzifferbar sind, sichtbar sind sie nur als graue Linien im Heft des Schülers. Die Geste des Schreibens wird zugunsten der Bedeutung des Geschriebenen in Szene gesetzt. Wir sehen die Performance eines Schülers (ein lernendes Schreiben).[1]

Abb. 1:
Ein namenloser Schüler,
Les 400 coups

Abb. 2:
Antoine Doinel,
Les 400 coups

Dann legt der Schüler seine Feder weg, zieht aus der Lade seines Schultisches ein Kalenderblatt mit einem Pin-Up darauf und reicht dies durch die Reihen der Schulklasse, die nur aus Jungen besteht. Ein anderer Schüler legt sein Heft beiseite und nimmt sich stattdessen das Pin-Up vor. Mit seiner Feder bearbeitet er das Pin-Up. Visuell ist die Bearbeitung kaum zu erkennen, wiederum nur als Geste. Aber man kann sie hören als Federstrich. Und man kann vermuten, dass der Schüler dem Pin-Up einen Bart anmalt. Diese Performance eines Schülers zeigt bildkünstlerische Aktivität. Jetzt schreitet der Lehrer ein, ruft den Schüler beim Namen und fordert ihn auf, das Kalenderblatt zu ihm zu bringen. Der Lehrer schaut sich das Blatt an und kommentiert (in dt. Übersetzung): »Das ist aber hübsch. In die Ecke!« – die Performance eines Lehrers.

---

[1] Ähnliche Performances von Schülern wird der Film im Folgenden in unterschiedlichen Varianten präsentieren – z.B. eine Art Schreib-Slapstick von einheinhalb Minuten.

Diese erste Einstellung ist ein *Establishing Shot*. Sie führt uns nicht nur in eine Situation schulischen Lehrens und Lernens ein, sondern auch in eine Filmhandlung, die die Geschichte des Schülers Antoine Doinel (Jean-Pierre Léaud) erzählt. Versteht man unter Lehrperformance zunächst einmal pragmatisch die Interaktion von Schülern und Lehrer als kommunikatives Handeln im Klassenzimmer, so erscheint letzteres bereits mit der ersten Filmeinstellung als gescheitert. Stattdessen sieht man einen Akt fortgesetzter Bestrafung und Aussonderung.[2] Die Funktion dieser ersten Einstellung geht aber über die Darstellung des Scheiterns von kommunikativem Handeln in der Schule wie auch über die Einführung in die Erzählhandlung des Films hinaus. Sie thematisiert und zeigt Performances, Schreiben und Zeichnen, macht sie sichtbar und hörbar, ohne sie in Worte zu fassen. Damit wird die Einstellung reflexiv: sie inszeniert Ähnlichkeit und Differenz von Textualität/Zeichnung und Film. Oder anders formuliert: sie thematisiert – jenseits der gescheiterten Interaktion zwischen Schüler und Lehrer – den Prozess einer sich herausbildenden Autorschaft des schreibenden und zeichnenden Schülers Antoine Doinel und zugleich die Filmpraxis des zur Kamera greifenden Filmkritikers François Truffaut.[3]

Schon in der ersten Einstellung agiert der Film auf zwei Ebenen, auf der Handlungsebene und auf der Ebene der filmischen Selbstreflexion. Beide Ebenen überlagern sich häufig. Antoine Doinel unterbricht sein Schreiben, um mit seiner Feder etwas anderes zu tun. Er benutzt die Feder, um sich das Pin-Up anzueignen, um diesem vorgefundenen Objekt einige Striche hinzuzufügen. Im Gewand des banalen Jungenstreichs wird hier auf eine Strategie der modernen Kunst angespielt; auf die Strategie der Aneignung von Marcel Duchamp, der einer Reproduktion der *Mona Lisa* einen Schnurrbart anmalte. Ob Doinel nun tatsächlich auch einen Schnurrbart malt oder dem Pin-Up etwas anderes hinzufügt, spielt dabei letztlich keine Rolle. Es deutet vielmehr daraufhin, dass es um eine Geste geht – eine Geste der Selbstermächtigung. Die erste Einstellung dieses Gründungsfilms der *Nouvelle vague* bezieht sich also nicht auf ein klassisches Verständnis von Autorschaft in der Literatur, wie es die Manifeste zur Autorentheorie nahe legen,[4] sondern auf Autorschaft als Frage eines Lernenden: Wie werde ich zum Autor?

---

[2] Gleichzeitig wird damit, wie beiläufig, die zukünftige Hauptfigur des Films in einer präzisen Inszenierung namentlich vorgestellt und aus der Klasse herausgehoben.

[3] Wie Truffaut in diesem Film seine Autorschaft herausstellt, habe ich an anderer Stelle dargelegt (Vgl. Pauleit 2010).

[4] In den Manifesten zur Autorentheorie wird der Filmregisseur noch mit dem klassischen Bild des Künstlers und Autors verglichen (Caughie 1981).

Die Antwort heißt Aneignung und Selbstermächtigung.[5] Damit wird die Lehrperformance von der Interaktion zwischen Lehrer und Schüler ganz auf die Seite
des Schülers (und des Films) verschoben. Im weiteren Verlauf des Films werden
immer wieder ähnliche Szenen der Aneignung eingestreut, so auch die Aneignung von Literatur. Antoine Doinel verehrt Balzac, baut zuhause für ihn einen
kleinen Altar, imitiert in einem Schulaufsatz den Stil und wird vom Lehrer des
Plagiats bezichtigt.[6] Später ist es der Diebstahl einer Schreibmaschine, der ihn
ins Erziehungsheim bringt; oder das Abreißen eines Filmstandbildes: Das ent-
wendete Still zeigt die schwedische Schauspielerin Harriet Andersson am Meer
in Ingmar Bergmans *Die Zeit mit Monika* (1952).

Abb. 3:
Harriet Andersson,
Die Zeit mit Monika

---

[5] Duchamps *Objet trouvé* ist ein Kunstwerk, das aus vorgefundenen Alltagsgegenständen in dem
Prozess ihrer Aneignung und Bearbeitung hergestellt wird, z.B. eine Reproduktion der *Mona Lisa*,
die er nach minimaler Bearbeitung zu seinem Kunstwerk erklärte. Das Filmemachen erscheint insbesondere in seiner modernen Neukonzeption ebenfalls wie eine Form der Aneignung unterschiedlicher
Gegenstandsbereiche: man muss sich ein Drehbuch aneignen, die Drehorte, die Schauspieler auswäh-
len, davon Bilder und Töne herstellen und diese schließlich kombinieren etc.
[6] Mit dieser Episode wird ebenfalls die Frage der Autorschaft als Strategie der Aneignung problematisiert. In der Geste des Schreibens wird aber gleichzeitig Roland Barthes' moderner Textbegriff
antizipiert und kinematografisch flankiert (Erdmann 1993). Die Untersuchungen von Gérard Genette
(1993) haben zudem das Plagiat als ernstzunehmende transtextuelle Form aufgewertet.

Allerdings macht der Film diese Aneignungen auf der Handlungsebene nicht produktiv, d.h. er erzählt nicht, wie Antoine Doinel und sein Freund durch die Aneignung eines Filmstandbildes einen Lernprozess durchlaufen bzw. eine Selbstermächtigung vollziehen und schließlich selbst zu Regisseuren (bzw. Schriftstellern oder Künstlern) werden. Dies zeigt sich nur auf der reflexiven Ebene des Films: Am Ende des Films flieht Antoine aus dem Erziehungsheim ans Meer. Die letzte Einstellung erstarrt plötzlich als *Freeze Frame*.

Abb. 4:
Antoine Doinel,
Les 400 coups

Truffaut produziert damit ein offenes Ende. Mit diesem *Freeze Frame*, das als überdimensionales Standbild auf der Leinwand steht, taucht das verschwundene Filmstandbild des Bergman Films in einer transformierten Fassung in Truffauts Film wieder auf. Truffaut überlässt dieses Standbild den Zuschauern. Man könnte auch sagen, er übergibt den Stab an die Zuschauer und fordert sie auf, sich dieses Bild anzueignen und den Film weiter zu gestalten.

Truffauts Filmanfang erzählt vom Scheitern kommunikativen Handelns in der Schule (schulische Lehrperformance). Truffauts modernes Filmende verschiebt die Interaktion von Lehrer und Schüler auf die Ebene des Films, auf das Verhältnis von Regisseur und Zuschauer. Der Regisseur teilt das letzte Bild mit seinen Zuschauern. Im Jargon der *Neuen Medien* und aus heutiger Perspektive könnte man von einem *Still Sharing*, analog zum *File Sharing* sprechen, das in den Begriffen der Pädagogik ein *peer-to-peer-Learning* initiiert.[7] Die Figur Antoine Doinel steht hier stellvertretend für das moderne Kino, für einen historischen Bruch zwischen den Generationen und für eine spezifisch filmische Lehrperformance.

---

[7] Tatsächlich taucht die Figur des Antoine Doinel in späteren Filmen Truffauts wieder auf. Aber auch bei anderen Regisseuren, nur wenig verfremdet, z.B. bei Jean Cocteau, Jean-Luc Godard oder Jean Eustache. Der Schauspieler Jean-Pierre Léaud verkörpert dieses Potential auch als Typ. Er hat keine professionelle Ausbildung. Deshalb mischt sich immer wieder ein Zug der Amateurhaftigkeit in sein Spiel.

2. L'enfant sauvage (François Truffaut 1970, dt. Der Wolfsjunge)

Zehn Jahre später dreht Truffaut den Film *L'enfant sauvage*. Dabei handelt es sich um die Verfilmung eines historischen Stoffes, die auf dem Bericht des Dr. Itard über einen im Wald aufgefundenen »Wolfsjungen« beruht (Itard 1965). Der Film schildert das Auffinden des Wolfsjungen im Wald, seine Überstellung nach Paris ins Taubstummen-Institut von Dr. Itard – und als Hauptteil des Films den Versuch, den Jungen zu erziehen. Die Verfilmung orientiert sich zwar am historischen Fall, bringt aber gleichfalls (wie zuvor in *Les 400 coups*) eine Ebene der Selbstreflexion mit hinein. Auf der Handlungsebene geht es darum, dass der Junge zunächst Sehen und Hören lernt ebenso wie Tischsitten und sich zu kleiden, später auch das Alphabet und erste Worte. Auf der Ebene der Selbstreflexion ist es bedeutsam, dass Truffaut in diesem Film selbst den Dr. Itard spielt und dabei sozusagen vor der Kamera Regie führen kann. Das bedeutet, dass sich die Rollen des Erziehers und des Regisseurs beim Dreh überlagern und im Film sichtbar werden. Konkret gestalten sich die Dreharbeiten so, dass Truffaut als Erzieher/Regisseur den Jungen mit der Hand führt, um ihn an den richtigen Platz zu stellen und um schließlich den Fokus der Aufmerksamkeit auf den Jungen zu lenken (Fischer 1991, S. 121).

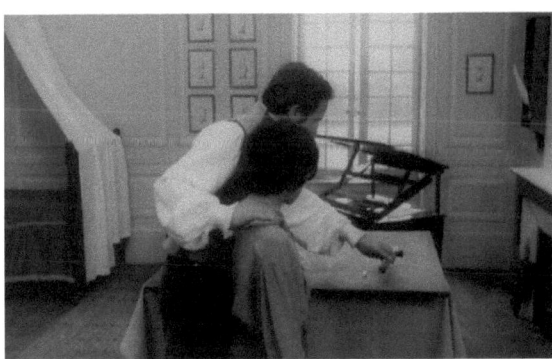

Abb. 5:
François Truffaut
als Dr. Itard,
L'enfant sauvage

Auf diese Ebene der Selbstreflexion verweisen auch die Widmung des Films an den Schauspieler Jean-Pierre Léaud sowie das Mitwirken von Jean Dasté als Professor Pinel (Gegenspieler von Itard). Durch die Widmung dreht der Film das Verhältnis von Schauspiel und Regie gewissermaßen um und zeigt in der Verkleidung des historischen Falles die Regiearbeit Truffauts mit einem Jungen, die in *Les 400 coups* nicht Gegenstand des Films war. Die Besetzung von Jean Dasté verweist auf einen Klassiker der Filmgeschichte: Jean Vigos *Zéro de conduite* (*Betragen ungenügend*) von 1933.

Gerade in dieser Perspektive erlangen die geschilderten Lehrperformances besondere Bedeutung. Der erste Auftritt Itards zeigt diesen an seinem Schreibtisch. Im Verlauf des Films sieht und hört man den Wissenschaftler und Erzieher bei seinen schriftlichen Aufzeichnungen zum Fall des Wolfsjungen. Seine erste Handlung am Schreibtisch ist allerdings kein Schreibakt, sondern ein Schnitt. Itard liest über den Fall in einem Journal und nimmt eine Schere zur Hand, um den Bericht auszuschneiden und ihn in eine Mappe auf dem Schreibtisch zu legen. Dieser erste Handlungsakt markiert die Figur des Dr. Itard (Truffaut) als Regisseur, der sich durch den Schnitt etwas aneignet, was er gemäß seinen eigenen Zwecken umformen wird.

Abb. 6:
François Truffaut mit der
Schere, *L'enfant sauvage*

Die erste Performance des Erziehers zeigt sich also gleich als eine Performance analog zur Filmpraxis des Regisseurs und verfremdet den historischen Fall.[8]

Aber auch auf der Handlungsebene des Films, die der historischen Schilderung folgt, gestalten sich die Erziehungsversuche vielfach als Qual des Schülers, die einzig einer Beweisführung des Wissenschaftlers und Erziehers dienen. Dabei ist die Inszenierung der Lehrperformances zunächst eher konventionell angelegt (als Gegenüberstellung von Natur und Kultur). Der Schüler interessiert sich nicht für Schreibstube und Tafel des Lehrers, sondern für die Natur.

---

[8] Zunächst wird der Junge in der Institution zu einer Schauattraktion für die Bevölkerung von Paris. Erst dann widmet sich Itard seiner Erziehung auf seinem Landsitz. Auch diese Darstellung macht Anspielungen auf die Geschichte des Kinos, auf das frühe Kino der Attraktionen, dem sich alsbald die Reformpädagogen annehmen.

Abb. 7:
Truffaut als Lehrer,
L'enfant sauvage

Abb. 8:
Der Wolfsjunge,
L'enfant sauvage

Die Abstraktion der Buchstaben führt zu Überforderung und löst sogar Wutanfälle aus. Die Lernerfolge beruhen weitgehend auf Konditionierung. Die gesamte Lehrperformance ist darauf ausgerichtet zu beweisen, dass auch ein Wolfsjunge durch Erziehung Gerechtigkeitsempfinden erlangen kann. Als dieser Beweis erbracht ist, endet der Film. Der Film stellt den begrenzten Lernerfolg und die Beweisführung Itards als einen Prozess der Qualen des Schülers aus. Unterbrochen werden diese Lehrperformances allerdings vom selbstgenügsamen und anscheinend autistischen Spiel des Wolfsjungen mit der Natur und den Dingen, die Itard staunend aber verständnislos betrachtet. Gerade diese Zwischenschnitte zeigen eine Performance des Wolfsjungen, die denen des Erziehers entgegengesetzt ist. Letztlich zeigt auch dieser Film mit filmischen Mitteln die schulische Lehrperformance als Scheitern kommunikativen Handelns.

3. *Zéro de conduite* (Jean Vigo 1933, dt. *Betragen ungenügend*)

Truffauts Filme von 1959 und 1970 schließen an Jean Vigos *Zéro de conduite* von 1933 an. Allerdings ist dieser Film in seiner Konstellation anders angelegt. Die Lehrerschaft in einem Internat ist geteilt. Auf der einen Seite steht die alte konservative Lehrerschaft, samt Oberlehrer und Schuldirektor, die die Schüler schikanieren und bevormunden. Auf der anderen Seite steht ein neuer Lehrer, M. Huguet (Jean Dasté), der den Schülern aufgeschlossen gegenübersteht und sich schließlich – während der Revolte der Schüler – mit ihnen solidarisiert. Der Unterricht von M. Huguet ist nicht auf Disziplinierung ausgerichtet. Entsprechend bewegt geht es in seiner Klasse zu. Huguets Unterricht bezieht Körperakrobatik mit ein, die Schüler lernen Handstand in der Klasse. Huguet selbst demonstriert das Laufen auf den Händen unter dem Applaus der Schüler und die Verbindung von Handstand am Pult und Zeichnen mit der Feder.

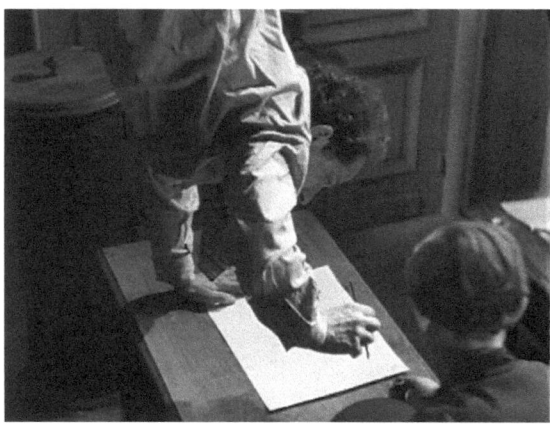

Abb. 9:
Lehrer Huguet beim
Handstand,
Zéro de conduite

Die Lehrperformance gelingt insofern, als die Schüler begeistert bei der Sache sind und ihrem Lehrer folgen. Er wird gewissermaßen zum Vorbild. Das Gelingen des Unterrichts wird insbesondere durch den Kontrast der nachfolgenden Stunde ironisch herausgestellt. Der zweite Lehrer setzt auf Disziplin, Ruhe und Ordnung. Jede Regung aus der Klasse wird von ihm mit einem »nein« beantwortet – eine Lehrperformance findet nur als Scheitern kommunikativen Handelns statt. Die Vorbildfunktion von Huguet hingegen zeigt sich auch bei einem späteren Wanderausflug in die Stadt. Der Lehrer begegnet einer Frau und flirtet mit ihr. Die Schüler – im direkten Gefolge des Lehrers – ahmen die Gesten ihres Lehrers nach und lernen durch Anschauung.

Abb. 10:
Lehrer Huguet mit
Schülern in der Stadt,
Zéro de conduite

Der Film ist ebenfalls selbstreflexiv angelegt und wie in *Les 400 coups* gibt es eine verunglimpfende Zeichnung. Allerdings stammt sie in diesem Film aus dem Pult des Lehrers. Huguet im Handstand auf dem Pult bittet einen Schüler um Assistenz und vollendet – nur auf einer Hand stehend – eine Karikatur vom Oberlehrer mit seiner Feder. In diesem Augenblick kommt der Oberlehrer zur Inspektion. Dieser betrachtet die disziplinlose Klasse und die Zeichnung von Huguet. Im gemeinsamen Blick von Oberlehrer, Huguet und Kamera verwandelt sich die Zeichnung in einen Animationsfilm: der Oberlehrer in Strandkleidung mit Schwimmreif wird unter dem Blick der Lehrer zu einem Napoleon in militärischer Tracht. Diese Einstellung kommentiert die unterschiedlichen Sichtweisen der Lehrerschaft auf sich selbst, die sich als Realismus der Karikatur (Darstellung der Freizeit des Lehrers am Strand) und Idealismus der Disziplin (Darstellung des Lehrers als Militär) kategorisieren lassen.

Die Institutionen Schule und Kino werden im Zuge der Darstellung ihrer Medien in Beziehung gesetzt. Papier, Feder und Tinte, Insignien der Schule, werden in Mittel des Animationsfilms verwandelt. Aber auch die disziplinlose Klasse wird zum Zeichen eines Bewegungsbildes – zum Gegenentwurf diszipliniert sitzender Schüler, ebenso wie die Performances des Lehrers Huguet auf dem Pausenhof, in denen dieser zur Unterhaltung Chaplins *Charlot* nachahmt.

4. *The Happy Time* (Richard Fleischer 1952, dt. *Mein Sohn entdeckt die Liebe*)

The Happy Time erzählt einige Jahre zuvor von einer weitgehend glücklichen Kindheit im kanadischen Ottawa der 1920er Jahre. Auch in diesem Film wird die Lehrperformance in der Schule als Scheitern kommunikativen Handelns geschildert. Der Schule steht (anders als in Truffauts *Les 400 coups*) nicht in erster Linie das Kino als Institution und die Selbstermächtigung eines Schülers gegenüber, sondern die Institution Familie. Allerdings spielt auch in diesem Film das Kino und insbesondere der Filmschauspieler Rudolph Valentino eine bedeutende Rolle. Der Familienvater arbeitet als erster Geiger im Stummfilmtheater eines örtlichen Kinos, in dem der Sohn während eines Valentinofilms die Liebe entdeckt. In *The Happy Time* ist der Ausgangspunkt des schulischen Konflikts ebenfalls die zeichnerische Bearbeitung eines Pin-Ups im Klassenzimmer. Allerdings gibt es auch einige Differenzen im Plot. In diesem Film gelangt das Pin-Up durch den Schüler Robert Bonnard (Bobby Driscoll) in die Schule, der ein entsprechendes Magazin (Le Gay parée) von seinem Onkel erhält. Die Familie Bonnard ist aus Frankreich eingewandert. Der liberale Familienzusammenhang fußt in den Idealen der Französischen Revolution und widersetzt sich der Strenge der britisch-kolonialen Erziehungstradition (der körperlichen Züchtigung).

Auch in diesem Film bewegt sich das Pin-Up von Schulbank zu Schulbank, allerdings nicht während einer schriftlichen Klassenarbeit wie bei Truffaut, sondern während eines mündlichen Schülervortrag Roberts. In dessen Rede schleicht sich ein Versprecher ein. Robert stellt das freizügige Magazin *Le Gay parée* (als französisches Wort) ungewollt in den Kontext der britisch-kanadischen Geschichte. Als das Pin-Up schließlich – durch eine (die Lehrerin verunglimpfende) Zeichnung bereichert – entdeckt wird, muss Robert zum Schuldirektor, wo er unter Schlägen seine Autorschaft an der verunglimpfenden Zeichnung zugeben soll. Als er diese (reinen Gewissens) verneint, wird ihm tägliche körperliche Züchtigung angedroht, bis er »die Wahrheit« gesteht. Daraufhin schaltet sich die Familie ein. Vater Bonnard stattet dem Schuldirektor zusammen mit seinen zwei Brüdern einen Besuch ab. Im Konflikt zwischen Familie und Schule kann das juristisch verbriefte Züchtigungsrecht der Schule nur durch die Androhung einer öffentlichen Denunziation des Schuldirektors abgewendet werden.

Die Auseinandersetzung zwischen Familie und Schule wird in *The Happy Time* als Konfliktlinie zwischen zwei unterschiedlichen Erziehungsmodellen verhandelt. Die Schule gewinnt Erkenntnis und Wahrheit durch körperliche Züchtigung und Disziplinierung, während die Familie vor allem die ästhetisch-sinnliche Bildung stimuliert und die Liebe neben der Kunst zum höchsten Gut erklärt – und schließlich auch für den Aufklärungsunterricht zuständig ist. Auch in diesem Film orientiert sich die ästhetische Bildung (in der Familie) nicht an Bürgerlichkeit und Idealismus, sondern an der Volkskunst, wie Gesang, Kino und mechanischem Klavier. Der Vater, Jacques Bonnard (Charles Boyer), repräsentiert diesen Kontext. Die Figur von Rudolph Valentino als Kino-Ideal des Liebenden flankiert diesen Konflikt. Valentino war auf die Rolle des Liebhabers festgelegt, ihm wurde wiederholt die Verweiblichung der amerikanischen Männlichkeit unterstellt, die traditionell mit der Ausübung von Gewalt und dem Recht des Stärkeren in Verbindung steht. Die Story um das Pin-Up erscheint (ebenso wie die Zeichnung in *Zéro de conduite*) wie die heimliche Vorlage von *Les 400 coups*. Dennoch fehlt *The Happy Time* die Modernität einer filmischen Lehrperformance, die sich auf das Verhältnis von Film und Zuschauer überträgt.

5. *L'enfance nue* (Maurice Pialat 1968, dt. *Nackte Kindheit*)

Maurice Pialats *L'enfance nue* erzählt die Geschichte des Adoptivkindes François im nordfranzösischen Arbeitermilieu. Der Film konzentriert sich wesentlich auf die wechselnden Familiensituationen. Er streut aber ebenso dokumentarische Szenen über die Arbeit mit Adoptivkindern ein. Der Film ist von Truffaut co-produziert und lehnt sich in Teilen an die Geschichte von dessen *Les 400 coups* an. Der Film enthält allerdings nur eine knappe Schulszene: François kommt nach einem Familienwechsel in eine neue Schulklasse. Der Lehrer begrüßt den neuen Schüler als »Kameraden«, mit dem die anderen in der Pause spielen werden. Nach der Aufforderung an alle Schüler nun gerade zu sitzen, beginnt der Ethikunterricht. Thema ist Balzacs Schilderung des Geizes. Der Lehrer liest den Schülern aus Balzacs *Comédie humaine* vor. Die Schüler hören schweigend (und mit aufrechter Haltung) zu. Der Ethikunterricht scheint bei den Arbeiterkindern auf wenig Verständnis zu stoßen. Es wird jedenfalls kein Zeichen des Verstehens des Gesagten gezeigt. Stattdessen ein Schnitt auf eine Prügelei, die außerhalb der Schule zwischen François, dem Neuankömmling, und anderen Schülern der Klasse stattfindet. Das kommunikative Handeln in der Schule scheitert auf zwei Ebenen. Erstens misslingt die Integration des neuen Schülers in die Klasse. Zweitens ist das Thema des Geizes von Balzac für Arbeiterkinder, die von Armut gekennzeichnet sind, offenbar ein schwer verständliches Thema. Die Inszenierung gerade dieses Themas macht den Ethikunterricht zu einer absurden Situation, denn, wie Balzac selbst schreibt, der Geiz beginnt dort, wo die Armut endet.

Auch in dieser Inszenierung wird die Lehrperformance der Schule von einer Lehrperformance des Films abgelöst. Die Lehrperformance des Films besteht im

Schnitt auf die Prügelei. Dieser fungiert wie ein unmittelbarer Umschnitt auf die Wirklichkeit der Schüler – auf das, was sie bewegt: Armut, Hoffnungslosigkeit, Perspektivlosigkeit. Insbesondere die unterschiedliche Rauminszenierung, das helle, wohlgeordnete Klassenzimmer mit den Schülerzeichnungen an der Wand und der Raum, in dem die Prügelei stattfindet, der dunkle feuchte Korridor einer Ruine, markieren eine Differenz zwischen Schule und wirklichem Leben.

Abb. 11:
Die Schulklasse,
L'enfance nue

Abb. 12:
Prügelei,
L'enfance nue

Einer Abrechnung mit der Schule vergleichbar, wird der Film an keiner Stelle zur Schulklasse zurückkehren. Ähnlich wie in Truffauts *Les 400 coups* wird hier ein Bruch zwischen den Institutionen inszeniert, der nicht nur als Bruch zwischen den Generationen Gestalt annimmt, sondern auch als Klassenfrage bzw. als Frage der Armut.

6. *L'eau froide* (Olivier Assayas 1994, dt. *Das weiße Blatt*)

L'eau froide greift ebenfalls Themen aus *Les 400 coups* wieder auf. Zwei Jugendliche werden in Konflikt mit Schule, Elternhaus und Polizei gezeigt. Die Handlung ist Anfang der 1970er Jahre situiert. Beide stammen aus geschiedenen Ehen. Jules stammt von ungarischen Immigranten ab, während Christines Eltern Franzosen sind. In beiden Fällen droht ihnen die Überstellung ins Erziehungsheim. Die Jugendlichen entziehen sich durch Flucht. Christine begeht schließlich Selbstmord. Assayas zeigt eine Schulszene. Jules handelt während des Unterrichts mit gestohlenen Schallplatten. Die Schallplatten werden durch die Klasse gereicht, wie in *Les 400 coups* das Pin-Up.

Abb. 13:
Schallplattenhandel,
L'eau froide

Jules wird entdeckt und herausgestellt wie Antoine Doinel und schließlich aus der Klasse geworfen. Der Unterricht besteht daraus, dass der Lehrer aus den Bekenntnissen von Jean-Jacques Rousseau vorliest. Ähnlich wie in *L'enfance nue* entsteht eine Diskrepanz zwischen dem Thema des Unterrichts und der Wirklichkeit der Schüler, die ihr Leben in der Rockmusik repräsentiert sehen. Eine andere Szene zeigt den Versuch des Vaters mit Jules zu sprechen, über seine prekäre Situation in der Schule und über die Kunst Caravaggios.

In beiden Fällen scheitert das kommunikative Handeln. Die Schulszene stellt das Scheitern durch eine Diskrepanz des Schreibens von Lehrer und Schüler performativ heraus. Während der Lehrer Namen und zentrale Begriffe aus Rousseaus Autobiografie an der Tafel notiert, schreibt Jules mit einem Kugelschreiber etwas anderes auf die Schulbank, die bereits reichhaltige Inschriften von Schülern aufweist.

7. Schluss

Was diese kurze Skizze von Lehrperformances in Schule und Kino ergeben hat, ist Folgendes.

Erstens verweist sie auf eine historische Situation, in der sich das Kino als Institution der Moderne herausbildet. Dies ist hier insbesondere die Nachkriegszeit, in der sich ein gesellschaftlicher Konflikt abzeichnet, der von der Zeitschrift *Cahiers du cinéma* zunächst nur als ein Kampf um die Ästhetik des Kinos ausgetragen wird. Dieser Konflikt lässt sich aber durchaus auch als eine Art Kulturkampf bezeichnen, in dem mit den Mitteln der Kritik und des Films die Restauration gesellschaftlicher Institutionen in der Nachkriegszeit (insbesondere der Bildungsinstitutionen) grundlegend in Frage gestellt wird. Das Besondere dieses Kulturkampfes ist, dass er im Grunde ganz auf die Ästhetik des Films setzt. Damit hält er sich aus politischen Positionierungen bewusst heraus (Bickerton 2010), eröffnet aber gleichzeitig eine spezifische, audio-visuelle Form der Kritik und Reflexion, oder weiter gefasst: des Denkens. Aus dieser historischen Situation rührt auch die radikale Darstellung des Scheiterns von kommunikativem Handeln in der Schule.

Zweitens weist sie darauf hin, dass aus dieser Situation ein expliziter Anspruch des Kinos auf ästhetische Vermittlung (an das Publikum) erwächst. Aufgrund dieser Entwicklung, die auf einer grundlegenden Fähigkeit des Films zur Vermittlung von Wissen aufbaut, die sich aber nun insbesondere im Filmschaffen, in der Ästhetik bzw. in den beschriebenen Strategien des Films und seinen Reflexionen anderer Institutionen herauskristallisiert (hier der Schule), kann von einer spezifischen Lehrperformance des Films gesprochen werden.

Drittens wird an mehreren Beispielen Ähnlichkeit und Differenz von Lehrperformances der Institutionen Schule und Kino beschrieben. Damit wird die Fähigkeit des Kinos herausgestellt, die Institution Schule und ihre Lehrperformances zu zeigen, hörbar zu machen und von ihnen zu erzählen – um sie schließlich in einem kulturellen Archiv zu bewahren. Darüberhinaus entsteht die Möglichkeit, den Darstellungen schulischer Lehrperformances eigene, filmische Lehrperformances an die Seite zu stellen und dieses Gefüge von schulischen und filmischen Lehrperformances zu reflektieren. Das kritische Potential der filmischen Lehrperformances ist Ende der 1950er Jahre verbunden mit einer Herausforderung der Institution Schule durch das Kino und mit dem Vorschlag eines anderen Lernmodells: *peer-to-peer-Learning*. Gerade in dieser komplexen Strategie liegt die besondere Qualität filmischer Lehrperformance.

Literatur

Bickerton, Emilie (2010): Eine kurze Geschichte der Cahiers du cinéma, übersetzt von Markus Rautzenberg Zürich: diaphanes

Caughie, John (1981): Theories of Authorship. London: Routledge

Erdmann, Eva; Hesper, Stefan (1993): Roland Barthes' Text(-Theorie) in der Encyclopaedia Universalis. In: Regehly, Thomas; Bauer, Thomas; Hesper, Stefan; Hirsch, Alfred (Hg.): Text-Welt. Karriere und Bedeutung einer grundlegenden Differenz. Gießen: Focus, S. 9-25

Fischer, Robert (Hg.) (1991): Monsieur Truffaut, wie haben Sie das gemacht? Köln: vgs.

Genette, Gérard (1993): Palimpseste. Die Literatur auf zweiter Stufe, übersetzt von Wolfram Bayer und Dieter Hornig. Frankfurt a. M.: Suhrkamp

Göttler, Fritz (1993): Westdeutscher Nachkriegsfilm. Land der Väter. In: Jacobsen, Wolfgang; Kaes, Anton; Prinzler, Hans Helmut (Hg.): Geschichte des deutschen Films. Stuttgart: Metzler, S. 171-210

Itard, Jean Marc Gaspard (1965): Victor, das Wildkind vom Aveyron, übersetzt von Ruth Lutz-Mensching. Zürich: Rotapfel

Kappelhoff, Hermann (2008): Realismus. Das Kino und die Politik des Ästhetischen, Berlin: Vorwerk

Pauleit, Winfried (2007): Kinematograph und Zeigestock. Ähnlichkeit und Differenz der visuellen Anordnungen von Kino und Schule. In: Decke-Cornill, Helene; Luca, Renate (Hg.): Jugendliche im Film – Filme für Jugendliche. München: kopaed 2007, S. 59-71

Pauleit, Winfried (2010): Filmstandbild und Geschlechterdifferenz. Oder wie man als User von Filmstandbildern an der Ästhetik des modernen Kinos partizipiert. In: Luca, Renate; Decke-Cornill, Helene (Hg.): Jugend – Film – Gender. Stuttgart: ibidem, S. 27-45

Pauleit, Winfried (2011): Medienwissenschaft und Bildung. Film als Schauplatz der Vermittlung am Beispiel von *The Conversation* (Francis Ford Coppola, USA 1974) In: Sommer, Gudrun; Hediger, Vinzenz; Fahle, Oliver (Hg.): Orte filmischen Wissens. Filmkultur und Filmvermittlung im Zeitalter digitaler Netzwerke. Marburg: Schüren 2011 (im Erscheinen)

Schlüpmann, Heide (2010): Dritter Bildungsweg: Ausgang Kino. In: Henzler, Bettina; Pauleit, Winfried et al. (Hg.): Vom Kino lernen. Internationale Perspektiven der Filmvermittlung Berlin: Bertz + Fischer 2010, S. 11-17

Wollen, Peter (1982): Readings and Writings. Semiotic Counter-Strategies, London: Verso Editions

Das wilde Kind und seine Lehrer. Über François Truffauts Film »L'Enfant sauvage«

Gundel Mattenklott

Wilde Leute – wilde Kinder

Geschichten von Kindern, die in Wäldern mehrere Jahre allein gelebt haben sollen, sind seit der frühen Neuzeit vielfach überliefert. Sie gehören zum kulturellen Imaginären Europas, später auch Amerikas, zwischen Mittelalter und Moderne und schließen an die phantastischen Vorstellungen von einem Wald- oder Wildmenschengeschlecht an, dem *homo ferus*. Dieser *Wildemann* lebt den Überlieferungen zufolge im Wald, sieht den Menschen ähnlich, hat Frau und Kinder wie sie. Er begegnet in der mittelalterlichen Abenteuerliteratur und zwischen den grotesken Figuren der gotischen Kathedralen, in Sagen und Märchen, als Maske in Festbräuchen, als Wappenfigur und auf Wirtshausschildern. Paracelsus schreibt ihn in seinem *Liber de nymphis* den Elementargeschöpfen zu, den Wasserleuten, Feuerleuten, Bergleuten, die von Gott geschaffen, aber nicht Kinder Adams seien (Paracelsus 1590, 1982, S. 462-498). Die *Wilden Leute* gehören dem Element Luft an, und Paracelsus nennt sie anfangs *Sylphen* dann auch *sylvestres*, worin der Bogen zum Wald als ihrer Heimat geschlagen ist (ebd., S. 471). Die *sylvestres* seien uns am nächsten, denn sie ertrinken wie wir im Wasser, verbrennen im Feuer und ersticken in der Erde (ebd., S. 473). »Die sylphes sind wie die Menschen, und nähren sich, wie die Menschen der Wildnis, der Kräuter in den Wäldern.« (ebd., S. 474) Im Vergleich zu den Wasserleuten, den Undinen, sind die *Waldleute* »gröber (...) reden nichts, das ist: sie können nicht reden und haben doch Zungen und alles zum Reden genugsam (...), zum Lernen aber sind sie geschickt« (ebd., S. 482).[1]

Die *sylvestres* stehen noch ganz im Bann des Mythos. Aber in ihre magischen Züge mischen sich seit dem 17. Jahrhundert zunehmend philosophische und wissenschaftliche Neugier, die Natur des Menschen betreffend. Während die älteren Nachrichten über Kinder aus den Wäldern noch schwanken zwischen Sage und Bericht, konsolidieren sie sich im 18. Jahrhundert langsam zu Quellen, aus denen im Textvergleich Kerne authentischer Darstellungen herausgearbeitet werden können (vgl. u.a. Malson, Itard, Mannoni 1972; Richter 1987; Bruland

---

[1] Hansjörg Bruland widmet dem *Wilden Mann* ein Kapitel, erwähnt aber Paracelsus nicht (Bruland 2008, S. 135-157).

2008). Ein gemeinsames Motiv von Sage und Bericht ist die Stummheit der wilden Waldbewohner: Um ihre Sprachlosigkeit als undurchdringliches Geheimnis kreist die mythische wie die wissenschaftliche Obsession. Einer der bestbezeugten Fälle ist um 1800 der des *wilden Kindes von Aveyron*.[2] Neben der Überlieferung zu *Peter von Hameln* (vgl. u.a. Bruland 2008) und der allerdings ganz anders gearteten Geschichte von *Kaspar Hauser* ist die über den Jungen, der mehrfach im Tarn, später im benachbarten Aveyron (Midi-Pyrénées) gesehen und gefangen wurde, aber wieder entlaufen war, eine der dichtesten, weil die Quellenlage sehr gut ist und die Berichte, zu einem großen Teil von Wissenschaftlern verfasst, deren damals neuen Prinzipien und Darstellungsformen entsprechen. Der später *Victor* genannte Junge hat nicht nur die anthropologische, pädagogische, psychologische und linguistische Forschung herausgefordert, sondern auch die künstlerische Imagination. Sie findet ihren Niederschlag in Truffauts Film *L'Enfant sauvage* (1969), dem dieser Beitrag gewidmet ist, sowie in Mordicai Gersteins Bilderbuch und Roman (beide 1999) und aktuell in einer Erzählung von T.C. Boyle (2010).

Victors Geschichte

Der Junge aus den Wäldern der französischen Pyrenäen wurde zum Objekt wissenschaftlicher Begierde. Victors endgültiger Eintritt in die Gesellschaft ereignete sich am Rande des Dorfs Saint-Sernin im Januar 1800 während des Übergangs von der Revolution zur Machtergreifung Napoleons (vgl. Werner 2004). In der Wissenschaftsgeschichte ist dies die Zeit, in der sich das moderne wissenschaftliche Denken stabilisiert hat und die einzelnen Disziplinen sich ausdifferenzieren. In Paris hat die Philosophenschule der *idéologues* bedeutenden Einfluss gewonnen. Unter *idéologie* »verstand man (…) nun einhellig das Verfahren des Erwerbs positiver Erkenntnis und damit die systematische Fundierung aller anderen Disziplinen. In diesem Sinn war die *idéologie* Grundlagenwissenschaft.« (Werner 2004, S. 191) Zu den Grundfragen der Aufklärung und auch der *idéologie* gehört die nach der Natur des Menschen. Ist er bei der Geburt eine *tabula rasa* und wird er erst durch Erziehung zum Mitglied menschlicher Gesellschaft oder sind die Ideen eines Schöpfergottes, des Guten, der Gerechtigkeit u.a. ihm bereits bei der Geburt ins Buch seines Lebens geschrieben? Was unterscheidet ihn von dem gerade erst entdeckten Orang-Utan? Was macht den Menschen aus: ist es der aufrechte Gang, die überwiegend unbehaarte Haut, die Sprache? Liegt

---

[2] Im Deutschen wird das Kind oft fälschlich als »Wolfsjunge« bezeichnet, so auch der deutsche Titel von Truffauts Film.

der Keim der Sprache bereits bei seiner Geburt in ihm oder ist sie eine zu erwerbende gesellschaftliche Konvention? Welche Funktionen hat sie?

Ähnliche Fragen hatten schon viel früher zu Isolations-Experimenten an Kindern geführt (vgl. Werner 2004, S. 42). Bekannt ist der von Friedrich II. angeordnete Versuch, der die Ursprache des Menschen vor der babylonischen Sprachverwirrung zutage fördern sollte. Die Versuchskinder wurden gut genährt und gepflegt, aber mit ihnen durfte nicht gesprochen werden. Sie starben alle: »Denn sie vermöchten nicht zu leben ohne das Händepatschen und das fröhliche Gesichterschneiden und die Koseworte ihrer Ammen und Nähreninnen.« (Salimbene von Parma zit. nach Werner, ebd.) Die Pariser *Ideologen* fragten nicht mehr nach der mythischen Ursprache und sie führten auch keine derartigen Experimente durch, aber der wilde Junge spielte ihnen eine einzigartige Gelegenheit in die Hand, die nach wie vor unbeantworteten Grundfragen empirisch zu erforschen. Der junge Arzt Jean Itard, erst kürzlich nach Paris gekommen und Ende des Jahres 1800 vom Direktor des Pariser Taubstummen-Instituts, Abbé Sicard, zum Chefarzt berufen, las die Berichte über den wilden Jungen. Da Sicard und andere einflussreiche Pariser Wissenschaftler und Ärzte ein lebhaftes Interesse an dem Fall hatten, wurden die südfranzösischen Betreuer des Kindes vom Innenminister aufgefordert, es nach Paris zu bringen. Im Juli traf es gemeinsam mit dem Wissenschaftler Bonaterre, dem der erste ausführliche Bericht über den Jungen zu verdanken ist, und dem Wärter Clair Soussol in Paris ein (vgl. Lane 1985, S. 26).

Zuerst wird das Kind von Pinel untersucht, dem berühmten Arzt und Direktor der Pariser Asyle für Geisteskranke. Pinel hält es in seinem umfangreichen Bericht (in: Lane 1985) als bewiesen, dass der Junge »jenen Kindern zugeordnet werden sollte, die an Idiotie oder Wahnsinn leiden, und dass es überhaupt keine Hoffnung gibt, durch systematische und kontinuierliche Unterweisung einen gewissen Erfolg zu erzielen« (ebd., S. 85). Itard wagt dem verehrten Pinel zu widersprechen und erreicht, dass ihm das Kind zur Erziehung anvertraut wird. Als Betreuerin gewinnt er seine Haushälterin Madame Guérain, die sich des Kindes liebevoll annimmt und bei der Victor bis zu seinem frühen Tod 1828 leben wird. Die 1799 gegründete, von *idéologues* dominierte *Société des Observateurs de l'homme* übernimmt die wissenschaftliche Begleitung und Bewertung des Erziehungsexperiments (Werner 2004, S. 280), und an sie richtet Itard seinen ersten Bericht über sein Vorgehen und die Fortschritte des Jungen im Jahr 1801 (vgl. Malson, Itard, Mannoni 1972, S. 114-162). Mit einem zweiten Bericht, den er 1806 dem Innenminister vorlegt, schließt er das Experiment ab (ebd., S. 164-216).

Aus Itards wie auch aus anderen zeitgenössischen Berichten geht hervor, dass der Junge Verhaltensweisen zeigte, die heute bei Kindern mit extremen Deprivationssymptomen[3] beschrieben werden: häufiges Schaukeln mit dem ganzen Körper, Bedürfnis nach Ordnung und Ritualen, ständiger Hunger, der ihn dazu führt, Nahrungsmittel zu stehlen, zu verstecken, wenn er sie nicht gleich essen kann, und sie stets sicher wiederzufinden. Seine Kontakt- und Wahrnehmungsstörungen, intellektuelle und emotionale Retardierung ebenso wie seine Stummheit – bei ausdrucksvoller und unmissverständlicher Gestik und Mimik – sind aus der jahrelangen Isolierung von jeder menschlichen Gesellschaft zu erklären. Itards Ehrgeiz richtet sich in erster Linie darauf, das Kind zum Sprechen zu bringen. Da das wilde Waldkind allen Bemühungen zum Trotz stumm blieb, wendet er sich, seine Enttäuschung kaum verbergend, anderen Arbeiten zu (ebd., S. 200f).

Truffauts Geschichte

Kinder und Kindheit bilden ein Lebensthema des Regisseurs François Truffaut. Geboren als uneheliches Kind einer sehr jungen Mutter wird er bereits in früher Kindheit hin- und hergeschoben.[4] Einige gute Jahre verbringt er in der Familie seiner Großeltern. Die Großmutter steckt ihn mit ihrer Lektüre- und Schreibleidenschaft an. Nach ihrem Tod kommt er mit zehn Jahren zu seiner inzwischen verheirateten Mutter, deren Mann ihn adoptiert hat. Der unternehmungslustigen, launischen und unberechenbaren jungen Frau ist er im Wege, wird viel allein gelassen, fühlt sich einsam und unerwünscht. Schulprobleme, Lügen, kleine Diebstähle, um Geld vor allem fürs früh geliebte Kino zu bekommen, prägen den Alltag des Kindes. Später wird François in eine Jugendbesserungsanstalt gesteckt.[5] Der verehrte und ihm freundschaftlich verbundene Filmkritiker André Bazin holt bei dem Pädagogen und Psychologen Fernand Deligny Rat, wie er Truffaut aus der Anstalt befreien kann.[6] Mit achtzehn Jahren erkämpft Truffaut mit Bazins Hilfe die Unabhängigkeit vom Elternhaus.

Die hier stark verkürzte Erzählung von der Kindheit und Jugend des Regisseurs verweist auf autobiographische Motive, die Truffaut im Schicksal des wilden Kindes ins Extreme gespiegelt fand, als er 1964 auf das Buch von Lucien Malson *Les enfants sauvages. Mythe et réalité* mit Itards beiden Berichten aufmerksam wurde. Über die Ereignisse, die zu Victors Leben im Wald geführt hat-

---

[3] Vgl. »Hospitalismus« (Wikipedia).
[4] Zu Truffauts Kindheit vgl. die Biographie von de Baecque, Toubiana (1996), vor allem S. 11-71.
[5] In seinem ersten abendfüllenden Film *Les quatre cents coups* (1959) zeichnet der junge Regisseur im Schicksal des Helden *Antoine Doel* die düsteren Geschehnisse seiner Kindheit und Jugend nach.
[6] Vgl. eine Andeutung bei de Baecque, Toubiana (1996), ausführlich in der *Chronique* von Bitoun (2008) anlässlich der DVD-Ausgabe von Delignys Filmen.

ten, finden sich darin nur Spekulationen. Zahlreiche Narben verwiesen auf Tierbisse, Kratz- und Schürfwunden. Die wichtigste Spur war eine lange Narbe am Hals, die von einem Messer stammen musste. Sie ließ einen dilettantischen oder nur zögernd ausgeführten Tötungsversuch vermuten. Itard spricht davon, »daß eine zum Verbrechen mehr bereite als geschaffene Hand diesem Knaben nach dem Leben trachtete« (Malson, Itard, Mannoni 1972, S. 142). Pinels These, die Eltern hätten das Kind aufgrund eines angeborenen Schwachsinns ausgesetzt, scheint wenig wahrscheinlich angesichts seiner Überlebenskunst unter den widrigsten Umständen, die eine wache Intelligenz voraussetzte. Vorstellbar ist eine, aus welchen Gründen auch immer, verzweifelte Mutter, die das vier- oder fünfjährige Kind töten will, aber nicht energisch genug schneidet und es schwer verletzt liegen lässt, in der Annahme oder Hoffnung, es würde schnell sterben. In einer solchen imaginierten Mutter konnte Truffaut das ins Fatale gesteigerte eigene Bild seiner Mutter erkennen, die er als Stiefmutter (»belle-mère«) bezeichnet: »Elle n'est certes pas une marâtre mais ce n'est pas non plus une mère (...)«" (Brief an den Vater, zit. nach de Baecque, Toubiana 1996, S. 69).

Von der Autobiographie zur Recherche

Victors Geschichte interessiert Truffaut als extreme Variation über sein Lebensthema des ungeliebten, verworfenen Kindes, aber auch als Erziehungsgeschichte und als Porträt eines so engagierten wie problematischen Lehrers. Bevor er *Les quatre cents coups* (1959) dreht, setzt er sich mit der Psychologie schwieriger und delinquenter Jugendlicher auseinander und spricht mit Jugendrichtern und Pädagogen. Er nimmt Kontakt zu Fernand Deligny auf und besucht ihn und die Gruppe geistig behinderter Kinder, mit der Deligny zusammen lebt (vgl. de Baecque, Toubiana 1996, S. 191). Dank dieser Recherchen gewinnt Truffaut zur eigenen Kindheit die nötige Distanz für den Film. Während der Planungsarbeiten zu *L'Enfant sauvage* wendet er sich erneut an Deligny. Unter dessen Zöglingen findet sich ein Junge, der in seinem Verhalten an das Victors erinnert (vgl. de Baecque, Toubiana 1996, S. 380). Die Studien, mit denen Truffaut seinen Film vorbereitet, schlagen sich später in der eindrucksvollen Darstellung des wilden Kindes durch den zwölfjährigen Jean-Pierre Cargol nieder.

Hier sei ein Hinweis auf Deligny eingefügt, der in Deutschland nicht gleichermaßen bekannt ist wie in Frankreich. (Folgendes vgl. Bitoun 2008) Deligny, geboren 1913, engagiert sich früh für schwierige Kinder, lernt Freinets Lehr- und Lernkonzeption kennen, entscheidet sich jedoch gegen den Lehrerberuf und arbeitet in einem Heim für schwer erziehbare Kinder. Nach dem Krieg entwickelt er erstmals in einem Zentrum für jugendliche Straftäter neue Formen

des Umgangs mit diesen Jugendlichen, deren Einschluss er ablehnt. Das erste
Experiment eines freien, gemeinsamen Lebens der Jugendlichen mit erwachsenen Betreuern leitet Deligny 1954 im Vercors, später arbeitet er in anderen Dé-
partements. Neben der handwerklichen und landwirtschaftlichen Arbeit und der
von ihm entwickelten, als »Cartes d'erre« bezeichneten subjektiven Kartographie
der Wege und Aktionen der Jugendlichen setzt Deligny, ein Vertreter der An-
tipsychiatrie[7] *avant la lettre*, den Film als Medium ein, mit dem die oft sprachlosen Kinder ihre eigenen Bilder finden und sich mitteilen können: »C'est un
moyen d'entrer en contact avec les autistes, de dépasser la barrière du langage.«
(Bitoun 2008) Seine Filme kommen ohne Schauspieler und Drehbuch aus, ohne
vorgefertigte Erzählung und Belehrung. »Il faut de l'accident, de l'imprévu, il
faut que le cinéma se frotte au monde au lieu de le dompter« (ebd.). Im Vergleich zu Delignys radikalem Experimentalkino bleibt selbst Truffaut, der frühe
Vertreter der *Nouvelle vague*, einer traditionellen Kino-Ästhetik verpflichtet.[8]

Truffaut vollzieht den Wechsel vom verletzten Kind zum erwachsenen Für-
sprecher vernachlässigter Kinder, als der er sich sein ganzes Leben in vielen
Formen engagierte,[9] nicht nur durch seine Recherchen, sondern auch durch die
reale und fiktive Übernahme der Rolle des väterlichen Erziehers, die für ihn
selbst Bazin gespielt hatte: So in seiner Beziehung zu dem vierzehnjährigen
Jean-Pierre Léaud, der die Hauptrolle in *Les quatre cents coups* spielt und den er
als widerspenstigen und »instabilen« Jungen, zugleich aber als »brillant, géné-
reux, affectueux« beschreibt (zit. nach de Baecque, Toubiana 1996, S. 192) und
dem er *L'Enfant sauvage* widmet. In diesem Film übernimmt er selbst die Rolle
Itards. Er begründet diesen Schritt mit dem Hinweis, er könne so besser das Kind
leiten, das die schwierige Rolle des stummen Victors spielt.

Der Film

Truffaut hat für seinen Film das bereits 1969 altmodische Schwarz-Weiß gewählt. Ähnlich wie der Regisseur als Lehrer sich von dem »wilden« Kind, das er
einmal war, distanziert, schafft das Schwarz-Weiß durch seine Abstraktheit Dis-

---

[7] Dieser Begriff wurde erstmals 1967 verwendet; die damit bezeichnete Bewegung, die die Öffnung
der geschlossenen Anstalten forderte und Versuche mit der offenen Betreuung von Geisteskranken
durchführte, hatte in den fünfziger und frühen sechziger Jahren neben Deligny als Wegbereiter Er-
ving Goffman mit seiner empirischen Untersuchung *Asyles* und Michel Foucault mit *Wahnsinn und
Gesellschaft* (beide 1961).
[8] Wie sehr er Deligny gleichwohl schätzte, zeigt, dass er 1973 in seiner Firma *Les Films du Carrosse*
dessen Film *Ce gamin là* produzierte.
[9] Vgl. de Baecque, Toubiana 1996, S. 381f, S. 395 sowie seinen späteren Film *L'argent de poche*
(1976).

tanz zum dargestellten Geschehen. Zugleich suggeriert es den Charakter des Dokumentarischen, weil es an den Anfang der Kinogeschichte erinnert, den die dokumentarischen Filme der Brüder Lumière markieren, und weil Dokumentarfilmer auch nach dem Triumph des Farbfilms schon aus finanziellen Gründen zum Schwarz-Weiß neigten. Beide Eigenschaften, Abstraktion wie Schein des Dokumentarischen,[10] passen zum historischen Stoff, bei dessen Erzählung Truffaut bis auf wenige Passagen und Details sehr nah an Itards Berichten bleibt.

Das subtile Wechselspiel von Nähe und Distanz verstärkt er ein weiteres Mal durch die Irisblende, mit deren Einsatz er den Film rhythmisiert. Diese vor allem in der Stummfilmzeit eingesetzte Blende betont ihrerseits die historisierende Erzählung. Die am Auge orientierte Technik imitiert den Blick mit der sich um die Pupille weitenden und verengenden Iris; sie entzieht nach und nach in fließenden Übergängen das sich verkleinernde und verengende Bild dem Blick des Betrachters, bis das Kamera-Auge sich ganz verschließt, und sie öffnet es langsam wieder dem Blick. Die Irisblende setzt Truffaut am Anfang ein, mehrfach im Verlauf des Films und an seinem Ende. Die erste öffnet sich über einer Waldszene, wir sehen eine Frau, die Pilze sucht. Ein leises Geräusch verrät, dass sich in der Nähe etwas bewegt – dies ist die erste akustische Spur des wilden Kindes, das bald selbst sichtbar wird. Mitten im Film werden zwei wichtige Etappen auf dem Weg des Kindes in die menschliche Gesellschaft durch die Irisblende akzentuiert: Sie schließt sich über dem von Madame Guérain liebevoll gefütterten Knaben – mit dieser Geste wird das Kind, das sich bisher die Nahrung unkontrolliert in den Mund gestopft hat, in die Mahlgemeinschaft der Menschen aufgenommen. Später fokussiert die filmische Pupille im Ring der Iris den undeutbaren, aber aufmerksamen Blick des Kindes, das gerade seinen Namen Victor zugesprochen bekam. Am Ende des Films steigt Victor, der ausgerissen ist und wieder heimgekehrt ist, mit Madame Guérain die Treppe hoch. Er wendet den Kopf zurück und blickt zu Itard hin, der unten stehen geblieben ist. Dann verengt sich die Blende und sehr langsam schließt sich die Iris, bis wir einen langen Augenblick hindurch nur Victors Kopf und seine Augen sehen. Der bisher nur Angeschaute, der Angestarrte und Beobachtete, ist selbst zum Blickenden geworden, zum Subjekt. Sein Blick, der anfangs nichts festhalten konnte, nur gleichgültig über die Dinge und Menschen glitt und der zu den Symptomen gehörte, mit denen Pinel seine Diagnose angeborenen Schwachsinns begründete, ist dem konzentrierten, von Zärtlichkeit sprechenden Blick des Kindes gewichen, das die seltsame kleine Familie aus Lehrer und Haushälterin verlassen und wieder gefunden hat und sich den beiden anvertraut.

---

[10] Zum Spiel mit dem dokumentarischen Schein vgl. Paulin (2001): »si ce film est un documentaire, une fiction, ou encore une rêverie sur les pouvoirs du cinéma. On rappellera la phrase de Truffaut: ›J'ai réussi à faire de l'anti-documentaire avec une chose extrêmement vraie‹«.

Neben der Blende ist die Musik aus Vivaldis *Vier Jahreszeiten* ein weiteres rhythmisierendes Element. Sie setzt immer in Augenblicken der Entspannung ein: zuerst als im Aveyron der alte Rémi[11] den Jungen vor der Kindermeute rettet, ihn liebevoll wäscht und streichelt; später wenn Victor sich zum Trinken ans Fenster stellt und ins Freie schaut; als er entdeckt, wie schön es ist, in einer Schubkarre geschoben zu werden – das einzige Spiel, das Victor selbst entdeckt und das ihm nicht versagt wird; als er das erste Mal weint; als Itard ihn nach dem schrecklichen Test seines Gerechtigkeitssinns tröstet;[12] bei seinem Tanz vor dem Vollmond und wenn die Landschaft sich ihm öffnet, wenn er laufen und springen darf.

Abgesehen von diesen sorgfältig gesetzten und in der Lautstärke subtil nuancierten Musikeinspielungen ist der Film still. Nach den leisesten Lauten im Wald, einem Knistern, einem Knacken, einem Wasserrauschen, hören wir während der Jagd auf das Kind das Hecheln und Bellen der Hunde, am Ende das Jaulen und Stöhnen des sterbenden Hundes, das Schnaufen und Hetzen der Männer, das Zischen des Rauchs, mit dem sie ihr Wild aus dem Erdloch treiben. Dialoge sind selten. Der größte Teil des Textes wird aus dem Off gesprochen: die Gedanken Itards und seine Tagebucheintragungen. Der Arzt ist nicht gesprächig. Sein Feld ist die Schrift, die er als Bedingung *all jener einfachen und komplexen Gedanken* versteht, »die wir durch die Erziehung erhalten und die sich unserem Geist auf so vielfältige Weise verbinden, und zwar einzig mittels unserer Kenntnis der Schriftzeichen« (1801, Malson, Itard, Mannoni 1972, S. 121). Wir begegnen ihm das erste Mal, als er den Zeitungsbericht über Victors Gefangennahme liest; später immer wieder mit der Feder in der Hand seine Reflexionen über das Kind, Planung und Resultat seiner Lektionen und Victors Verhalten notierend. Den feinmotorischen Bewegungen des Schreibens auf den kleinen Flächen des Papiers und der Tafel kontrastieren die raumgreifenden Bewegungen des schaukelnden, laufenden, springenden, kletternden Knaben in der Weite der Felder und Wälder.

Die Spannung zwischen Interieur und landschaftlicher Weite ist das prägende Kompositionsprinzip des Films. Es kristallisiert sich formal im Öffnen und Schließen der Blende ebenso wie im wichtigsten bildlichen Sujet, dem Fenster.[13] Fenster und, etwas geringer akzentuiert, Türen, dazu ihr Widerpart, die Wände und Mauern, sind hier weit mehr als Motive, sie sind die zentralen Metaphern des Films. Im düsteren Verlies, in das die Dörfler den Jungen eingesperrt haben, fällt Tageslicht durch ein kleines Fensterquadrat – der buchstäblich einzi-

---

[11] So nennt Truffaut Clair Soussol, den Wärter des Knaben im Dorf und auf der Reise nach Paris.
[12] Die filmischen Mittel, mit denen Truffaut in dieser zentralen Szene arbeitet, hat Paulin (2001) ausführlich analysiert.
[13] Vgl. Paulins Ausführungen über die Fenster in *L'enfant sauvage* (2001).

ge Lichtblick für das Kind in seinem verzweifelten Wunsch zu entkommen. Hinter einem geschlossenen Fenster führen Pinel und Itard ihr entscheidendes Gespräch über den Jungen, jeder gerahmt und getrennt durch ein Fensterquadrat, was ihre Uneinigkeit in der Einschätzung des Kindes unterstreicht. Später in Itards Haus und bei der Familie Lemeri, die Itard häufig mit Victor besucht, stellt dieser sich so oft er kann ans Fenster, vor allem wenn er Wasser trinkt. Der historische Itard schreibt: »Besonders interessant an dieser Szene ist der Ort, wo sie sich abspielt. Unser Trinker stellt sich nämlich dazu ans Fenster, die Augen auf die Landschaft gerichtet, so als ob dieses Kind der Natur in jenem Augenblick des Genusses die beiden einzigen Wohltaten zu vereinen trachtete, die den Verlust seiner Freiheit überlebt haben: das Trinken von klarem Wasser und den Anblick von Sonne und freien Feldern« (1806, ebd., S. 178). Zuerst schlägt der Junge im Film wie den historischen Berichten zufolge die Scheiben ein, um den Weg nach draußen zu finden (vgl. Bonaterre 1800, in: Lane 1976, S. 55), später schlägt er im Film nur noch daran, wie an die verschlossenen Schranktüren, hinter denen er seine Milch weiß, oder an die Wände der dunklen Kammer, in die ihn sein Lehrer zur Strafe einsperrt. Truffaut lässt ihn bei seinem Ausreißversuch aus dem geöffneten Fenster springen. Das Fenster ist die transparente Grenze zwischen Victors Herkunftswelt und der Gesellschaft, in die man ihn geworfen hat, Ort der Melancholie und Trauer, aber auch Metapher für eine mögliche Öffnung seines Geistes, wie sie Itard anstrebt.

Die Lehrer des wilden Kindes

Über die philosophischen und naturwissenschaftlichen Prämissen, die Itards Erziehung des wilden Kindes zugrunde liegen, ist viel geschrieben worden, ebenso wie über die lange, bis in die heutige Montessori-Erziehung reichende Wirkungsgeschichte seines Werks (vgl. u.a. Lane 1985; Werner 2004). Schon deshalb können sie hier ausgespart bleiben. Ohnehin werden sie von Truffaut nicht expliziert. Itards wissenschaftlich geprägte Sicht auf den Menschen symbolisiert er im Kupferstich, der einen Kopf darstellt. Dies Bild hängt in Itards Studierzimmer und davor sitzt er oft nachdenkend und schreibend. In den Kopfumriss sind die verschiedenen Areale des Gehirns eingezeichnet. Einem solchen Kartierungsprogramm folgte der historische Itard im Aufbau seiner auf Condillac zurückgehenden Sinneserziehung ebenso wie in seinem Lehrprogramm und in der Systematik seiner Berichte. Auch Itards Methoden der *Schwarzen Pädagogik*, auf die bereits Octave Mannoni (Malson, Itard, Mannoni 1972) hinweist und die später vor allem Friedrich Koch ausführlich und im historischen Vergleich mit anderen Pädagogen zusammenstellt (Koch 1997), müssen hier nicht ein weiteres

Mal genannt werden. Dass Truffaut sie in seinem Film nicht explizit kritisiert und sie in der Rolle Itards sogar zu akzeptieren scheint, wurde häufig kritisiert. Koch versteht den Film als Bestätigung der »Erziehungsnotwendigkeit« (ebd., S. 149), liest aus ihm »Zuversicht« in den Erziehungsprozess und die Ausblendung der »historisch belegten schwarzen Phasen aus der Pädagogik Itards« (ebd., S. 148): »Der Regisseur, der in seiner Jugend beinahe durch die Schwarze Pädagogik vernichtet worden wäre, wollte einen Film über die positiven Möglichkeiten der Erziehung drehen. Um dieses Ziel zu verwirklichen, war es nötig, die schwarzen Momente auszublenden oder sie wenigstens weniger dramatisch zu gestalten« (ebd., S. 150). Koch zitiert neben Äußerungen von Truffaut einige Rezensenten, die seine Lesart stützen, aber auch andere, darunter Arnd F. Schirmer, der »die distanzierte Darstellung eines ›Falls‹« lobt, »der ohne Parteinahme für oder gegen ein Erziehungsprinzip präsentiert wird« (1971, zit. nach Koch 1997, S. 155). Diese kontroverse Rezeption wirft Fragen auf: Identifiziert sich Truffaut mit Itard, weil er ihn spielt? Und weil er dessen Ambivalenz zwischen kühl agierendem Forscher und emotional affiziertem Pflegevater, wie sie den Berichten ablesbar ist, in der Rolle nachvollzieht? Inszeniert er als Regisseur distanziert einen fernen historischen Fall?

Aus heutiger psychologischer Perspektive wäre das Wichtigste, das einem extrem deprivierten Kind wie Victor zu Gute kommen sollte, neben begleitenden therapeutischen Bemühungen eine liebevolle, stabile Familie, wie sie Pflegekinder im besten Fall finden. Mit der Entscheidung, Victor in sein Haus aufzunehmen und Madame Guérain mit seiner Pflege zu beauftragen, folgt der historische Itard durchaus dieser Vorstellung; offensichtlich versteht er sie als wichtige Voraussetzung für den Kultivierungsprozess, den er an Victor vollziehen will. Die Familienkonstellation, die er entwirft und in der er agiert, ist notwendig die seiner Zeit: Vater und Lehrer sind in seiner Person vereint, die Macht liegt in seinen Händen, er vertritt das Gesetz, die allgemeine und die wissenschaftliche Ordnung der Dinge. Die Vorstellung, was eine Mutter sei, wurde, einer Studie von Elisabeth Badinter zufolge, während des 18. Jahrhunderts zugunsten einer liebevollen Beziehung zum Kind neu geschrieben (Badinter 1981). Eine solch *neue* zärtliche Mutter stellt Truffaut in Madame Guérain und auch in der Bürgerin Lemeri dar, die ihr Baby im Arm trägt und mit ihm zu spielen und zu sprechen scheint. (Dass der Regisseur diese liebevolle Haltung dem Kind gegenüber nicht als weibliches Privileg ansieht, wird in der Figur des alten Rémi deutlich.) Madame Guérain nutzt den Spielraum, den die damals neue Mutterrolle ihr einräumt: Sie geht mit schwierigen Situationen, zumal mit Victors Krampfanfällen, besser um als der hilflose Doktor, den sie auch einmal kritisieren darf, weil sich die Anfälle mit zunehmender Belastung durch die Unterrichtsstunden häufen. Mehrfach kontrastiert Truffaut das Verhalten der beiden Erwachsenen im Umgang mit Victor: Die erste Handlung, die Itard und Pinel an ihm vollziehen, ist das Vermessen. Das Kind ist ihnen Objekt, angesprochen wird es nicht. Bei der ersten Begegnung zwischen Madame Guérain und Victor begrüßt sie ihn liebevoll und zeigt ihm die Räume des Hauses, solcherart ihm beim subjektiven Kartieren der fremden Welt helfend. Itard gibt die Regeln für das Verhalten beim Essen vor, sie füttert das Kind, das noch nie einen Löffel gehalten hat. Itard zwingt es in den aufrechten Gang und streckt seine vernarbten Knie, sie legt den Arm um Victor und führt ihn behutsam und ermutigend. Was sie mit ihm übt, das beherrscht er bald. So erschließt sie ihm die Welt.

Truffaut akzentuiert dies Lernen und seine Einwurzelung durch zwei einander korrespondierende Szenen: Madame Guérain übt mit Victor in entspannter Atmosphäre das Anzünden einer Kerze, dabei macht er auch die Erfahrung, wie leicht man sich dabei die Finger verbrennt. Viel später beobachtet ihn Itard dabei, wie er allein mit großem Ernst und stiller Aufmerksamkeit die Flamme einer Kerze betrachtet. Diese Szene, in der vor einem tiefschwarzen Hintergrund nur die leicht bewegte Flamme das Gesicht des Kindes erleuchtet und Victor sich ihr, aber auch sich selbst sanft nähert, indem er seine Hand betrachtet, die durchscheinend wird im Licht, ist eine der schönsten Einstellungen des Films. Sie verweist sowohl auf Gemälde von Georges de la Tour als auch auf Gaston Bachelards 1961 publiziertes Buch *Die Flamme einer Kerze*. Dort heißt es:

>»Jeder Flammenträumer ist ein potentieller Dichter. Jede Träumerei vor einer Flamme ist eine Träumerei, die bewundert. (...) Die Flamme erhöht das Vergnügen zu sehen, und sie umreißt ein Jenseits des ständig Gesehenen. Sie zwingt uns hinzuschauen. (...) Sie löst uns von der Welt, und sie vergrößert die Welt des Träumers. (...) Die Flamme ist eine Welt für den einsamen Menschen« (Bachelard 1988, S. 8f).[14]

Truffaut spielt Itard als fasziniert von dieser wie von anderen Szenen, etwa von Victors Wasserträumereien, seinen Regen- und Mondtänzen; auch hierin folgt er treu den eindrucksvollen und subtilen Beschreibungen des Arztes. In Übereinstimmung mit dessen Text zeichnet er seinen Itard dennoch als blind gegenüber dem spezifisch Menschlichen in diesem Kind: Das Erwachen des Subjekts im kontemplativen ästhetischen Erleben und im träumerischen ersten, noch unbegrifflichen Philosophieren ignoriert er. Darin dokumentiert sich dieselbe Blindheit, die dem Arzt die Sicht auf den Spracherwerb verschließt. Blockiert von der

---

[14] Catherine Paulin (2001) verwendet das Wort *rêverie* in der Bedeutung, die ihm Bachelard in seinen Studien zu den Elementen und zur materiellen Imagination zugeschrieben hat, in Bezug auf die erste Szene des Films: »Truffaut construit autour du personnage de l'enfant sauvage une immense rêverie. La scène du début est imaginée par le cinéaste: c'est une rêverie assez bachelardienne d'homme perché dans l'arbre, une rêverie aérienne, d'où le sauvage est arraché, capturé par des chasseurs.«

Theorie, der Ursprung der Sprache liege im Bedürfnis, kann er ihre *expressive Funktion* (vgl. Andresen 1990, 1993) nicht erkennen, kann Victors Äußerungen der Freude und der Zuneigung nicht als Sprache gelten lassen: Nur wenn Victor »lait« sagen würde, um Milch zu fordern, würde er sprechen. Sagt er »lait«, *nachdem* er die begehrte Milch getrunken hat, bleibt er der sprachlose Wilde. Itard hätte nicht verstanden, was der mittelalterliche Chronist dem grausamen kaiserlichen Experiment entgegen hielt: dass die Kinder nicht leben konnten »ohne das Händepatschen und das fröhliche Gesichterschneiden und die Koseworte ihrer Ammen und Nährerinnen.« Lieder, Verse und Sprachspiele, die den Säugling auf seinem Weg zur Sprache begleiten, sein anfängliches Lallen und sein träumerischer Singsang haben keinen Platz in Itards pädagogischem Repertoire. Und obgleich er in seinen Berichten wie im Film berührt ist von der ausdrucksstarken Zärtlichkeit des Kindes, ihm gegenüber auf seine spröde Weise oft große Zuneigung empfindet, so ist ihm doch dies alles nicht wichtig genug, um darin die Zugehörigkeit zum Menschengeschlecht zu erkennen. Daher lässt Truffaut ihn am Ende den Satz sprechen: »Tu n'es plus un sauvage, même si tu n'es pas encore un homme.«

Der historische wie der Itard Truffauts erkennen der spontanen ästhetischen und emotionalen Selbst-Bildung keine, der mütterlich liebevollen Betreuerin zwar eine erfreuliche, aber keine entscheidende Rolle zu; vielmehr versteht Itard seine methoden- und zielgerichtete Lehre als ausschlaggebend für die Entwicklung des Jungen zum Menschen. Damit beraubt er sich der Möglichkeit, die drei Personen als eine Familie zu begreifen, in der wechselseitige Beziehungs-, Erziehungs- und Lernprozesse miteinander verschmelzen und auf diese Weise die Entwicklung und Kultivierung aller Beteiligten ermöglichen. Indem Truffaut Itard als liebevoll (was er den Berichten zufolge war), aber vor allem als übermächtig darstellt, als Person, die das Schicksal des Kindes in seinen Händen hält und nicht selten grausam mit ihm spielt, rückt er das Kind und seine verletzten Rechte beeindruckender ins Licht, als wenn der Film sich von vornherein in expliziter Parteilichkeit auf Victors Seite stellen würde.

Koch kritisiert es als Beschönigung, dass Truffaut Itards resignierte Abwendung von Victor ausspart. Mit dem langen Blick des Jungen von der Treppe hinab zu dem Mann, der sein Lehrer, aber nicht sein Vater sein will und kann, gibt der Regisseur dem zärtlichen Kind, nicht dem strafenden Wissenschaftler das letzte Wort. Nein, nicht das *letzte Wort*, sondern den *letzten Blick*. Die Sprache des Films ist die der bewegten Bilder. Truffauts Kritiker übersehen, dass der Wechsel von der wissenschaftlichen Berichtssprache zum Film auf der Meta-Ebene der künstlerischen Form die Kritik an dem gewalttätigen Erziehungsversuch impliziert, die sie vermissen. Die Sprache im Film gehört Itard, das Bild dem wilden Kind. Gegen den Terror der Forderung, zu sprechen um als Mensch

zu gelten, setzt der Film die stummen, bewegenden Bilder eines einsamen, emp-
findsamen Kindes. Truffaut *zeigt*, was Itard wahrnimmt, aber nicht versteht, weil
es jenseits der Sprache liegt. Damit schließt der Regisseur an Deligny an.[15] Über
dessen Auffassung vom Kino schreibt Olivier Bitoun: »Le cinéma permet de
mettre des images sur ce qui n'a pas de mot. (…) Le cinéma, images et sons, art
du rituel, est pour Deligny une étape dans la recherche de ce qu'est le langage
non verbal, celui-là seul auquel les autistes ont accès.« (Bitoun 2008) In diesem
Sinn ist der Film das Medium, das dem sprachlosen Wildkind wie kein anderes
gerecht wird.

Literatur

François Truffauts Filme über Kinder und Kindheit
Les quatre cents coups. © Les Films du Carrosse 1959. Restaurierte Fassung in: François
    Truffaut Collection 2. DVD bei Concorde Home Entertainment 2005
L'Enfant sauvage. © Les Films du Carrosse 1969. Restaurierte Fassung bei MGM Home
    Entertainment 2004 (DVD)
L'Argent de poche. Dt.: Taschengeld. © MGM 1976. DVD MGM 2009

Zitierte Literatur
Andresen, Helga (1990): Victor und Itard oder: Wie ein ›wildes‹ Kind nicht sprechen,
    aber schreiben lernt. In: Brügelmann, H.; Balhorn, H. (Hg.): Das Gehirn, sein
    Alfabet und andere Geschichten. Konstanz: Faude. S. 199-208
Andresen, Helga (1993): Das ›wilde Kind‹ Victor und sein Lehrer Itard. Perspektiven auf
    eine Lehrer-Schüler-Interaktion im beginnenden 19. Jahrhundert. In: Diskussion
    Deutsch 129, S. 4-16
Bachelard, Gaston (1961, dt. 1988): Die Flamme einer Kerze. Aus dem Französischen
    von Gloria von Wroblewski. München, Wien: Hanser
Badinter, Elisabeth (1980, dt. 1981, ²1985): Die Mutterliebe. Geschichte eines Gefühls
    vom 17. Jahrhundert bis heute. Aus dem Französischen von Friedrich Griese.
    München: dtv
Baecque, Antoine de; Toubiana, Serge; Fischer, Robert (1999): François Truffaut.
    Biographie Köln: vgs (arte-Edition).
Bitoun, Olivier (2008): Le Cinema de Fernand Deligny. Une Chronique. Online:
    www.dvdclassik.com/Critiques/cinema-de-fernand-deligny-dvd.htm   (Abfrage
    09.11.10). © Dvdclassik.com-Février 2008 laredaction@dvdclassik.com
Bonaterre, Pierre-Joseph (1800, 1985): Historische Notiz über den Wilden von Aveyron.
    Dt. von Bernd Samland. In: Harlan Lane (engl. 1976; dt. 1985): Das wilde Kind von

---

[15] Dies gilt ungeachtet der Differenzen zwischen beiden über die Frage, wie ein Film zu sein hat.

Aveyron. Der Fall des Wolfsjungen. Mit Ergänzungen von J.-J. Virey, Frankfurt a. M., Berlin, Wien: Ullstein. S. 40-60

Boyle, Thomas C. (2010): Das wilde Kind. Dt. von Dirk van Gunsteren. München, Wien: Hanser

Bruland, Hansjörg (2008): Wilde Kinder in der Frühen Neuzeit. Geschichten von der Natur des Menschen. Univ., Diss.-Duisburg-Essen, 2007. Stuttgart: Steiner

Gerstein, Mordicai (1998, dt. 1999): Der wilde Junge. Erzählt nach der wahren Geschichte des Wolfsjungen aus dem Aveyron. Aus dem Englischen von Richard Rosenstein. Stuttgart: Freies Geistesleben

Gerstein, Mordicai (1998, dt. 1999): Victor. Roman über den Wolfsjungen aus dem Aveyron. Aus dem Englischen von Bettine Braun. Stuttgart: Freies Geistesleben

Koch, Friedrich (1997): Das Wilde Kind von Aveyron. Die Geschichte einer gescheiterten Dressur. Mit einem Exkurs über ›L'Enfant sauvage‹ – Der Wolfsjunge. Ein Film von Francois Truffaut. Frankfurt a. M.: Europäische Verlagsanstalt

Lane, Harlan (engl. 1976, dt. 1985): Das wilde Kind von Aveyron. Der Fall des Wolfsjungen. Aus dem Englischen von Bernd Samland. Frankfurt a. M., Berlin, Wien: Ullstein

Malson, Lucien; Itard, Jean; Mannoni, Octave (1964, dt. 1972): Die wilden Kinder. Aus dem Französischen von Eva Moldenhauer. Frankfurt a. M.: Suhrkamp

Paracelsus, Theophrastus (1590, 1976, [2]1982): Liber de nymphis, sylphis, pygmaeis et salamdris et de caeteri spiritibus Theophrastus Hohenheimensis. In: Theophrastus Paracelsus. Werke. Bd. III: Philosophische Schriften. Besorgt von Will-Erich Peukert. Basel, Stuttgart: Schwabe & Co

Paulin, Catherine (2001): L'enfant sauvage. Dossier. In: Les dossiers de Télédoc. www2.cndp.fr/TICE/teledoc/dossiers/dossier_sauvage (Abfrage 13.11.2010)

Pinel, Philippe (1801): Bericht an die Société des Observateurs de l'Homme über das Kind, das unter dem Namen »Sauvage de l'Aveyron« bekannt ist. In: Harlan Lane (engl. 1976, dt. 1985): Das wilde Kind von Aveyron. Der Fall des Wolfsjungen. Frankfurt a. M., Berlin, Wien: Ullstein. S. 68-85

Richter, Dieter (1987): Das fremde Kind. Zur Entstehung der Kindheitsbilder des bürgerlichen Zeitalters. Frankfurt a. M.: S. Fischer

Werner, Birgitt (2004): Die Erziehung des Wilden von Aveyron. Ein Experiment auf der Schwelle zur Moderne. Frankfurt a. M.: Lang

Wikipedia: Stichwort »Hospitalismus«: http://de.wikipedia.org/wiki/Hospitalismus (Abruf 12.11.10)

Zwischen schöpferischer Gewalt und aggressivem Pathos. Lehren im Film »Der Club der toten Dichter«

Michael Wimmer

Der Film *Der Club der toten Dichter* als Wunscherfüllung des pädagogischen Traums

Der Film *Dead Poets' Society* wurde 1989 in den USA veröffentlicht und kam im Januar 1990 auch in Deutschland in die Kinos. Regisseur Peter Weir und Drehbuchautor Tom Schulman erzählen darin die Geschichte eines Lehrers, der mit seinen liberalen Lehrmethoden an einem autoritär geführten konservativen Eliteinternat für Jungen insofern scheitert, als er nach dem Suizid eines Schülers, für den er verantwortlich gemacht wird, die Schule verlassen muss. Aus einer anderen Perspektive betrachtet, kann der Film jedoch auch als die Erfüllung des pädagogischen Traums gedeutet werden, da es dem Lehrer durchaus gelingt, Bildungsprozesse bei seinen Schülern anzustoßen und sie bei der Selbstentdeckung ihrer individuellen Fähigkeiten und Interessen zu unterstützen. Es gelingt ihm daher sehr wohl, die Bildung der Individuen und die Autonomisierung der Subjekte zu befördern und damit diejenigen Aufgaben zu erfüllen, die das Selbstverständnis Pädagogik in der Moderne ausmachen.

Obwohl der Film eine Vielzahl von weiteren Anspielungen auf Topoi, Themen, Probleme, Autoren und Diskurse aus der Geschichte der Pädagogik enthält und man ihn vor dem Hintergrund sehr unterschiedlicher Fragestellungen interpretieren könnte, möchte ich hier die These vertreten, dass der Film *Der Club der toten Dichter* als eine Inszenierung eines pädagogischen Traumes verstanden werden kann, der bis in die Antike zurück reicht: dass es nämlich möglich wäre, anderen das Leben zu lehren. Zwar werden die kategorialen Grund-Risse und paradoxalen Spaltungen moderner Pädagogik keineswegs verleugnet, wie z.B. diejenige zwischen Qualifikationswissen und existentiellem Verstehen, Lernen und Bildung bzw. Bildung und Ausbildung, gesellschaftlicher Brauchbarkeit und individuellem Glück, institutionellem Zwang und subjektiver Freiheit. Doch inszeniert der Film die Lösbarkeit dieser insbesondere in den Lehrern und ihrem Lehren sich manifestierenden widerstreitenden Probleme, wenn auch nicht ohne Tragik. So fällt in der filmischen Wunscherfüllung des pädagogischen Traums der Erfolg zusammen mit einem desaströsen Scheitern, das aber ebenso ungewollt wie strukturell unvermeidlich zum Phantasma pädagogischen Gelingens gehört.

Kurze Zusammenfassung: Erfolg im Scheitern

Die Filmhandlung spielt in der Welton-Akademie in den Bergen von Vermont, also nahe der renommierten Harvard University in Cambridge/Massachusetts. Man schreibt das Jahr 1959, und in der Vorbereitungsschule für Elite-Universitäten mit ihrer einhundertjährigen Geschichte lauten die Grundprinzipien der Zeit entsprechend noch: Tradition, Ehre, Disziplin und Leistung. Auch der klassische Generationenkonflikt zwischen der Autorität der Erwachsenen und den unmündigen Jungen findet gleich zu Beginn einen Ausdruck, als die Schüler die Grundprinzipien der Schule in »Travestie, Ekel, Dekadenz und Lethargie« verkehren. Der Film setzt ein mit dem Entzünden einer Kerze, dem »Licht des Wissens«, wie es vieldeutig heißt, womit sowohl ein Bogen zurück zum Höhlengleichnis (Platon) mit seiner Lichtmetaphysik (Fink 1970) als auch zum Versprechen des Höhlenausgangs (Blumenberg 1989) im Sinne der Aufklärung geschlagen wird, womit aber auch der aktuelle Zweck dieser Akademie als Institution der Wissensvermittlung für den Nachwuchs der Eliten angesprochen wird. Für diese bedeutet Wissen nämlich weniger Wahrheitserkenntnis oder Bildung, sondern Macht. Und so wird bei der rituellen Feier zum Anfang des Schuljahrs das Kerzenlicht von den Alten an die Novizen weitergegeben. Bei dieser Feier werden auch zwei der Protagonisten des Films vorgestellt, der neue Englischlehrer Mr. Keating (Robin Williams), selbst ehemaliger Absolvent der Welton-Akademie, und der neue Schüler Todd Anderson (Ethan Hawke), dessen älterer Bruder als Jahrgangsbester auch die Welton-Akademie besucht hatte.

Der Schulalltag der Schüler wird bestimmt durch Unterricht und Lernen, das Pauken von Unterrichtsstoff, der im klassischen Frontalunterricht vermittelt wird. Der Herrschaft des Leistungsprinzips entkommen sie nur partiell durch eine Lern- und Freundesgruppe, zu der sehr unterschiedliche Jungen gehören. Neil Perry, der unter seinem autoritären Vater leidet, hält die Gruppe zusammen und integriert auch den schüchternen Todd Anderson, der sein neuer Zimmerkamerad ist. Außerdem gehören noch der etwas chaotische Charles Dalton (Charlie), der Draufgänger Knox Overstreet, der naive Steven Meeks und James Cameron als Streber zu dieser Gruppe, die später den »Club der toten Dichter« wiederbeleben wird.

Bereits am ersten Unterrichtstag wird der Unterschied zwischen den alten Lehrern und dem neuen mehr als deutlich. Mr. Keating unterscheidet sich in seiner Einstellung gegenüber den Schülern, dem Lehren, der Institution, dem Leben und in seinen Lehrmethoden, die die Schüler irritieren und seine Kollegen befremden. Schon bei seinem ersten Auftritt konfrontiert er sie mit etwas ganz Unerwartetem, d.h. damit, dass der Unterrichtsinhalt nicht nur Lernstoff ist, sondern auch eine Bedeutung hat, die er den Schülern in dem alten Spruch »Carpe diem! Nutze den Tag! Macht etwas Außergewöhnliches aus Eurem Leben!« mit auf den Weg gibt. Zudem lässt er sich von mutigen Schülern als »O Captain, mein Captain!«[1] ansprechen, animiert die Schüler dazu, ein extrem objektivistisches Beurteilungskapitel zur Lyrik aus ihren Büchern herauszureißen, ermutigt sie zu selbständigem Denken und lässt sie einzeln auf das Lehrerpult steigen, um die Möglichkeit eines Perspektivwechsels zu erfahren.

Neil entdeckt nach kurzer Zeit in einem alten Jahrbuch, dass Mr. Keating damals Mitglied im »Club der toten Dichter« war. In einer Höhle lasen sich die Mitglieder Gedichte vor und verstanden sich als Romantiker mit dem Ziel, »das Mark des Lebens in sich aufzusaugen«.[2] Neil gründet mit seinen Freunden den Club neu, man trifft sich heimlich nachts in der Höhle, zitiert Gedichte, raucht und trinkt.

Während sich die Schüler an den Unterricht von Keating gewöhnen und dieser einige Erfolge verbuchen kann, zeichnen sich mehrere Schwierigkeiten ab. Neben anderen kleineren Konflikten, in denen sich die direkte Umsetzung des »Carpe diem« als problematisch erweist, geht es zentral um Neil, der seine Liebe zum Theater und seine Bestimmung entdeckt hat und nun gegen den Willen seines Vaters die Hauptrolle in einer Aufführung von Shakespeares Sommernachtstraum spielen möchte. Für Neil entsteht eine ausweglose Situation, die in einer Katastrophe endet: Als sein Vater von den Proben erfährt, verbietet er ihm strikt, an der Aufführung teilzunehmen. Als Neil trotz dieses Verbots bei der Premiere auftritt, nimmt sein Vater ihn von der Schule und ohne ihn anzuhören, kündigt er ihm zu Hause an, ihn auf eine Militärakademie zu schicken. Ohne Möglichkeit des Widerstandes, begeht Neil Selbstmord.

Die Schulleitung beschuldigt Keating, für Neils Tod verantwortlich zu sein, weil er ihn zu diesem Verhalten ermuntert habe. Die Mitglieder des nun bekannt gewordenen »Club der toten Dichter« werden gezwungen, gegen ihren Lehrer auszusagen. In der Schlussszene betritt Mr. Keating noch einmal das Klassenzimmer, um seine persönlichen Sachen zu holen. Beim endgültigen Verlassen des Raumes steht Todd mutig auf und ruft Keating nach, man habe ihn zur Unterschrift gezwungen. Nach heftigen Einschüchterungsversuchen durch Rektor Nolan, der den Englischunterricht übernommen hat, steigt Todd auf sein Pult und ruft Keating an mit »O Captain, mein Captain!«. Obwohl Rektor Nolan den

---

[1] Es handelt sich um den Titel von Walt Whitmans (1855-91) Gedicht über Präsident Lincoln.
[2] Ein Zitat von Henry David Thoreau (1917-62) aus seinem Buch *Walden*.

Schülern mit Disziplinarmaßnahmen droht, folgt fast die Hälfte der Klasse Todds Beispiel. Der Film endet damit, dass sich Keating, der rückblickend in der Tür stehen bleibt, für diesen Vertrauensbeweis bedankt.

Zwischen Realismus und Romantik: John Keatings Unterricht

Die ersten Lehr- und Lehrerszenen des Films knüpfen an vielen noch bekannte Unterrichtserfahrungen an und zeigen in nur kurzen Spots Lehrer, die mittels der klassischen Formen des Frontalunterrichts und disziplinarischer Anmerkungen um die Vermittlung von Inhalten bemüht sind. Um so größer wirkt der Kontrast schon beim ersten Auftritt Keatings, der kurz aus seinem Vorbereitungsraum in den Klassenraum blickt, dann durch die Reihen zum Ausgang schlendert und zur großen Verwunderung der Schüler wieder verschwindet, um sie nur kurze Zeit darauf aufzufordern, ihm auf den Flur zu folgen. Hier geht es nicht um Wissensvermittlung, auch nicht darum, den Schülern »seine Lebensphilosophie zu vermitteln« (Lenz 1997), sondern um die existentielle Bedeutung von Wissen, Dichtung, Sprache für jeden Einzelnen. Damit wird sofort die entscheidende Differenz zwischen äußerlichem und bedeutsamem Wissen eingeführt, zwischen Wissen und Bildung, funktionalem und existentiellem Welt- und Selbstbezug, und damit zwischen gegensätzlichen Auffassungen von Unterricht, Lehren und Lernen. Keating lässt sich also durchaus als Lehrer betrachten, der dem pädagogischen Selbstverständnis der Moderne entspricht, der also versucht, seinen Schüler nicht nur Wissen, sondern auch Reflexions-, Deutungs- und Urteilskompetenz zu vermitteln und sie zu selbstbewussten, autonomen und verantwortlichen Individuen zu erziehen. Seine unkonventionellen und im Kontext der Welton-Akademie innovativen Unterrichtsmethoden stehen ganz im Dienst dieser Intention, bei seinen Schülern Bildungsprozesse in dieser Richtung anzustoßen. In welcher Weise Keating in seinen Stunden auch den Funktionen des Unterrichtens und Beurteilens nachkommt, lässt sich aber nicht genau sagen, da es im Film kaum eine Szene gibt, in der Keating im herkömmlichen Sinn unterrichtet.

Da Keating im Vergleich zu seinen Kollegen einen weniger autoritären Stil pflegt, entwickelt sich zwischen ihm und seinen Schülern schnell ein Verhältnis, das eher von Freundschaft und gegenseitiger Anerkennung als von Autorität und Gehorsam bestimmt ist. Einige Schüler beginnen, Mr. Keating zu idealisieren, was in einer Szene gipfelt, in der Keating beim Sportunterricht – bei dem neben den körperlichen auch die geistigen und emotionalen Dimensionen mittels Gedichten und Musik angesprochen werden – von seinen Schülern auf Händen getragen wird. Im Film wird diese Szene mit Beethovens *Ode an die Freude* untermalt.

Dass jedoch Keatings Versuch, inmitten der durchgängig autoritär strukturierten Institution einen antiautoritär-emanzipatorischen Unterrichts- und Erziehungsstil zu praktizieren, zu Konflikten führt, ist keine Überraschung. Der Lehrer wie auch die Schüler kollidieren zunehmend mit den institutionellen Erwartungen und geraten damit in problematische Situationen. Diese kann man allerdings ebenfalls aus verschiedenen Perspektiven sehen: Man könnte sagen, dass die emotionale Nähe zu Keating bei den Mitgliedern des »Clubs der toten Dichter« zu unhinterfragter Internalisierung von oder Identifikation mit Keatings Anschauungen führt. Das wäre die Perspektive von seinem Kollegen McAllister, der davon ausgeht, dass die Schüler noch sehr beeinflussbar und noch nicht fähig sind, mit der Freiheit richtig umzugehen. Man könnte aber auch sagen, dass Freiheit als Wert eine andere Qualität hat als andere Werte, dass man Freiheit nicht nachahmen kann, sondern sich selbst dazu entschließen muss, so dass man für Handlungen, die in diesem Bewusstsein erfolgen, nicht mehr andere verantwortlich machen kann. Dennoch gerät Keating zunehmend in Konflikt mit den Zielen und Erziehungsidealen des konservativen Welton-Internates. Die Unterschiede in den Auffassungen der einzelnen Lehrer werden beispielsweise im Gespräch zwischen Keating und dem eher traditionell eingestellten Lateinlehrer McAllister deutlich, die stellvertretend die beiden widersprüchlichen Welt- und Selbstdeutungen des Realismus und des Transzendentalismus repräsentieren.[3]

Im Unterschied zu seinen Kollegen, für die die Schüler alle gleichermaßen nur Schüler, also Rollenträger sind, zu denen sie keine über die Rollenfunktion hinausgehende Beziehungen haben, geht Keating persönliche Beziehungen zu den Schülern ein. Er nimmt sie in ihrer jeweiligen Individualität wahr und spricht entsprechend mit ihnen. Dennoch wäre es verfehlt, wenn man diese Beziehung als Freundschaft interpretieren würde. Keating ist kein Antipädagoge. Er stellt vielmehr deshalb einen beliebten Lehrer dar, weil er von den Schülern als Autorität anerkannt wird (Paris 2009), weshalb er nicht autoritär auftreten muss, wie seine Kollegen, vor denen die Schüler zwar Angst haben, die sie aber nicht als Autorität anerkennen (Wimmer 2009). Und doch wird im Film die Problematik zwischen Interaktion und Selektion bzw. Leistungsbeurteilung ausgeblendet, die zum Beruf des Lehrers gehört (Helsper 1996). Spätestens bei der Notenvergabe hat der Lehrer eine objektive Beobachterposition einzunehmen, ungeachtet emotionaler Beziehungsaspekte. Doch wird Keating im Film niemals bei der Aufgabe des Lehrens und Beurteilens dargestellt, was seinem Charisma sicher schaden würde. Sein Diskurs ist auch weniger ein Lehrdiskurs, sondern eher derjenige eines Propheten, sein Unterrichtsstil gleicht einer Performance und theatralen

---

[3] Die alle weltanschaulichen Differenzen und pädagogischen Spannungen im Film grundierende Polarität zwischen Realismus und Transzendentalismus kann hier nicht entfaltet werden (vgl. dazu Schulz 1997; Munaretto 2005, S. 11f; Schuth 2006, S. 30f).

Inszenierung, Literatur wird nicht analysiert, sondern zelebriert. Sein Kommunikationsstil entspricht eher der Verkündung, der Offenbarung oder der Einweihung in ein Geheimnis, weshalb sein Unterricht mehr einer Initiation ähnelt als einer auf Wissensvermittlung und Kompetenzsteigerung gerichteten Veranstaltung. Weniger abwertend könnte man sagen, dass er andere Prioritäten hat und nicht an Wissen und Leistung, sondern an Bildung und Verständnis interessiert ist. Er möchte den Schülern die wichtigen Dinge des Lebens lehren, sie dafür empfänglich machen. Durch die absichtsvolle Enttäuschung von Erwartungen, durch unvorhergesehene Aktionen und genau dosierte Regelverstöße nötigt er die Schüler, ihre eingeschliffenen Sichtweisen, wenn nicht zu relativieren, so doch wenigstens als mehr oder weniger kontingente Sichtweisen wahrzunehmen und sie aus ihrer Position normativer Selbstverständlichkeit zu lösen. Kurz, durch dosierte Fremdheitserfahrungen intendiert Keating, entsprechende Bildungsprozesse anzuregen (Buck 1984).

Wie bereits gesagt, ist schon sein erster Auftritt ungewöhnlich und irritierend. Im Flur macht er die Schüler mit den Bildern ihnen ähnlicher, aber doch schon längst verblichener, Ehemaliger aufmerksam und konfrontiert sie auf diese Weise mit dem »Sein zum Tode« als existentieller Dimension auch ihres Lebens. Um sie von zu starker Wissenschaftsgläubigkeit abzubringen, von dem blinden Glauben an die Autorität des gedruckten Bücherwissens, aber auch, um die Unmöglichkeit zu verdeutlichen, dass man Sinn nicht quantitativ vermessen kann, lässt er sie ein Einleitungskapitel zur Beurteilung lyrischer Qualität mit Hilfe einer quantitativen Methode aus den Schulbüchern herausreißen. Um auf die Gefahr der Konformität aufmerksam zu machen, lässt er die Schüler auf dem Hof ohne Anleitung gehen, wobei sie nach kurzer Zeit in den Gleichschritt verfallen. Damit sie selbst die Erfahrung machen können, dass man die Dinge aus verschiedenen Perspektiven betrachten kann, animiert er sie, auf das Lehrerpult zu steigen. Und wie schon erwähnt, kombiniert er auf dem Sportplatz Ballschüsse mit Vers-Zitationen und klassischer Musik ganz im Sinne von Humboldts Diktum von der »höchste[n] und proportionirlichste[n] Bildung seiner Kräfte zu einem Ganzen« (Humboldt 1980, S. 64).

Diese Szenen präsentieren eine beeindruckende Methodenvielfalt, sie veranschaulichen zweifellos die Zugewandtheit Keatings gegenüber jedem einzelnen seiner Schüler und verleihen der weit verbreiteten didaktischen Einsicht eine kaum bezweifelbare Evidenz, dass die Persönlichkeit des Lehrers selbst die bei weitem bedeutsamste Komponente gelingenden und wirksamen Unterrichtens darstellt. Und doch wecken diese Szenen zugleich auch den Eindruck der suggestiven Manipulation und Überwältigung, da die Gefolgschaft der meisten Schüler zwar freiwillig erfolgen mag, aber dennoch Gefolgschaft bleibt. Anders formuliert gelingt es Mr. Keating zwar bravourös, eine Übertragungsbeziehung herzustellen (Lühmann 2006), aber ohne sich darüber wirklich bewusst zu sein, dass es sich um eine Übertragung handelt. Er scheint sich in der idealisierten Gestalt zu spiegeln, die die Schüler in ihm sehen.

Der Film als Inszenierung des pädagogischen Traums

Um zu verstehen, warum hier trotz des vielfältigen Scheiterns ein pädagogischer Traum in Erfüllung geht, muss man sich daran erinnern, dass sich Pädagogik seit der Moderne der Autonomisierung des Menschen verpflichtet fühlt. Seit dem Ende der geburtsständischen Gesellschaft muss jeder seine Position selbst finden, Herkunft bestimmt nicht mehr automatisch die Zukunft, so dass Erziehung nicht mehr als einfache An- und Einpassung der nachwachsenden Generation in die bestehende Gesellschaftsordnung verstanden werden kann. Selbstbestimmung des freien, selbstverantwortlichen Subjekts und individuelle Bildung als Zielvorstellungen gehen einher mit dem Axiom der Unbestimmtheit der menschlichen Natur bzw. dem pädagogischen Grundsatz der Bildsamkeit. Jeder muss seine Bestimmung selbst finden, denn was aus ihm werden kann, weiß weder die Gesellschaft noch der Lehrer noch das Individuum selbst, so dass allein der Bildungsprozess als Auseinandersetzung des Ich mit der Welt, Humboldt zufolge, erweisen kann, was aus einem Menschen werden kann. Jedes einzelne Individuum ist damit zugleich ein konkretes Symbol dessen, was Menschsein heißen kann. Bildung ist so gesehen Selbstzweck und konfligiert mit gesellschaftlicher Brauchbarkeit. Zudem kann sie, als Selbstbildung verstanden, nicht geplant hergestellt werden. Aber, und das hat sich seit dem Höhlengleichnis kaum geändert, sie muss von außen veranlasst werden, sie bedarf einer befreienden Nötigung, um des Lichts der Vernunft, der Sonne, der Wahrheit oder des Guten angesichtig werden zu können.

Problematisch wird es nun, wenn diese idealen (unmöglichen) Bezugspunkte als pädagogisch realisierbar vorgestellt und handlungspraktisch gewendet werden (Schäfer 2009). Dann verstrickt man sich in Paradoxien, für die die Theorien der Erziehung seit Rousseau und Kant eine Lösung suchen: Denn wie soll und kann Freiheit durch Zwang, Selbstbestimmung durch Fremdbestimmung hervorgebracht werden? Und auch die Theorie der Selbstbildung kann das Problem ihrer Initialisierung durch Fremdes kaum lösen, da Bildungsprozesse, wie schon Humboldt schreibt, nur unter der Bedingung vollkommener Freiheit möglich wären und alles unter »gänzlicher Vermeidung allen Scheins von Absicht« geschehen solle: »Alles soll von selbst entstehen« (Humboldt 1980a, S. 343).

Die Paradoxie von Zwang und Freiheit durchzieht das moderne Denken der Pädagogik (Wimmer 2006) und schlägt durch auf die konkreten Handlungsprobleme in Form von sich selbst jeweils negierenden Doppelanweisungen: Führen und Wachsenlassen, Binden und Freigeben, Unterstützen und Gegenwirken, Belohnen und Bestrafen, Bewahren und Verändern, Fordern und Fördern, Festlegen und Offenhalten, Verstehen und Widerlegen. Die Pädagogik hat schon früh im Anschluss an Johann Gottlieb Fichte versucht, dieses Paradox auch begrifflich zu entschärfen mittels der Begriffe »Bildsamkeit« und »Selbsttätigkeit«. Damit aus dem bloß möglichen Gebrauch der Freiheit ein wirklicher Gebrauch werden kann, bedarf es eines Anstoßes. Das, was Fichte dann Erziehung nennt, ist dann nichts anderes als die »Aufforderung zur freien Selbsttätigkeit«. Es bleibt aber doch das Paradox, dass zur Freiheit aufgefordert werden muss. Dietrich Benner spricht daher in Bezug auf Erziehung, ebenfalls paradox, von einem »sich selbst negierenden Gewaltverhältnis« (Benner 1987).

Im Film gibt es ziemlich in der Mitte eine Szene, die dieses Paradox der Fremdaufforderung zur freien Selbsttätigkeit gut veranschaulicht. Die Schüler sollten ein Gedicht schreiben. Todd Anderson hat trotz aller Bemühungen nichts hinbekommen, was ihn zufrieden stellte, und kommt daher ohne Gedicht in den Unterricht. Da Mr. Keating um das mangelhafte Selbstwertgefühl dieses Schülers weiß, aber eben auch vermutet, dass die Fähigkeiten dieses Schülers durch dessen falsche Selbsteinschätzung diesem selbst unbekannt sind, nimmt er ihn trotzdem dran, nötigt ihn vor der Klasse, zu einem Ausspruch von Withman frei zu assoziieren, während die Kamera beide umkreist. Es ist ein Balanceakt zwischen Gewalt und Selbsttätigkeit, der in dem Film natürlich ex post durch das erstaunliche Resultat legitimiert wird.

Im Film spürt man die Gewalt, die Mr. Keating ausübt, wie er Todd Anderson bedrängt, ihn körperlich angeht, in ihn dringt, ihm keinen Ausweg lässt, ihn zwingt zur freien Assoziation, zur kreativen Rede, ihn umkreist und die Augen zuhält, ihn somit ganz auf sich selbst zurückwirft. Und tatsächlich, Mr. Anderson spricht, es spricht aus ihm, er wird – erst gelenkt, dann immer freier – zum Medium eines Sprechens, das er nicht kontrolliert, von dem er keine Ahnung hatte, dass er zu solcher Rede fähig sein könnte, das aber seine Sprache ist, von der er selbst ebenso überrascht ist wie alle anderen. Und damit scheint die anfängliche Gewalt nachträglich legitimiert. Sie hat eine freie Selbsttätigkeit provoziert und Mr. Anderson zu einer Erfahrung mit sich selbst verholfen, die er andernfalls kaum gemacht hätte. Aber es hätte auch schief gehen können, und meistens geht es wohl schief, und dann bleibt die Gewalt ganz nackt, ohne Selbstnegation. Dass es glückt, dass der Schöpfer am Ende andächtig zu seinem Geschöpf aufschaut, einem Geschöpf, dass sich selbst gerade erst entdeckt hat und selbsttätig aus sich herausgekommen ist, all das gehört mit zum Traum.

Diese Szene wird zuweilen aus einer psychologischen Perspetive beschrieben, bei der Keating versucht, den schüchternen Todd Anderson von seinen

Selbstzweifeln zu befreien. Die Aufforderung zu einem »barbarischen YAWP« wird im Sinne der Urschrei-Therapie interpretiert, die Todd dazu bringen soll, Gefühle zu zeigen und herauszulassen. Keating erscheint als Guru, der die Schüler manipuliert und Psychoterror ausübt. Natürlich kann man sagen, dass einige der von Keating geäußerten Bemerkungen auf Schüler alles andere als Selbstwert steigernd, sondern wohl eher zynisch und kränkend wirken, z.B. »Erlösen wir Sie von Ihrem Leid.« »Mr. Anderson hält sich und sein gesamtes Innenleben für wertlos und beschämend«, zumal Todd in dieser Szene vor der gesamten Klasse – wenn auch mit emanzipatorischer Absicht von Seiten Keatings – bloßgestellt wird.

Aus einer weniger psychologischen Perspektive könnte man für Keating ins Feld führen, dass er sich als einziger auf die Individualität seiner Schüler einlässt, sie beachtet und fördert, sie explizit auffordert, eine eigene Perspektive zu finden, etwas eigenes zum Spiel des Lebens beizutragen und sich ihrer Individualität bewusst zu werden. So auch in dieser Szene, in der er zeigt, dass er um die Selbstzweifel Todd Andersons weiß, dass er ihn in seiner Eigentümlichkeit und seiner Selbstsicht also durchaus wahrnimmt und versteht, aber dass er dies nicht als etwas Unveränderliches akzeptiert. Was der Film hier inszeniert, ist also weniger eine fragwürdige Urschrei-Therapie und nur bedingt eine didaktische Aufforderung zur freien Selbsttätigkeit, sondern ein Subjektivationsprozess (Butler 2001). Keating verstrickt Anderson in einen Prozess, aus dem dieser als ein Anderer hervorgeht, denn was man beobachten kann, ist ein Geschehen, in dem Keating erst hervorbringt, was er vorab bereits konstatiert. Es handelt sich um einen subjektkonstitutiven Anerkennungsprozess, der nicht bloß bestätigt, was ist, sondern was er im selben Zug erst hervorbringt. Anerkennende Bestätigung bringt hervor, was sie bestätigt, konstituiert den Wert, den sie schätzt (Balzer 2007). Keating anerkennt Anderson als jemanden, der andere Möglichkeiten birgt, die ihm selbst unbekannt sind, er anerkennt ihn also anfangs als jemanden, der er noch nicht ist, und bestätigt ihn am Ende anerkennend als jemanden, zu dem er durch seine Intervention erst wurde.

Dass Keating am Ende staunend wie die ganze Klasse sich hingebungsvoll hinhockt und bewundernd zu ihm aufblickt, ist eine Umkehrung der Situation. Dadurch wird suggeriert, es habe sich hier ein spontanes kreatives Subjekt frei artikuliert, ein Subjekt wäre aus seinem Ei geschlüpft, wobei man das bisschen nötigender Hilfe vergessen könne. Dass es keine Unterwerfung, sondern eine Selbstgeburt war, das soll allerdings vor allem Todd Anderson glauben – »Vergessen Sie das nie!«, sagt Keating zum Schluss, unhörbar für die anderen. Geheimnisse zwischen Schöpfer und Geschöpf. Vergessen soll er aber dabei die Nötigung und Macht, die dabei wirksam war, vergessen soll er die Unterwerfung unter die Situation, die Subjektivation als gleichzeitige Unterwerfung und Autonomisierung eines Subjekts, das sich nachträglich selbst als Subjekt anerkennt und diesen Status an- und seine Position einnimmt.

Die Geste der Bewunderung des eigenen Geschöpfs als eigenständig *und* die Mahnung »Vergessen Sie das nie« – in der das Wissen um den eigenen Beitrag enthalten ist – vereinigen diese subjektkonstitutive Doppelbödigkeit der Anerkennungsmacht im Sinne einer performativen Konstatierung und einer konstativen Performanz, einer gleichwirksamen und sich wechselseitig voraussetzenden Bestätigung und Konstitution, was die Affirmation der Bedingungen des Anerkennungsgeschehens – also die Machtpositionen, die institutionelle Situation und die Zeugenschaft – einschließt.

Eine in Dichotomien gespaltene Welt

Das Selbstverständnis einer Autonomiepädagogik hat sich nicht universalisiert, sondern es ist stets nur der Gegenpart zu kontrollpädagogischen Vorstellungen geblieben, die die Disziplinierung und die Eingliederung der Individuen in die Gesellschaft als die wichtigeren Aufgaben ansahen. Der Film inszeniert den pädagogischen Traum, indem einige Schüler ohne Gewaltanwendung zu autonomen Subjekten werden, die den Mut und die Kraft finden, auch gegen die Autoritäten ihre Position zu finden und zu artikulieren, wie in der Schlussszene. Aber schon vorher gelingt es einigen, sich von dem von ihren Eltern und der Gesellschaft vorbestimmten Weg zu distanzieren, überhaupt den Unterschied zu erkennen, und, im Fall Neil Perrys, die eigene Bestimmung zu finden. Und diese Selbstbestimmung wird pädagogisch ermöglicht durch den Lehrer, der es versteht, ihnen, d.h. jedem in individueller Ansprache und der Anerkennung seiner Individualität, zu vermitteln, dass es um sie selbst geht, nicht um die Vorstellungen ihrer Eltern, dass es um ihre eigene Zukunft geht, die endlich ist, dass es nicht nur um die Karriere und sonstige überlebenswichtige Nützlichkeiten geht, sondern um das Leben selbst.

Doch es bleibt eben ein Film-Traum mit einer bloß halluzinatorischen Wunscherfüllung, bei der der Film bzw. Mr. Keating suggeriert, die Verwirklichung des Bildungsversprechens wäre möglich. Die Spannung im Film verdankt sich nämlich der Konstruktion einer durchgängig widersprüchlichen Realität oder einer gespaltenen, dichotom konstruierten Welt, die als Serie von Oppositionspaarungen den Film durchzieht, angefangen von Disziplin und Freiheit über Konformismus vs. Individualisierung, Leistungsdrill vs. pädagogischer Beziehung, naturwissenschaftlichem Wissen und geisteswissenschaftlichem Verstehen, Karriere und Selbstverwirklichung, Fremdbestimmung und Autonomie, Institution und Natur bis hin zur Polarität von Unterwerfung und Emanzipation,

Gesellschaft und Individuum, Realismus und Transzendentalismus/Romantik bzw. zwischen zwei auch räumlich getrennten Welten, der geordneten Welton-Akademie und der Höhle in der verzauberten Natur. So wird im Film immer nur eine Seite gezeigt, z.b. der sachliche und an Leistung orientierte Unterricht von McAllister und Nolan auf der einen Seite, die pädagogische Beziehungsarbeit von Keating auf der anderen.

Doch wie gesagt, Keating lehrt nicht Nichts. Er lehrt das Leben, das also, was existentiell bedeutsam ist, er lehrt das Subjekt-Werden und das Subjekt-Sein selbst und als solches. Er nimmt das in seiner Idealität unmöglich realisierbare Ziel aller modernen Pädagogik – das reine Ich-Selbst, das selbstbestimmte Individuum, den natürlichen Menschen jenseits der Gesellschaft – als etwas empirisch Mögliches und Realisierbares.

Einige Schüler führt die Suggestion der Möglichkeit individueller Emanzipation in der autoritären Welton-Akademie in große Schwierigkeiten. Keating erkennt zwar die Gefahren und versucht, die Jungen darauf aufmerksam zu machen, nicht zuviel zu riskieren. Doch die Schüler sind nicht in der Lage, mit der Dichotomie zwischen Romantik und Realismus, Selbstbestimmung und Gehorsam pragmatisch umzugehen. Für sie gibt es nur die Alternative. Nach einer Bestrafungsaktion durch die Schulleitung werfen sie Keating vor: »Sie stehen auf Mr. Nolans Seite? Und was ist mit ›Carpe diem‹ und ›Saugt das Mark des Lebens in Euch auf?‹«. Keating scheint an dieser Stelle das Problem zwar wahrzunehmen, indem er erwidert: »Das Mark des Lebens in sich aufzusaugen heißt nicht, am Knochen zu ersticken!« Er hat jedoch keinen Rat, mit dem Widerspruch selbst umzugehen, und er sieht auch nicht, dass diese Dichotomie an sich unsinnig ist: Die Unterscheidung zwischen den extremen Polen Realismus und Romantik lässt sich nicht durch eine »Entweder-Oder-Strategie« auflösen, da die Wahl eines Extrempols unmöglich ist und kontraproduktiv ausfällt. Keating glaubt dennoch, den Widerspruch mit einer seiner Seiten bekämpfen zu können, indem er das Individuum gegen die gesellschaftlichen Konformitätszwänge stärkt. Doch statt sich von ihnen zu befreien, stellt er sich unwissentlich in den Dienst der Logik subjektivierender Unterwerfung.

In einer nicht ganz unwichtigen Hinsicht scheint es allerdings keine Probleme zu geben. Die Beziehungen zwischen Schülern und Lehrern sind durch große Distanz gekennzeichnet. Unterricht wird beschränkt auf Wissensvermittlung. Erziehung beschränkt sich auf Ermahnungen und autoritäre Anweisungen. Die Beziehung zwischen Keating und seinen Schülern ist dagegen geprägt von gegenseitiger Achtung, Anerkennung und von großer Nähe im Vergleich zu den übrigen Lehrern. Dies kommt besonders in der eben YAWP-Szene zum Ausdruck, in der Keating Todd sogar mehrmals an Hals und Nacken berührt. Doch vermeidet der Film jeden noch so vagen Anschein einer homoerotischen Komponente im Verhältnis von John Keating zu seinen ihn anhimmelnden Schülern.

Es ist sicher nicht weit hergeholt, wenn man vermutet, dass eine wichtige Bedingung der dichotomen Weltkonstruktion und der Suggestion, da stünde etwas Alternatives zur Wahl, in einem Ausschluss der Sexualität besteht. Ein solcher Ausschluss ermöglicht es, die Ambivalenz auseinander zu reißen und in eine Opposition reiner Alternativen aufzuspalten. So schreibt Heilker m.e. zu Recht:

> »The movie ›Dead Poets Society‹ offers a distilled and emblematic view of what can happen to teachers, students, and teaching when they are stuck in the Bi-Polar mindset. As I interpret it, all that Robin Williams' character, Mr. Keating, can offer his students is the other side of binary oppositions of the dominant ideology in place. He is not able to lead them toward emacipation or some transformation of their lives, but rather only able to encourage them in their opposition to the dominant culture.« (Heilker 1991, S. 7)

Die Unfähigkeit zur Auflösung dieser dichotomen Gegensätze führt in die Katastrophe: Neil begeht Selbstmord, Keating wird entlassen und die übrigen Schüler erfüllen erneut die konservativen Anforderungen der Institution.

Und doch – im Abschied vom Lehrer erfüllt sich dessen Traum: die Autonomie seiner Schüler auch gegen den Widerstand der Autorität, und damit sein Zweck: er hat sich als Lehrerpädagoge überflüssig gemacht. Die Frage, auf welche Art und Weise die Tätigkeit des Lehrers Schülern bessere Wege aufzeigen kann, die Anforderungen zu bewältigen, die ihnen im Leben gestellt werden, bleibt letztlich offen. Heilker beantwortet diese Frage folgendermaßen:

> »If we ever hope to get beyond the tragedy of a Dead-Poets-Society-kind of impotency and create social change with our teaching, then we must develop theories and pedagogies of inclusiveness, of ›both-and-ness‹, to displace those of violent differentiation that now imprison both our students and ourselves. We need to offer our students constructs that bridge the gulf between the dominant ideologies in our world.« (ebd.)

Ambivalenzen des Lehrens

Ein solches Denken, das der polar organisierten Oppositionslogik entkommen, das Ambivalenzen, Paradoxien und Aporien gewachsen und dem Widerstreit gerecht werden könnte, ist bestenfalls schemenhaft in Sicht (Derrida 2000, S. 54f, S. 103f). Der Film zeigt zwar die Probleme, verstrickt sich aber selbst in ihnen in Form performativer Widersprüche, z.b. zwischen angestrebter Autonomie der Schüler und ihrer faktischen Autoritätsgefolgschaft, zwischen dem im Film proklamierten Anspruch jedes Einzelnen auf eine eigene Perspektive und der durch manipulative Inszenierungen intendierten Wirkung des Films, zwischen individuellem Bildungsversprechen und konventionellem Erzählkino u.a.m. Die den Film in seiner ganzen Anlage und Wirkung betreffende Kritik wird von Roger Ebert in seiner ersten Rezension zum Film (Chicago Sun-Times vom 9.6.1989) strukturell in einer Beobachtung auf den Punkt gebracht: »At the end of a teacher's course in poetry, the students would like poetry; at the end of this teacher's semester, all they really love is the teacher.«[4]

Das gilt wohl nicht nur für Mr. Keating, sondern auch für den Film, der seine Zuschauer ebenfalls weniger für die toten Dichter interessiert oder für die Kritik an einer bestimmten Pädagogik, an einer elitären Form von Schule, sondern für den Film selbst. So hat der Film kaum zu einer ernsthaften Auseinandersetzung mit Fragen der Bildung, der Schule, des Lehrens geführt, und auch die Kritik an Keating wird so geführt, als verstünde sich von selbst, was richtiges und gutes Lehren wäre, und was das ist, ein guter Lehrer.

So stellt sich die Frage, ob man etwas Anderes oder ob man Bekanntes etwas anders sieht, wenn man den Film unter einer pädagogischen Perspektive sieht. Und eine zweite Frage schließt sich daran fast von selbst an: Was heißt es, dass ein guter Lehrer die Schüler am Stoff interessiert, und nicht an sich selbst? Gewiss, so stellt man sich das vor: Der Lehrer vermittelt die Sache an die Schüler. Er macht sich dabei die Hände nicht schmutzig. Er macht natürlich auch die Sache nicht schmutzig. Und die Schüler berührt er nicht einmal. Und die Schüler sollen auch nicht den Lehrer sehen und hören, sondern die Sache, sie sollen die Sache durch die schulischen Materialien hindurch sehen und verstehen lernen, die Sache als solche, hinter den didaktisch aufbereiteten Materialien, aber auch noch hinter den Bildern und hinter dem Text. Zwar muss man ihnen die Sache schmackhaft machen, aber doch nur, um auf den Verzicht auf den Geschmack vorzubereiten. Was eigentlich zu lernen ist, die Bedeutung der Sache, ihr Sinn, das Signifikat, die abstrakte Idee, entschädigt für den Verlust an Sinnlichkeit mit einer Steigerung an Geistigkeit und Macht.

Worum es also geht bei dieser Vorstellung des Lehrens und des Lehrers, ist eine logozentrische Vorstellung pädagogischer Interaktion und des Lernens.[5] Ziel des Lernens wäre es dementsprechend, alle Supplemente, alle didaktischen Hilfen, alles Technische, alle Mittel und Medien nach dem Gebrauch hinter sich

---

[4] Auf die Filmkritik (vgl. z.B. Heilman 1991) kann hier ebenso wenig eingegangen werden wie auf seine Rezeption in der Pädagogik (vgl. Koch 1990, Thal 1990, Bosold 1991, Combe, Helsper 1994, Lenz 1997, Schreckenberg 1997, Schuth 2006).
[5] Zur Kritik dieser zugleich instrumentalistischen Lehrauffassung vgl. Wimmer 2010.

zu lassen, da das, was gelernt werden soll, der Stoff als solcher ist, das Wissen, die Bedeutungen in ihrer reinen und vom Lerner identisch wiederholbaren Idealität. Ein guter Lehrer wäre dann der, der sich vergessen machen kann, der die Sache, den Stoff so weitergibt, wie er ihn vorgefunden, bekommen oder selbst von der Tradition übernommen hat, der als reiner Übermittler fungiert und den Stoff eigentlich gar nicht berührt, der also hinter ihm verschwindet. Doch ist das möglich? Schließlich kann man auf Lehrer nicht einfach verzichten. So wie Viren einen Wirt brauchen, um überleben und sich ausbreiten zu können, so brauchen geistige Bedeutungen einen materiellen Träger, um gespeichert und übertragen werden zu können, und Wissen ein Subjekt, das es kommunizieren und vermitteln kann. Die logozentrische Auffassung des Lehrens und Lernens sieht darin allerdings ein bloß äußerliches technisch-methodisches Erfordernis, das für die Sache keine Bedeutung hat. So wie der Logozentrismus sich weigert, das Zeichen zu denken, wofür sich das Zeichen unweigerlich rächt, so weigert sich die klassische Didaktik, die Medialität des Lehrens und des Lehrers zu denken, was nichts anderes heißt, als dass es den Stoff ohne eine mediale Gebundenheit gar nicht gibt, und dass er daher auch übertragbar und vermittelbar ist. Ist der Inhalt bzw. der Stoff aber immer nur in einer medialen Form gegeben, ändert er auch mit einem Medienwechsel seinen Charakter, so wie ein verfilmtes Buch eine Übersetzung mit entsprechenden Sinnverschiebungen ist. Daher haftet an allem Gelernten ein Rest derjenigen Bedingungen, unter denen man es gelernt hat, und deshalb unterscheidet sich ein Lehrer von einem Automaten. Gerade *weil* Lehren medial vermittelt ist, kann man den Lehrer *nicht* durch eine Maschine oder durch ein anderes Medium ersetzen, wie manche behaupten, die glauben, weil Lehren medial vermittelt und der Lehrer auch nur ein Medium wäre, könne man an die Stelle des Lehrers auch einen PC setzen. In dieser vermeintlich medienbewussten Sicht wird an der logozentrischen Trennung zwischen Medium und Inhalt festgehalten. Die körperlich-stimmliche Präsenz des Lehrers kann nicht einfach gestrichen werden, ohne den Stoff selbst, d.h. die Art und Weise, wie er rezipiert, verarbeitet und memoriert werden kann, zu verändern.

So möchte ich abschließend folgende Thesen aufstellen. *Erstens:* Lehren gibt es nicht ohne Medium, ohne den Lehrer. Das Medium hinterlässt Spuren am Mediatisierten, der Lehrer am Unterrichtsstoff. Die Konzeption von einem Lehren ohne Medium impliziert eine metaphysische Konstruktion eines reinen, idealen Wissens, das sich eigentlich nur von selbst offenbaren kann, da es durch jede Berührung mit einem Träger, und sei es ein gehauchtes Wort, verunreinigt würde. *Zweitens:* Die Beziehung zu Schülern ist dem pädagogischen Paradox entsprechend ambivalent, sie schwankt zwischen Freiheit und Zwang, Fremd- und Selbstbestimmung, freilassen und nötigen, Aggression und Schöpfung. Im Phantasma gelungenen Lehrens wird diese Ambivalenz halbiert, und es zählt nur noch die Schöpfung oder die Selbstschöpfung. Da es sich dabei um Illusionen handelt, bleibt die Negativität und die Macht verborgen. *Drittens:* Je nach Mischung, Formbestimmung und Artikulationsbedingungen der Ambivalenz gelingt oder misslingt das Lehren, wird das Gelehrte erinnert oder abgewehrt. Wird das Lehren auf Nötigung reduziert oder umgekehrt auf reine Selbsttätigkeit, wird entweder die Individualität der Schüler oder die Bedeutung des Lehrers negiert, wie in den aktuellen Konzepten des selbstgesteuerten Lernens und des dieses bloß noch unterstützenden Lernhelfers. Es entsteht dann wohl kaum oder nur zufällig ein bildender Bezug zum Stoff, weil mit ihm keine Erfahrung gemacht werden kann. Denn was auf einer ganz basalen Ebene gilt, dass der Bezug zur Welt nur durch Andere eröffnet und ermöglicht wird, gilt auch für das Lehren, das ja eine Form der Mitteilung der Welt darstellt, die man teilt.

Literatur

Balzer, Nicole (2007): Die doppelte Bedeutung der Anerkennung. In: Wimmer, Michael; Reichenbach, Roland; Pongratz, Ludwig (Hg.): Gerechtigkeit und Bildung, Paderborn u.a.: Schöningh, S. 49-76

Benner, Dietrich (1987): Allgemeine Pädagogik, Weinheim, München: Juventa

Blumenberg, Hans (1989): Höhlenausgänge, Frankfurt a. M.: Suhrkamp

Bosold, Bernhard (1991): Du lebst nur einmal. – Nutze den Tag! Materialien und Vorschläge für eine Unterrichtseinheit über den Film »Der Club der toten Dichter« in den Klassen 9 und 10. In: Materialbrief Religionsunterricht, Heft 3/1991

Buck, Günther (1984): Rückwege aus der Entfremdung, Paderborn u.a.: Schöningh

Butler, Judith (2001): Psyche der Macht. Das Subjekt der Unterwerfung, übersetzt von Reiner Ansén, Frankfurt a. M.: Suhrkamp

Combe, Arno; Helsper, Werner (1994): Was geschieht im Klassenzimmer? Perspektiven einer hermeneutischen Schul- und Unterrichtsforschung. Zur Konzeptualisierung der Pädagogik als Handlungstheorie, Weinheim: Dt. Studien- Verlag

Derrida, Jacques (2000): Politik der Freundschaft, übersetzt von Stefan Lorenzer, Frankfurt a. M.: Suhrkamp

Ebert, Roger (1989): Dead Poets Society. In: Chicago Sun-Times, June, 9

Fink, Eugen (1970): Metaphysik der Erziehung im Weltverständnis von Plato und Aristoteles, Frankfurt a. M.: Klostermann

Heilker, Paul (1991): The Bi-Polar Mind and the Inadequacy of oppositional Pedagogies (or the Dead Poets Society revisited). In: Freshman-English-News, Vol. 19 No. 3/1991, S. 5-9

Heilman, Robert B. (1991): The Great-Teacher Myth. In: American Scholar, Vol. 60 No. 3/1991, S. 417-423

Helsper, Werner (1996): Antinomien des Lehrerhandelns in modernisierten pädagogischen Kulturen. In: Combe, Arno; Helsper, Werner (Hg.): Pädagogische Professionalität, Frankfurt a. M.: Suhrkamp, S. 521-569

Humboldt, Wilhelm v. (1792, 1980): Ideen zu einem Versuch, die Gränzen der Wirksamkeit des Staates zu bestimmen (1792). In: Flitner, Andreas; Giel, Klaus (Hg.): Werke in fünf Bänden, Darmstadt: Wissenschaftliche Buchgesellschaft, Bd. 1, S. 56-233

Humboldt, Wilhelm v. (1795, 1980a): Plan einer vergleichenden Anthropologie (1795). In: Flitner, Andreas; Giel, Klaus (Hg.): Werke in fünf Bänden, Darmstadt: Wissenschaftliche Buchgesellschaft, Bd. 1, S. 337-375

Kleinbaum, Nancy H. (1991): Der Club der toten Dichter. Erzählung nach dem Touchstone-Film »Der Club der toten Dichter«, übersetzt von Ekkehart Reinke, 10. Aufl., Bergisch Gladbach: Bastei Lübbe

Koch, Friedrich (1990): Der Club der toten Dichter. Anmerkungen zu einem »Schulfilm«. In: Pädagogik, Heft 11/1990, S. 56-57

Lenz, Michael (1997): Der Film »Der Club der toten Dichter« im UFP-Unterricht, 1997. www.mlenz.de/cdtd5.htm, und: www.mlenz.de/portal/club-der-toten-dichter.html

Lühmann, Hinrich (2006): Schule der Übertragung. In: Pazzini, Karl-Josef; Gottlob, Susanne (Hg.): Einführungen in die Psychoanalyse II, Bielefeld: transcript, S. 97-118

Munaretto, Stefan (2005): Nancy H. Kleinbaum, Peter Weir: Der Club der toten Dichter, Königs Erläuterungen und Materialien, Bd. 431, Hollfeld: Bange

Paris, Rainer (2009): Die Autoritätsbalance des Lehrers. In: Schäfer, Alfred; Thompson, Christiane (Hg.): Autorität, Paderborn u.a.: Schöningh, S. 37-64

Schäfer, Alfred (2009): Die produktive Unbestimmtheit der pädagogischen Praxis. In: Hetzel, Andreas (Hg.): Negativität und Unbestimmtheit. Beiträge zu einer Philosophie des Nichtwissens, Bielefeld: transcript, S. 221-238

Schreckenberg, Ernst (1997): Filme sehen und verstehen: z.B. ›Der Club der toten Dichter‹. In: Brinkmöller-Becker, Heinrich (Hg.): Die Fundgrube für Medienerziehung in der Sekundarstufe I und II, Berlin: Cornelsen, S. 99-108

Schulz, Dieter (1997): Amerikanischer Transzendentalismus. Ralph Waldo Emerson. Henry David Thoreau. Margaret Fuller. Darmstadt: Wissenschaftliche Buchgesellschaft

Schuth, Lydia (2006): Nancy H. Kleinbaum. Dead Poets Society. Inhalt, Hintergrund, Interpretation, München: Mentor

Thal, Ortwin (1990): Frei sein für sich selbst. Der Club der toten Dichter (Dead Poets Society), In: merz. Medien + Erziehung, 34. Jg., Heft 3/1990, S. 164-168

Thoreau, Henry David (1999): Walden. Ein Leben mit der Natur, übersetzt von Erika Ziha, München: dtv

Wimmer, Michael (2006): Erziehung und Dekonstruktion. Studien zum Paradoxieproblem in der Pädagogik, Bielefeld: transcript

Wimmer, Michael (2009): Zwischen Zwang und Freiheit: Der leere Platz der Autorität. In: Schäfer, Alfred; Thompson, Christiane (Hg.): Autorität, Paderborn u.a.: Schöningh, S. 85-120

Wimmer, Michael (2010): Lehren und Bildung. Anmerkungen zu einem problematischen Verhältnis. In: Pazzini, Karl-Josef; Schuller, Marianne; Wimmer, Michael (Hg.): Lehren bildet? Vom Rätsel unserer Lehranstalten, Bielefeld: transcript, S. 13-37

»Blackboards« – Filmische Reflexionen der Lehre jenseits von Schule

Manuel Zahn

Als ich mir Samira Makhmalbafs *Blackboards* (Iran 1999), dessen filmische Inszenierung des Lehrens ich mit meinem Beitrag zum Thema machen will, erneut ansah, war mein Blick nicht unschuldig (wenn er das überhaupt jemals war): zum einen hatte ich den Film zuvor schon zweimal in voller Länge (im Kino), dazu mehrfach in Ausschnitten (als DVD auf meinem Fernseh- und Computerbildschirm) gesehen; und zum anderen hatte ich schon zwei Vorträge in unterschiedlichen Zusammenhängen zu dem Film gehalten und einen Aufsatz (vgl. Zahn 2010) über ihn verfasst. Ich schreibe das, weil ich mir in diesem Prozess von medialen Übersetzungen und Reflexionen auf den Film eine Sicht erarbeitet habe, die ich als ästhetische bezeichne. Die ästhetische Perspektive auf den Film erlaubt mir nicht nur dem Dargestellten, der erzählten Geschichte von *Blackboards* und seinen die Handlung vorantreibenden Figuren zu folgen, sondern auch den ästhetischen Strategien der Darstellung dieser Figuren meine Aufmerksamkeit zu schenken. Die Aufmerksamkeit ästhetischer Erfahrung von einem Film richtet sich also nicht nur auf seine Darstellungsfunktion, sondern vor allem auf das Spiel der Erscheinungen, Materialitäten, Performanzen – Bewegungen, Bilder, Töne, Sounds, Sprechakte – des Films. Durch dieses die Wahrnehmung in Anspruch nehmende Spiel der audiovisuellen Bewegungsbilder *zeigt* der Film allererst sich selbst (oder zumindest *etwas* von sich), bevor er *auf etwas* zeigt oder etwas erzählt. Die ästhetische Perspektive verdankt sich einer Differenz, einer Unterscheidung zweier Modi filmischer Performanz, von denen die eine zunächst auf die *Her- und Darstellung von Wahrnehmungen* und die andere auf die diskursive, hermeneutische *Produktion von Bedeutungen* zielt.[1]

Die Entscheidung für einen ästhetischen Blick auf *Blackboards* bringt so, über den produktiven Umweg seines *Zeigens*, einer Fokussierung der Wahrnehmung auf die Strategien und Formen der Inszenierung, möglicherweise *andere* Bedeutungen zum Vorschein. Dies versuche ich, indem ich den *Spuren* folge, die der Film in der Performanz seiner Aufführung an mir, meiner Film-Erfahrung

---

[1] Dieter Mersch hat in Anlehnung an Wittgensteins sprachphilosophischer Unterscheidung von *Sagen* und *Zeigen* (vgl. Mersch 2002) und in Weiterführung von Gottfried Boehms *ikonischer Differenz* diese Unterscheidung in vielen Studien ausgearbeitet (vgl. Mersch 2003a, b; 2004).

hinterlassen hat. Meine deutenden Annäherungen an den Film verstehe ich daher weder als Analyse noch als Interpretation, sondern als *Spurenlese*, in der Weise wie u.a. Sybille Krämer (2007) den Begriff für die kulturwissenschaftlichen Disziplinen erschlossen hat. Bevor ich entlang einiger Beobachtungen an Makhmalbafs Film meine Thesen entwickle, um diese an vier »Lehr-Szenen« des Films zu diskutieren, will ich kurz die Geschichte, die *Blackboards* »erzählt«, rekonstruieren.

Die Geschichte von *Blackboards*

Blackboards ist der zweite Spielfilm der iranischen Regisseurin Samira Makhmalbaf. Ihren ersten Film *The Apple* (Iran 1998) drehte sie mit 17 Jahren. Er handelt vom Leben zweier junger Mädchen, die von ihrem streng gläubigen Vater im Haus eingesperrt werden, von jeglicher Schulbildung und sozialem Kontakt abgeschnitten, da er sie vor den Versuchungen des säkularen Wissens schützen möchte. Ich erwähne das, da ich denke, dass auch ihr zweiter Film das Verhältnis von Schule, Wissensvermittlung und individueller Bildung in der iranischen Gesellschaft befragt.

Abb. 1: Die gestellte Aufgabe türmt sich berghoch vor den Lehrern auf. Screenshot aus *Blackboards*

Mit 19 Jahren beginnt sie die Arbeit an *Blackboards*. Geschrieben hat sie den Film zusammen mit ihrem Vater.[2] Er zeigt einen Tag im Leben verschiedener Menschen im rauen Gebirgsland zwischen dem Iran, dem Irak und der Türkei. Der Film beginnt mit einer seltsam schönen wie ungewöhnlichen Szene: In den Bergen des iranischen Teils Kurdistans ist eine Gruppe von jungen Lehrern mit schweren Schultafeln beladen auf der Suche nach lernwilligen Schülern zu sehen (Abb.1). Offenbar in Zeiten kriegerischer Auseinandersetzungen, denn die Lehrer verstecken sich in einer Szene zum Schutz vor Kampfhubschraubern (die nicht im Bild sichtbar, sondern über den Sound ihrer Rotorblätter aus dem *Off* des Bildes die Lehrergruppe bedrohen) unter ihren Tafeln. Um noch besser in der rötlichbraunen Gebirgslandschaft verschwinden zu können, beschmieren die Lehrer ihre schwarzen Tafeln mit Lehm – und bringen damit wiederum die auf ihnen geschriebenen Schriftzeichen und Zahlen zum Verschwinden. Zwei der Lehrer trennen sich von den anderen. Der eine, Reeboir, trifft auf seiner Suche nach Schülern bald auf eine Gruppe Kinder, die vom Schmuggel mit gestohlenen Waren leben. Er zieht mit den Kindern und findet schließlich in einem der Jungen, seinem Namensvetter Reeboir, einen Schüler. Dieser möchte lernen, seinen Namen zu schreiben. Während des rastlosen Laufs Richtung Grenze unterrichtet der Lehrer Reeboir seinen Schüler. In dem Moment, als die Schülerfigur Reeboir zum ersten Mal eigenständig seinen Namen auf die Reste der Schultafel seines Lehrers schreibt, wird er von Grenzsoldaten erschossen.

Der andere Lehrer namens Said stößt auf einen Treck älterer kurdischer Männer, die einen Weg über die Grenze zurück in ihre irakische Heimat suchen. Einer der Alten fürchtet zu sterben, bevor er seine Tochter Halaleh verheiratet hat. Said verliebt sich in Halaleh (oder/und sieht in ihr die ersehnte Schülerin), heiratet sie und schenkt ihr zur Hochzeit seine schwarze Schultafel. Halaleh verweigert sich aber in der Folge konsequent den Belehrungen von Said und kümmert sich ausschließlich um ihren Sohn. Nachdem die Gruppe einen Luftangriff überstanden und einen Weg über die Grenze gefunden hat, trennen sich Halaleh und Said. Er möchte zurück in sein Land und Halaleh bei ihrem Vater bleiben. Als Pfand der Scheidung behält Halaleh Saids Schultafel und trägt sie auf ihrem Rücken – in der gleichen Geste wie die Männer in der Eingangssequenz – in der letzten Szene des Films davon (Abb. 2). Das ist eine Version den Film, in aller Kürze zu erzählen.

---

[2] Samira Makhmalbaf ist die Tochter von dem, im Iran lebenden, berühmten Filmemacher Mohsen Makhmalbaf, der auch die Idee zu dem Film hatte. Man kann daher sagen, dass sich die Idee und die Realisierung von *Blackboards* selbst der Weitergabe von filmischem Wissen verdankt, einer Übertragung, Transmission innerhalb der Institution Familie.

Abb. 2: Screenshot aus *Blackboards*

Vieles an *Blackboards* versucht seine Zuschauer glauben zu machen, sie sähen einen Dokumentarfilm – das mag vor allem daran liegen, dass der Film mit einer sehr beweglichen Handkamera aufgenommen ist, dass es keine bzw. kaum Filmmusik gibt und dass Makhmalbaf zum größten Teil mit Laienschauspielern gearbeitet hat –, aber ich gehe im Gegensatz zu diesem ersten Eindruck der Bilder davon aus, dass der Film hoch artifiziell verfährt und ich nichts anderes sehe wie bei jedem anderen Film auch: nämlich Figuren. Diesen Figuren kann man sich auf ganz unterschiedliche Weise theoretisch nähern, beispielsweise historisch, ethnographisch, filmtheoretisch,[3] ästhetisch und auch erziehungswissenschaftlich. Eine Verschränkung der beiden zuletzt genannten Perspektiven will ich, wie schon gesagt, mit diesem Text versuchen. In diesem Sinne verstehe ich Makhmalbafs Film als Dokument eines künstlerischen Forschungs- und Inszenierungsprozesses, der als Motor für meine erziehungswissenschaftlichen Reflexionen fungiert. Dazu gilt es allerdings, die künstlerischen Forschungsergebnisse, eben das, was der Film mir *zeigt*, in den erziehungswissenschaftlichen Diskurs zu übersetzen.

---

[3] Wie es beispielsweise Ezra, Rowden (2005, S. 7) machen. Für die Autoren setze der Film eine prototypische Figur des »Transnational Cinema« in Szene: den Heimatlosen. Sie beziehen sich dabei auf die Gruppe älterer Kurden, die im Grenzgebirge zwischen zwei Nationen auf der Suche nach ihrer Heimat umherirren.

Jenseits der schwarzen Tafeln

»Blackboard« ist der englische Begriff für Schultafel. Und Schultafeln spielen neben den beiden Lehrerfiguren, Reeboir und Said, die »Hauptrollen« in Samira Makmahlbafs Film. Die schwarze Schultafel ist *das* zentrale Motiv des Films. Sie wird zum überdeterminierten Zeichen, das vielfältige, disseminierende Lesarten provoziert: sie drängt sich als Metapher für die Institution Schule und somit für Lehre und Bildung auf, die Tafel dient aber auch als Schutzschild, als Tarnung, als Trage für Verletzte und Kranke, als Wegschranke, als Tür oder als Trennwand bei der Hochzeitszeremonie und als Pfand bei der Scheidung. Und bei Reeboir, der mit den minderjährigen Schmugglern umherzieht, ähnelt sie sogar dem Diebesgut auf ihren Rücken.

Es ist zudem erstaunlich, wie vielfältig eine Schultafel genutzt werden kann: Man kann sie auf dem Rücken tragen, sich auf sie setzen oder zwischen sich und einen anderen stellen; mit Kreide kann man seinen Namen, Zahlen oder »Ich liebe Dich« darauf schreiben. Man kann sich hinter ihr verstecken. Man kann sie aber auch mit Lehm beschmieren und so als Tarnung gegen angreifende Hubschrauber verwenden. Man kann sie spalten und zum Schienen eines Beinbruchs benutzen; oder als Krankenbahre, als Ersatztür eines zerbombten Hauses, als »Wäscheständer«, als Mitgift oder als Pfand. Samira Makmahlbafs *Blackboards* sind derart multifunktional, dass im Laufe des Films zwischen Zweck und Zweckentfremdung der Schultafel kaum mehr ein Unterschied auszumachen ist. Die Anfangssequenz des Films, die noch den Anschein erweckte, als solle auf dem Rücken der Lehrer Kultur und Bildung in die abgelegene Bergregion und zu den von Krieg und Armut gepeinigten Menschen getragen werden, demontiert und dekonstruiert der Film so zügig wie konsequent. Im Laufe des Films gewinnt die Schultafel an Wert, allerdings nicht als Medium schulischer Lehre, sondern als vielseitig einsetzbares Hilfsmittel, den schweren Kriegsalltag in den kurdischen Bergen zu überstehen.

Für gewöhnlich gehören Schultafeln in die Klassenzimmer einer Schule. Schulgebäude sind aber in *Blackboards* weit und breit keine zu finden und auch kaum Menschen, die sich zu Schülern machen lassen wollen. Es gibt zwar einen Schüler, den jungen Schmuggler Reeboir, aber dagegen viel mehr und sehr deutliche Verweigerungen der Belehrung, z.B. durch die Halaleh-Figur, die anderen schmuggelnden Kinder oder durch die alten Männer. Wie aber lässt sich über das Lehren mit *Blackboards* sprechen, wenn doch im ganzen Film keine Schule, geschweige denn kaum lernwillige Schüler zu sehen sind? Makmahlbafs Film führt es vor: obwohl die Schule nicht als eine konkrete im Bild zu sehen ist, ist sie nicht völlig verschwunden. Die Schule wird vielmehr ständig als abwesende oder als zukünftige thematisiert. Die schwarzen Schultafeln verweisen als Reste oder Vorboten auf eine *jenseitige* Schule, als gewesene oder noch zu kommende. Immer wieder fragen die beiden Lehrer-Figuren, wo denn eine Schule sei oder ob die Kinder nicht zur Schule gehen wollen.

Grenzen der Lehre

Die Institution[4] Schule steht also in *Blackboards* in Frage oder noch aus – aber damit noch lange nicht das Lehren. Vielmehr scheint mir die Ausgangsfrage von Makhmalbafs filmischer Arbeit folgende zu sein: Wie legitimiert sich der Lehrer mit seinem Wissen jenseits der Schule? Und daran anschließend: Welches Wissen soll er weitergeben? Welches Wissen ist angesichts der bestehenden, gesellschaftlichen Situation und für eine (andere) Zukunft vonnöten? Und wie kann diese Weitergabe gelingen? Das sind auch grundlegende Fragen der Erziehungswissenschaft, die sich darüber verständigen muss, welcher Wissenskanon an die nachkommende Generation tradiert und vermittelt werden soll. Zugleich forscht sie an Methoden der Weitergabe dieses Wissens, die sicherstellen sollen, dass das gelehrte Wissen von den Adressaten der Lehre auch gelernt wird.

Makmahlbafs *Blackboards*, so meine erste These, ist daher nur auf den ersten Blick eine realistisch anmutende Darstellung des Elends im ehemaligen iranisch-irakischen Kriegsgebiet; wagt man einen zweiten, eher ästhetisch und erziehungswissenschaftlich interessierten Blick, zeigt sich der Film als eine poetische »Verdichtung« gesellschaftlicher Erfahrung, die verschiedene Fragen zur Schule, zum Lehren aufwirft und bespielt. Der Film untersucht in dieser Perspektive die Bedeutung von Institutionen für die pädagogische Praxis. Und er tut das in erster Linie über ästhetische Strategien der *Negation*: In großen Teilen des Films und in vielen Lehr-Szenen wird die Abwesenheit (oder das Verschwinden, der Bedeutungsverlust) von Institutionen und die Negation von Grenzen (in Form von Übertretungen) bespielt.

So existieren weit und breit keine Schulen und auch andere kulturelle Institutionen wie Museen, Theater, Kinos oder Bibliotheken sind nicht zu sehen oder werden nicht angesprochen – sie sind demnach in der Logik des Filmes nicht vorhanden, zumindest in ihrer Existenz fraglich. Die Abwesenheit einer gesetzlich geregelten, verbindlichen »Verkehrssprache« wird ebenso in Szene gesetzt. Es wird mehrfach die Überschreitung von Grenzen thematisch: die alten Männer wollen über die Grenze in den Irak; die schmuggelnden Kinder übertreten in zweifacher Weise Grenzen, topographisch und juristisch. Aber auch in den ge-

---

[4] Ich benutze den Begriff wie ihn Berger, Luckmann (1969) in all seiner Komplexität entwickelt haben. Ihr Institutionsbegriff spannt sich zwischen den Polen einer intersubjektiven Wirklichkeitsproduktion und einer objektivierten, gegenständlichen Wirklichkeit auf.

zeigten Lehr-Szenen des Films geht es um Grenzübertritte und gleichsam um die Einrichtung von Grenzen und damit um Vorschriften, Verbindlichkeiten, Anerkennung von Regeln und zugewiesenen Plätzen, somit auch um Formen von geregelter Grenzüberschreitung. In Kontrast (oder beispielend) zur schulischen Institution werden andere Formen der Wissensvermittlung und -weitergabe gezeigt: Spiele, Rituale und Erzählungen.

»Lehr-Szenen«

1. Szene (07:30 Min.): Der Brief, imaginäre Ansprüche, Übertragung
Nachdem sich die Gruppe der Lehrer, das »Kollegium«, in den ersten Minuten des Films getrennt hat, verfolgen wir als Zuschauer die Suche der »Ein-Mann-Privat-Schule« Said nach potentiellen Schülern. Said trifft dabei zuerst auf eine Gestalt, die in einem, von einer Steinmauer begrenzten, Areal Getreide bearbeitet. Makhmalbaf zeigt hier die Szenerie einer agrarischen Gesellschaft, welche die Schule, wie wir sie heute kennen, nicht braucht.[5] So wundert es nicht, dass die verschleierte Gestalt auf Saids Frage nach einer Schule nur mit »Ich weiß es nicht« antworten kann. Sie hört während dieses kurzen Wortwechsels nicht auf zu arbeiten. Erst nachdem sich die Said-Figur verabschiedet und sich abwendet, ruft die Person Said zurück, unterbricht ihre Arbeit und lüftet ihren Gesichtsschleier. Der zum Vorschein kommende Mann ist bedeutet älter als Said, er holt einen Brief hervor und bittet Said, ihn zu lesen.

Der Lehrer wird in diesem Dialog zwar als ein Subjekt adressiert, das ein Wissen hat und auch geben soll. Es geht aber bei dieser Gabe nicht etwa um die Einführung in die Kulturtechniken wie Lesen und Schreiben, sondern um ein direkt verwertbares, anwendbares Wissen in Form einer Dienstleistung. Der Lehrer wird als Dienstleister mit einem spezifischen Wissen angesprochen.[6] Die mit dem Anspruch mitformulierten Erwartungen soll der Lehrer erfüllen, indem er den Brief des Sohnes für den alten Mann lesen bzw. übersetzen soll. Der Sohn sei in irakischer Kriegsgefangenschaft und sein Vater wisse nicht, ob es ihm gut ginge. Der Lehrer Said kann aber ebenfalls den in arabischer Sprache verfassten Brief nicht entziffern, sagt es zuerst auch, versucht aber dann der Erwartung sei-

---

[5] Die Ergebnisse historischer Schul- und Bildungsforschung in Europa zeigen, dass es erst mit einer Entwicklung zur arbeitsteiligen Industriegesellschaft und der Verstädterung auch zu einer allgemeinen und verpflichtenden Schulform kam. Diese Schulen lösten die spezialisierten kirchlichen Vorformen von Schule und Hochschule ab (vgl. Tenorth 2004).

[6] Diese ökonomische Logik des Wissenstausches, der Dienstleistung und die damit verbunden Marktmodelle dominieren, perfider Weise, die derzeitigen erziehungswissenschaftlichen Theorien und Vorstellungen von Lehre.

nes Gegenübers zu entsprechen und »liest« den Brief, den er nicht lesen kann. Er erfindet seinen Inhalt. Mit anderen Worten: der Lehrer gibt ein Wissen, das er nicht hat. Und er tut das in einem Akt der Liebe, Zuneigung, die er zuvor, in Form der Aufforderung zu lesen, schon empfangen hat.

Ich finde diese kurze Szene sehr interessant, da sie viel von den wechselseitigen Erwartungshaltungen und Wünschen ins Bild und zu Gehör bringt, die jedes Lehren begleiten und grundieren. Aus einer gewissen Notlage heraus unterbricht ein Individuum seine wiederholende Tätigkeit und wendet sich an einen anderen, dem er ein Wissen unterstellt. Möglicherweise ist diese Wissensunterstellung wiederum Teil einer völlig anderen Wiederholungsfigur, die Freud mit dem Begriff der Übertragung bezeichnet hat.[7] Lacan hat für dieses Phänomen der Übertragung die Formel des *sujet supposé savoir* erfunden und sie, durchaus im Sinne Freuds, in die Nähe jeder Art von Belehrung gerückt: »Sowie irgendwo das Subjekt, das wissen soll, auftritt/*le sujet supposé savoir*, (...) ist auch Übertragung« (Lacan 1973, S. 244). Diese Wissensunterstellung in der Übertragung geht einher mit imaginären Ansprüchen und Wünschen. Diese Wünsche, gedacht als das die Übertragung generierende Verhältnis, treten keineswegs als isolierte auf, sondern konstituieren sich vielmehr erst am Anderen und existieren als *Übergriffigkeit* (vgl. Härtel 2010).

Natürlich könnte man sofort sagen, die Übergriffigkeit geht hier eindeutig vom Lehrer aus, der seinen Schüler täuscht, ihn um die Wahrheit (dass beide diesen Brief nicht übersetzen können) betrügt. Aber m.E. wird diese Deutungsvariante der Ambivalenz und Komplexität der gezeigten Szene nicht gerecht, denn Makhmalbaf lässt die Zuschauer im Unklaren darüber, ob nicht wiederum beide Männer um die Fiktion dieses Wissenstausches wissen. Zumindest sendet die Lehrer-Figur Said viele Zeichen (verbal und gestisch), die darauf deuten lassen, dass es sich beim Lesen des Briefes um ein *Schau-Spiel*, eine Lehr-Inszenierung handelt. Der eine spielt dabei in der Schau des anderen, und in der wechselseitigen Spiegelfigur der Anerkennung wird ein Wissen produziert, das in diesem Fall beruhigen, einen Anspruch gerecht werden soll, was nicht ganz gelingt. Am Ende dieser Szene bleiben Fragen offen, der Lehrer bleibt etwas schuldig.

Mit anderen Worten: die Überkreuzung und Verflechtung zweier Wünsche – *ein Wissen von einem anderen haben wollen* und *sein Wissen einem anderen geben zu wollen* – konstituiert eine Szene, in der sich beide Individuen in Bezug

---

[7] Wenn ich hier und in den folgenden Szenen über die Freudsche Übertragung spreche, dann nicht in der naiven Weise, dass der Film Übertragung ins Bild setzen könne. Vielmehr ermöglichen mir einige Szenen in *Blackboards* etwas von der Übertragung, die selbst ein konstitutiv unbewusster/unsichtbarer Vorgang ist, im Lehren zu fassen zu bekommen und anders über sie nachzudenken. Ich bin dabei wohlmöglich selbst in der Übertragung.

auf ein Drittes, ein *sujet* zum jeweils Anderen hin öffnen, die Grenzen des Eigenen überschreiten. Dieses sich im Anderen spiegeln und vervollständigen wollen, ist sowohl von erotischen, lustvollen als auch von aggressiven Momenten begleitet und grundiert – und erfährt auch seine Grenze am Anderen, der nicht/nie dem mit Ansprüchen und Wünschen durchwirkten Bild entsprechen kann.

2. Szene (16:10 Min.): Gesten der Institutionalisierung, Grenzen und Plätze

Die nächsten Szenen verschärfen das Bild der gesellschaftlichen Situation der Bergregion: Die Dörfer sind verlassen, es scheint auch keine durchgängigen, agrarischen Strukturen zu geben, denn die Kinder im schulfähigen Alter müssen täglich ihr Leben beim Schmuggeln über die iranisch-irakische Grenze riskieren, da viele der noch aus Kriegszeiten verminten Felder nicht bestellt werden können. Auf eine Gruppe dieser schmuggelnden Kinder trifft der Lehrer Reeboir, und auch er muss zuerst erfahren, dass sein symbolisches Wissen durch die Kinder als nutzlos beurteilt wird. Er bleibt trotzdem bei den Kindern, zieht mit ihnen und versucht in der Folge mehrfach sein symbolisches Wissen vor den Kindern zu legitimieren, indem er dessen Nutzen argumentiert, Fragen stellt (auch das jetzige Leben der Kinder in Frage stellt) und, das scheint mir ganz wichtig zu sein, indem er versucht eine Beziehung zu den Kindern aufzubauen.

Dabei wird immer wieder die Schultafel in Szene gesetzt, die sich deutlich von den Paketen, welche die Kinder auf ihrem Rücken tragen, unterscheidet. Die Pakete können etwas Reales, wie Waren aller Art fassen, während die Tafel dagegen als Zeichenträger fungiert und somit eine andere Funktion zu erfüllen hat. Sie hat gerade keine, zumindest keine direkte Funktion im ökonomischen Kreislauf wie die Schmuggelwaren der Kinder. Sie dient vielmehr dazu, diesen Kreislauf zu unterbrechen. Auf ihrer Fläche kann eine symbolische Welt in Differenz zur Realität entstehen. Die Tafel wird damit zu einer Schnittfläche auf der Symbolisches, Zeichen, Zeichnungen und Bilder zur Darstellung kommen und vermittelt werden können. Dieses Wissen bzw. die Kulturtechniken wie Lesen, Schreiben und Rechnen ermöglichen den Zugang zu einem symbolisch-kulturellen Universum, zu einer anderen Dimension des gesellschaftlichen Lebens.[8]

Mich interessiert in diesen Szenen vor allem die Tafel in ihren Verwendungsweisen durch die Reeboir-Figur und in ihrer dabei entstehenden Funktion als Repräsentant der Institution Schule. Reeboir stellt bei der ersten Begegnung mit den Kindern die Tafel wie eine Wegschranke vor ihnen auf und unterbricht damit (vorerst) den Lauf der Kinder und ihres Schmuggler-Geschäfts, was diesen verständlicherweise nicht gefällt. Er halte sie auf und er solle sie vorbei lassen.

---

[8] Zur Funktion der Tafel als Differenzfläche in der Lehre, als Schirm, auf dem sich etwas zeigen oder hörbar werden kann, siehe meinen Aufsatz *Lehr-Performances* (Zahn 2010).

Reeboir lässt sie nicht ziehen, sondern dreht um und »führt« die Gruppe an. Oder treiben die Kinder ihn vor sich her? Beides ist denkbar. Sie seien immer in Bewegung, im ökonomischen Kreislauf eingespannt, erzählen die Jungen. Wie sollen sie dann zur Ruhe finden, um dem symbolischen Wissen und den Techniken, die Reeboir anbietet, Aufmerksamkeit zu schenken?

Etwas später (31:00 Min.) wird die Tafel von der Reeboir-Figur mehrfach als Abtrennung zwischen sich und die Kinder gestellt – er stellt sie gleichsam aus, präsentiert sie wie eine Gabe, ein Versprechen und als eine Verlockung. Die Gespräche mit den »potentiellen« Schülern unterstützen diese Deutung, da er in diesen versucht, sie mit Vorstellungen eines besseren, selbstbestimmteren Lebens zu gewinnen. Das Auf- und Ausstellen der Tafel, zusammen mit seinen verführenden Worten, lässt sich als eine interessante Doppelfigur von Grenzziehung und -übertritt verstehen: Reeboir versucht, in der kargen Bergwelt Grenzen zu errichten, genauer: einen imaginären Raum einzurichten (zu instituieren), indem die Kinder zu Schülern und er zum Lehrer werden können. Innerhalb dieser »institutionellen« Grenzen, die auch als Unterbrechung und Widerstand gegenüber den ökonomischen und existenziellen Anforderungen zu lesen sind, sollen Schüler und Lehrer sich öffnen und ihre individuellen Grenzen überschreiten, um sich auf die vorgegebenen Plätze, mit bestimmten Aufgaben und Verhaltensweisen beschrieben, zu begeben. Die Tafel dient bei dieser imaginären Prozedur als Stütze im Realen.

Die institutionalisierenden Gesten des Lehrers lassen eine imaginäre Schule, einen anderen Raum entstehen. Dieser wiederum ermöglicht, so kann man sagen, *geregelte Grenzübertritte*, indem sich die Individuen als Subjekte auf *vorgeschriebene* Plätze (Lehrer, Schüler) begeben und sich auf ein gemeinsames *sujet* ausrichten. Das – und nicht nur das – hat die Institution Schule mit anderen kulturellen Institutionen wie Museum, Theater, Kino und auch mit der psychoanalytischen Kur gemein. Die Lehren, die Schule, Kino und Psychoanalyse vermitteln, geschehen als je spezifisch geregelte Grenzübertritte in einem künstlich eingerichteten Setting. Die Settings ihrerseits sind dabei sehr unterschiedlich und damit auch die Formen des Zeigens/Sprechens/Hörens, die sie ermöglichen. Bei all den offensichtlichen Unterschieden wird aber auf die Gemeinsamkeiten oder Berührungspunkte der Institutionen im Begriff der Übertragung noch, wenn auch im Rahmen dieses Textes nicht erschöpfend, zurückzukommen sein.

Der *geregelte Grenzübertritt* im Lehren partizipiert an der unhintergehbaren, paradoxen Struktur pädagogischer Prozesse, wie sie schon Immanuel Kant (1803) für die Erziehung und jüngst Michael Wimmer (2006, 2010) für die Bildung und das Lehren/Lernen, als weitere kategoriale Grundbegriffe der Erziehungswissenschaft, geltend gemacht haben. Der Lehrer soll die Grenzen des autonom konzipierten Individuums gerade dadurch stärken, dass er diese individu-

ellen Grenzen im Akt des Lehrens übertritt.[9] Die Bildung und Stärkung des autonomen Ichs, ist illusionär, weil aporetisch konfiguriert, da sie als immer schon
eingebunden in eine intersubjektive Beziehung zu denken ist. Zugleich sind damit aber Fragen nach den Grenzen (der Reichweite und Wirksamkeit) von Lehre
als diese intersubjektive Beziehung aufgerufen, denn das Subjekt ist auch nicht
durchgängig und bruchlos heteronom bestimmbar. So müssen die Lehrer zwar
mit Wirkungen bzw. der Wirksamkeit ihrer Belehrungen rechnen, können diese
aber nicht intentional herbeiführen oder steuern.

3. Szene (39:00 Min.): »Ich liebe Dich«, Schule der Übertragung

Abb. 3: Screenshot aus *Blackboards*

Während die alten Männer sich ausruhen und ihren Spielen nachgehen, zieht sich
die Said-Figur zusammen mit seiner Frau Halaleh in die Grundmauern eines
zerstörten Hauses zurück. Vor seiner Tafel kniend versucht er ihr die Worte »Ich
liebe Dich« beizubringen (Abb. 3). Er spricht vor und sie soll ihm nachsprechen.

---

[9] Dieses strukturelle Moment wird in vielen filmischen Inszenierungen des Lehrens aufgegriffen und
bearbeitet. Um nur einige Beispiele zu nennen: Sternbergs *Der blaue Engel* (1930), François
Truffauts *Les 400 coups* (1959), Peter Weirs *Der Club der toten Dichter* (1989; vgl. dazu Wimmer in
diesem Band, S. 81), Dennis Gansels *Die Welle* (2008; vgl. Kiper hier S. 145) oder jüngst auch in *Die
Klasse* (2009; vgl. Pazzini hier, S. 189). Es wäre sicherlich interessant, dieser Spur durch die Geschichte der Lehrerfilms, ihren Wandlungen in Darstellung und Thematisierung zu folgen. Hier bleibt
es bei dem Hinweis auf ein ausstehendes Forschungsfeld.

Halaleh verweigert den Unterricht, wendet sich ab und verkriecht sich förmlich in eine Ecke, um den Ansprüchen von Said zu entkommen. Er zensiert ihre Verweigerung mit »0 Punkten«, nur um sie kurz darauf wieder mit guten Zensuren zu locken. Dafür, dass sie ein gutes Mädchen sei, gibt er ihr »18 Punkte«. Der Lehrer versucht »Beziehungskredit« aufzubauen. Er vergibt Kreditpunkte und formuliert zugleich den Anspruch, diese Kreditschuld bei ihm in Form einer gelehrigen, wissbegierigen Schülerin zurückzuzahlen.

In dieser, wie in den beiden vorhergehenden Szenen habe ich Momente von etwas zu beschreiben versucht, das ich in Bezug auf Hinrich Lühmann (2006) »Schule der Übertragung« nennen möchte. Sie kommt dann besonders deutlich zum Vorschein, wenn die institutionellen Rahmungen von Schule erodieren oder wie in *Blackboards* zerstört sind und nicht mehr ihre autoritätsstiftende Funktion ausüben. Was dann übrig bleibt und in *Blackboards* an den Figuren Reeboir und Said untersucht wird, ist der Lehrer ohne Institution. Und an beiden Lehrerfiguren zeigt sich das Andere der institutionell zugewiesenen Amtsautorität. Beide sind auf der Suche nach Schülern, die sie als Lehrer anerkennen. Eine Antwort auf die Frage nach der Legitimation des Lehrers ist also der lernwillige und wissbegierige Schüler. Das könnte man formelhaft so formulieren: »Ein Lehrer ist ein Lehrer, der Schüler hat, welche ihn als Lehrer anerkennen!«. In der erziehungswissenschaftlichen Fachliteratur wird das als »pädagogische Beziehung« beschrieben. Die »pädagogische Beziehung« bezeichnet das spezifische Anerkennungsverhältnis zwischen Lehrer und Schüler. Ein Moment dieser Beziehung und ihrer Wirksamkeit lässt sich versuchsweise mit dem psychoanalytischen Begriff der Übertragung beschreiben.[10]

Am Modell der Liebe von Sigmund Freud entwickelt, betone der Übertragungsbegriff, so Lühmann, das Verhältnis der Lehrer-Schüler-Beziehung zum Wissen. Übertragung sei dort schon im Gang, wo ein Subjekt einem anderen ein Wissen unterstellt und sich von diesem im weitesten Sinne belehren lässt; gleichsam wird der Lehrer erst durch das Begehren nach Wissen seitens des Schülers zum Lehrer. Das beschreibt aber nur die eine Dimension der Übertragungsbeziehung, denn auch der Lehrer begehrt etwas von seinen Schülern: er möchte, dass sein gegebenes Wissen die Schüler bewegt, verändert und damit zusammenhängend, will der Lehrer das im Schüler vermutete, schlummernde Wissen, dessen Potential wecken und fördern. Der Pädagoge sieht demzufolge im Schüler auch immer das, was dieser werden kann, also einen zukünftigen Erwachsenen. Diese gegenseitigen Unterstellungen hätten immer auch mit irgendeiner Komponente

---

[10] Damit sollen die Differenzen zwischen der psychoanalytischen Kur und der schulischen Lehre, hinsichtlich der Übertragungsdimensionen »Anerkennung« und »Wissen«, nicht verschleiert oder gar eingeebnet werden. Diese gilt es vielmehr noch genauer auszuarbeiten. Für diesen Hinweis danke ich Susanne Gottlob.

der Liebe zu tun. Die Liebes-Verhältnisse von Lehrern und Schülern, solange sie in der harmlosen Form des Futurum stehen, sind als »pädagogischer Eros« (vgl. Pazzini 1992) gesellschaftlich akzeptiert (vgl. Lühmann 2006, S. 100ff).

Werden sie allerdings so explizit und präsent, wie bei der Beziehung zwischen dem Lehrer Said und seiner Frau bzw. »Schülerin« Halaleh – ihr erster Satz, den sie von ihrem Ehemann und Lehrer lernen soll, lautet bezeichnenderweise »Ich liebe Dich« –, mutieren sie zur Bedrängung und Zumutung, auf welche die Halaleh-Figur nur mit Verweigerung, dem Abwenden des Blickes u.ä. reagieren kann. Die zuvor beschriebenen Ansprüche und Wünsche, welche die pädagogische Beziehung konstituieren – und sich als wechselseitig spiegelnde Frage »*Was willst du, das ich für dich bin?*«[11] übersetzen lassen –, können auch zum stechenden, aggressiven Blick werden, dem, die Schülerin Halaleh zu entfliehen sucht. Die Institution Schule hat daher vor allem die Aufgabe, diese die Lehre ermöglichenden und begleitenden Liebesverhältnisse und Aggressivitäten zu zähmen, vor verletzenden Übergriffen zu schützen – und so der Übertragung als geregelte Grenzüberschreitung Formen zu geben.

4. Szene (37:15 Min.): Spielend lehren, Schule und Müßiggang

Abb. 4: Screenshot aus *Blackboards*

---

[11] Variationen dieser Frage sind: »*Wer/Was soll ich in deinen Augen sein?*« oder »*Wer/Was soll ich für dich werden?*«.

Makhmalbafs Film zeigt nur eine Szene, in der gespielt wird. Ein paar der alten Männer lehren Halalehs Jungen darin ein Walnuss-Spiel (Abb. 4). Zuvor wird der Junge durch seinen neuen, sozialen Vater von seiner Mutter getrennt und zum Spielen mit den alten Männern geschickt. Etwas später zeigt uns der Film, dass Said Halalehs Sohn weggeschickt hat, um seine Frau unterrichten zu können. Der Film legt somit nahe, dass das Spiel der alten Männer und des Jungen nichts mit Schule, wie sie die Said-Figur aufführt, zu tun hat. Oder soll die Kontrastierung der beiden »Lehr-Szenen« in der Parallelmontage gerade auf eine Verbindung von Schule und Spiel hindeuten? Zumindest wird Halalehs Junge eher als Lernender dargestellt, als die Halaleh-Figur selbst.

Die folgende These lässt sich daher wagen: Spiele sind Lern- und Bildungsmedien. Sie können durch alle Bereiche des Lebens angestoßen und motiviert werden. Johan Huizinga (1987) definiert das Spiel als freiwillige, räumlich und zeitlich begrenzte Tätigkeit, der bindende Regeln zugrunde liegen. Der Zweck eines Spiels liegt im Spiel selbst. Viele Spiele werden von Freude oder Spannung begleitet und oft auch vom Bewusstsein, dass sich die Spielsituation vom Alltagsleben unterscheidet. Trotzdem wirkt sie ins Alltagsleben hinein. Spiele gestalten, als geregelte soziale Handlungen, die gesellschaftliche Realität mit.

Schule ist in diesem Sinne auch ein Spiel. Schon etymologisch wurzelt das Wort Schule in Muße (gr. *scholé*). Muße hat, wer nicht arbeitet. Die Schule wurde seit der Antike folglich als Ort des Müßiggangs gestaltet, ein Ort an dem nicht gearbeitet wird und der nicht vollkommen auf Zwecke ausgerichtet war. Weil Spielen immer auch eine ästhetische Praxis ist, lässt sich problemlos ein Bogen vom Kinderspiel oder auch dem Walnuss-Spiel der alten Männer in *Blackboards* zum freien Spiel der subjektiven Erkenntnisvermögen spannen. Nur in der ästhetischen Erfahrung erkennt ein singulärer Mensch, dass er seinen Zweck nur in sich hat und autonom ist. In der ästhetischen Erfahrung des Spiels, als eine andere weitere Form der geregelten Grenzüberschreitung, zeigt sich Freiheit: und zwar Autonomie als Freiheit, sich selbst Gesetze zu geben bzw. sie als gegebene Gesetze anzuerkennen. Das ist auch der Kern des 15. Briefs von Schillers *Über die ästhetische Erziehung des Menschen* (1793), deren aktuelle politische Bedeutung noch ihrer Wiederentdeckung harrt.

Mit *Blackboards* lässt sich vor dem Hintergrund einer abwesenden Schule für dieselbe als einen Ort des Müßiggangs, des Spiels und der geregelten, inszenierten pädagogischen Beziehung (samt Lehrern, die noch etwas zu versprechen haben) argumentieren, um der nächsten Generation eine Chance auf Freiheit, Selbstbestimmung und damit eine Zukunft zu ermöglichen. Meine hier am Film versammelten Gedanken bilden aber nicht einmal ansatzweise eine konsistente Theorie, um die Bedeutung der Institution Schule für das Lehren zu begründen.

Als theoretische Bruchstücke laden sie aber möglicherweise dazu ein, mit ihnen weiter zu denken.

Literatur

Adorno, Theodor W. (1959): Theorie der Halbbildung, in: ders.: Gesammelte Schriften, Bd. 8. Soziologische Schriften I, Frankfurt a. M.: Suhrkamp, S. 93-121

Berger, Peter L., Luckmann, Thomas (1969): Die gesellschaftliche Konstruktion der Wirklichkeit. Eine Theorie der Wissenssoziologie. Frankfurt a. M.: Fischer

Ezra, Elizabeth; Rowden, Terry (Hg.) (2005): Transnational Cinema. The Film Reader. London: Routledge

Härtel, Insa (2010): Übertragen – Übergreifen – Wünschen. Über Forschungsbeziehungen, in: Meyer, Crommelin, Zahn (Hg.): Sujet supposé savoir. Zum Moment der Übertragung in Kunst Pädagogik Psychoanalyse. Berlin: Kadmos, S. 35-42

Huizinga, Johan (1987): Homo ludens. Vom Ursprung der Kultur im Spiel, übertragen von H. Nachod, 21. Aufl., Reinbek bei Hamburg: Rowohlt 2009

Kant, Immanuel (1803): Über Pädagogik [hg. von Theo Dietrich]. Bad Heilbrunn: Kinkhardt 1960

Krämer et al (Hg) (2007): Spur. Spurenlesen als Orientierungstechnik und Wissenskunst. Frankfurt a. M.: Suhrkamp

Lacan, Jacques (1973): Das Seminar XI. Die vier Grundbegriffe der Psychoanalyse, übersetzt von Norbert Haas, Weinheim, Berlin (1987): Quadriga

Lühmann, Hinrich (2006): Schule der Übertragung, in: Pazzini, Gottlob (Hg.): Einführungen in die Psychoanalyse II, Bielefeld: transcript, S. 97-118

Mersch, Dieter (2002): Was sich zeigt. München: Fink

Mersch, Dieter (Hg.) (2003a): Die Medien der Künste. Beiträge zur Theorie des Darstellens. München: Fink

Mersch, Dieter (2003b): Kunst und Medium. Zwei Vorlesungen. Kiel: Muthesius Kunsthochschule

Mersch, Dieter (2004): Bild und Blick. Zur Medialität des Visuellen, in: Filk; Lommel; Sandbothe (Hg.): Media Synaesthetics. Konturen einer physiologischen Medienästhetik. Köln: Halem, S. 95-122

Pazzini, Karl-Josef (Hg.) (1992): Wenn Eros Kreide frißt. Anmerkungen zu einem fast vergessenen Thema der Erziehungswissenschaft. Essen: Klartext

Schiller, Friedrich (1793): Über die ästhetische Erziehung des Menschen. Stuttgart: Reclam 2000

Tenorth, H.-Elmar (2004): Schulische Einrichtungen, in: Lenzen (Hg.): Erziehungswissenschaft. Ein Grundkurs. 6. Aufl., Reinbek bei Hamburg: Rowohlt, S. 427-446

Wimmer, Michel (2006): Dekonstruktion und Erziehung. Studien zum Paradoxieproblem in der Pädagogik. Bielefeld: transcript

Wimmer, Michael (2010): Lehren und Bildung. Anmerkungen zu einem problematischen Verhältnis. In: Pazzini, Schuller, Wimmer (Hg.): Lehren bildet? Vom Rätsel unserer Lehranstalten, Bielefeld: transcript, S. 13-38

Zahn, Manuel (2010): Lehr-Performances, in: Meyer, Crommelin, Zahn (Hg.): Sujet supposé savoir. Zum Moment der Übertragung in Kunst Pädagogik Psychoanalyse. Berlin: Kadmos, S. 111-119

Die Drohung. Schwierigkeiten beim Lehren in Zusammenhang mit Kunst. »Mona Lisas Lächeln«

Eva Sturm

Immer, wenn ich leidenschaftlich über Kunst spreche, mir das Herz davon fliegt und der Mund weich wird vor Lust, sagt mein Partner, ich sähe aus, wie Julia Roberts in *Mona Lisas Lächeln*. Ich bin nämlich auch Kunst-Lehrerin. Aber so will ich nicht sein. Habe ich doch selbst meinen Student/innen die pathetische Szene aus dem Film gezeigt, als Jackson Pollocks Bild enthüllt wird und die Schülerinnen von Mrs. Kate Watson (Julia Roberts) (KW) zuerst ratlos und dann zärtlich staunend vor den originalen Farbspuren stehen (ab 42:48 Min.).

KW tritt auf das Bild zu, nachdem der Deckel der hölzernen Verpackung krachend auf den Boden gefallen ist. Das Bild steht in seiner vollen Größe entblößt da. KW, die Arme ausgebreitet, Kamera von hinten. Sie gibt sich intim dem Bild hin, erfüllt-glücklich lächelnd, Kamera von der Seite. Dann tritt sie zurück wie eine Erleuchtete und überlässt das Farbfeld denen, die sie angetreten ist, aufzuklären über die Qualität dieser Art von Kunst. Wieder Kamera von der Seite auf die Profile der Studentinnen, die keine Arbeit über das Bild schreiben sollen, sondern ›nur‹ schauen.[1] Die Kamera gleitet mehrfach langsam über die Bildoberfläche, als würde sie vorzeigen, wie man schauen möge. Die Studentinnen staunen, es der Dozentin nachmachend – noch verunsichert, aber in den Gesichtern spiegelt sich schon etwas, das von der Lehrerin auf die Schülerinnen übergegangen sein wird.

In Verbindung mit dieser Szene lasen wir in dem Seminar *Wie man dem toten Hasen die Bilder erklärt*[2] Passagen aus einem Text von Tom Wolfe aus den 1970er Jahren, in dem dieser den Künstlermythos Pollock gehörig entzaubert.[3]

---

[1] »Tun Sie mir einen Gefallen, tun Sie sich selbst einen Gefallen, hören Sie auf zu reden und schauen Sie. Ich verlange nicht, dass Sie darüber eine Arbeit schreiben, ich verlange nicht einmal, dass es Ihnen gefällt. Ich verlange nur, dass Sie sich darüber Gedanken machen. Das ist Ihre einzige Aufgabe für heute. Wenn Sie damit fertig sind, können Sie gehen«, so Kate Watson. Deutsche Synchronisation des Filmes.

[2] Seminar für Kunst, Kunstgeschichte und Kunstpädagogik im SoSe 2009 Carl von Ossietzky Universität Oldenburg.

[3] Tom Wolfe berichtet in *Das gemalte Wort* über die massive Beeinflussung von Malerei durch Theorie. Zum Beispiel heißt es da im Zusammenhang mit Clement Greenberg und Jackson Pollock: »Eines war jedenfalls klar: wenn Greenberg recht hatte, was Pollocks Status in der Kunstwelt anging – und da mochte Pollock nicht meutern – dann musste er wohl auch mit seinen Theorien recht haben.«

Wobei – natürlich kann KW mit Jackson Pollock, dem Zeitgenossen, dessen Malerei fast noch feucht ist, so etwas nicht tun. Das ist historisch mehrfach unmöglich, und zuallererst will die Lehrerin ihre Studentinnen an dieser Stelle ja dazu verführen, zu schauen, statt abzulehnen. »Gerade dachte ich noch, totes Fleisch mit Maden wäre Kunst und jetzt das!«, murmelt Conny, eine der Studentinnen, während KW mit offenem Mund staunt.

Doch der Reihe nach. Bevor ich auf jene Szene zu sprechen komme, in der das »tote Stück Fleisch« gezeigt wird, einige Worte zu dem Film. *Mona Lisa Smile* wurde 2003 [dt. Fassung 2004] von Mike Newell gedreht, man sagt mitunter nach dem Vorbild von Peter Weirs *Club der toten Dichter*. Die Handlung spielt in den 1950er Jahren im renommierten Wellesley College (Massachusetts, USA), das nur Frauen als Studentinnen annimmt. Die junge KW, gerade selbst mit ihrem Studium fertig geworden, wird Kunstgeschichte unterrichten. Das College ist noch konservativer, als sie dachte, und die Studentinnen wollen – obwohl sie zu Beginn jeden Schuljahres rituell nach Wissen verlangen – lieber heiraten, als studieren. KW will die Studentinnen von einem möglichen anderen Lebensweg überzeugen. Sie wird dies mithilfe von Kunst tun.

Aufgeregt und unsicher hält sie ihre erste Vorlesung (ab 05:48 Min.): Hörsaal, aufsteigende Sitzreihen, Diapositive. Die Studentinnen, allesamt adrett und wohlerzogen, sichtlich dem reichen Bürgertum zugehörig, nehmen Platz, neugierig auf die junge Dozentin, aber auch von Anfang an skeptisch ob ihres Alters. Und dann kommt das fürchterliche Scheitern. Denn KW sagt den Mädchen nur, was diese ohnehin schon wissen, weil sie, wie sie kurz darauf alle per Handzeichen kund tun, das ganze Lehrbuch gelesen haben. Alles, was gesagt und gezeigt wird, steht wörtlich im Text. Die Studentinnen wiederholen ihn lediglich, nehmen ihn der Dozentin aus dem Mund. Als der Text durch ist und noch Zeit bleibt, wird die Vorlesung vorzeitig beendet, denn die Mädchen bitten darum, sich, wie sie sagen, ihren eigenen Studien widmen zu dürfen, und gehen. Die Dozentin ist gescheitert. Nichts von dem, das sie von sich gab, wollten die ihr angetrauten Studentinnen haben. Zudem bekommt sie von den leitenden Lehrenden des Colleges in unmittelbarer Folge eine forsche Zurechtweisung, die sich nicht nur gegen die mangelnde Disziplin in der ersten Vorlesung, sondern genauso gegen Picasso richtet und gegen »diese [Leinwände], die heutzutage auftauchen, auf die Farbe geschmiert und gekleckst wird«.[4]

Also schubste Pollock sein Werk in die Richtung, in der die Theorien liefen. Voran! Flacher! Rauchiger! Mehr ›Gleichmäßigkeit über das ganze Bildfeld‹! Aber weniger klaffende Löcher! (Greenberg meinte, Pollock lasse manchmal ›klaffende Löcher‹ in der sonstens ›integrierten Ebene‹). Greenberg nahm die Gewohnheit an, bei Pollock im Atelier vorbeizukommen und auf der Stelle kritische Ratschläge zu liefern« (Wolfe 1975, S. 68).

[4] Worte des Direktors, deutsche Synchronisation des Filmes.

Die Lehre, welche die Dozentin aus dieser Szene zieht, zeigt sich in einer der nächsten Szenen, als sie ihren Studentinnen zum zweiten Mal im Hörsaal begegnet (ab 15:02 Min.). Sie konfrontiert sie mit jenem Bild »von Fleisch mit toten Maden«, von dem später im Anblick von Jackson Pollock (ab 42:48 Min.) geredet werden wird. Im Laufe der zweiten Vorlesung wechselt KW die Seite und setzt sich auf die Treppe zwischen die Studierenden. Das Bild, das gezeigt wird, ist nicht im Lehrbuch. Wodurch der neue Kurs der neuen Kunstgeschichtsdozentin deutlich wird. Von nun an wird sich außerhalb des Vorgeschriebenen und Nachzulesenden, Auswendig-zu-Lernenden bewegt. Frau begibt sich auf unsicheres Terrain.

Ab nun werde ich in zwei Richtungen weiter denken. Die eine ist die nach der Kunst. Die zweite die nach dem Lehren. Daraus will ich versuchen, der Drohung, die eingangs zur Sprache kam, auf die Spur zu kommen. Was, anders gefragt, zeigt (mir) der Film über Kunst, über das Lehren im Zusammenhang mit Kunst und über mein eigenes Begehren, durch/mit/von Kunst aus zu bilden?

Kunst: Was vorher schon klar war

Welche Rolle, lautet also die erste Frage, nimmt Kunst im Film ein? Drei Verwendungs- bzw. Wirkungswege von Kunst kamen bereits zur Sprache *Erstens*: die des Mit-(Lehrbuch-)Text-Versehen-Werdens und des In-diesem-Text-ohne Abweichungen-wiederholt-Werdens (ab 06:10 Min.); *zweitens*: die des Angewidert- und Verwirrt-Seins angesichts von Kunst (ab 15:00 Min.); *drittens*: die des staunenden Ertastens von Kunst mit den Augen (ab 42:48 Min.); weitere im Film demonstrierte Verwendungen und Wirkungen werden folgen.

Zunächst meine These: Kunst – und das gilt für jede der besprochenen und gezeigten Arbeiten – funktioniert in dem Film wie eine Durchlöcherung des Geschehens. Man könnte auch sagen, der Film ist von künstlerischen Arbeiten durchlöchert, wird durch sie perforiert. Und jene Löcher weisen allesamt durch ihre Existenz auf jenes »windige Chaos«, von dem Gilles Deleuze schreibt,[5] in dem alles unsortiert nebeneinander liegt, das aber nicht jenseitig, sondern hier und jetzt stattfindet. Mit Jacques Lacan könnte kann man sagen, Kunst berührt das Reale. Um dieses Reale, also um den Rest, um das Nichtsagbare, die Löcher, wird sprechend, symbolisierend, imaginierend herum geturnt. Dabei entsteht der

---

[5] »In der Kunst geht es um das Einfangen von Kräften« (Deleuze 1995, S. 39). Etwas »gelangt zur Aktualität in seiner raum-zeitlichen Verwirklichung, die man daher präziser als Aktualisierung bezeichnen kann« (Ruf 2003, S. 36). Dabei verfährt Kunst »über die Schöpfung neuer Möglichkeiten« (Ruf 2003, S. 114).

Diskurs. Und dabei bilden sich die verbindenden Visionen und Bilder.[6] Klischeehaft und verwirrend neu.

Noch einmal mit Gilles Deleuze anders (und im Unterschied zu Lacan) gesagt, geht es dabei jedoch nicht um ein Loch als Fehlen, als Mangel, sondern es
geht um fliegende Löcher, die herumsausen[7] und die Kraft haben, Dinge durch-
einander zu wirbeln.[8]

Dieses Um-das-Loch-Herumreden findet zum Beispiel in der Kunstrezepti-
on statt, also hier – während gemeinsam gesprochen wird – im Hörsaal oder später in jener entscheidenden Schlussszene des Films außerhalb des Lehrzusam-
menhangs, als Mona Lisas Lächeln den Kunstkatalog verlässt und auf dem Gesicht von Betty auftaucht. Es kehrt wieder in ihren Worten, also darin, wie sie
über das Bild spricht, indem sie sich in ihrem eigenen Unglück spiegelt: »Ist sie
etwa glücklich?« (ab 1:43:50 Min.)

Ein solches Um-den-Rest bzw. Um-das-Loch-Sprechen ereignet sich spezifisch, je nachdem, wer wo, in welchem Kontext den Mund aufmacht. Kunst als
»Loch« ist also nicht da, sondern entsteht im Gerede und Gezeige.[9] Kunst als
vielfache Lochunternehmung kann nur existieren, weil da Wesen sind, die sprechend Sinn herzustellen versuchen.[10] Und der Sinn ist, wenn er sich denn ein-
stellt, am Rande der Sprache, eine gleichsam außer- oder nichtsprachliche Erfahrung, die aber sofort in Sprache wiederkehrt, übersetzt und versuchsweise beschrieben wird, aber nicht zu haben ist (vgl. Sturm 2011).

Nun zeigt sich im Film, wie sehr dieses Herumreden gleichzeitig nicht nur
über die Komplexität und Qualität von Kunst in der Rede entscheidet; es zeigt
sich auch, wie sehr solche Suche nach Bedeutung und Sinn immer auch ein
Schauplatz des Performens und darin Realisierens sozialer Realitäten ist. Und
der Verführung. So werden zum Beispiel in der zweiten Vorlesung (ab 15:00
Min.), als KW die Seite vom Lehrerpult auf die Hörerinnenseite wechselt, die

---

[6] Das Lacan'sche Reale (eines der drei Register R.S. I.) ist weder symbolisierbar, noch imaginierbar.
Man kann nur über das Reale sprechen oder/und sich davon Bilder machen, und schon ist man im
Symbolischen und im Imaginären. Das Reale ist der Rest (das Unbewusste, unverfügbar). Etwas
davon wird in jedem Symbolisierungsakt, also auch in jeder Rede neu (unbewusst) erzeugt.

[7] »Die Physiker sagen: Löcher bedeuten nicht das Fehlen von Teilchen, sondern sind Teilchen, die
sich schneller als das Licht bewegen. Fliegende After, schnelle Vaginas, es gibt keine Kastration«
(Deleuze, Guattari 1997, S. 51). Und genau darin liegt eine der Differenzen zwischen Lacan und
Deleuze.

[8] Die Funktion von Kunst sei, so Simon Ruf laut Deleuze, Fluchtlinien zu ziehen, »die die organischen und personalen Formen aufbrächen, um die darunter liegenden Singularitäten, Intensitäten und
Ereignisse freizulegen und eine unpersönliche Welt zu schaffen, in der sich höchste Lebensbejahung
und ständige Präsenz des Todes verbinden können« (Ruf 2003, S. 60).

[9] »Was man nicht sagen kann, muss man zeigen«, sagte Karl-Josef Pazzini einmal. Vgl. Warnke
2010, S. 85.

[10] Der Mensch ist ein Sprechwesen, sagte Jacques Lacan. Vgl. S.-Sturm 1996.

sozialen Verhältnisse zwischen den Protagonistinnen im Sprechen über Kunst vorgeführt. Die einzelnen Studentinnen, die im weiteren Filmverlauf Rollen spielen werden, zeigen sich in ihren Reaktionen auf die präsentierte künstlerische Arbeit »Kadaver« von Soutine (1925) als unterschiedliche Charaktere: Conny Baker (Ginnifer Goodwin), die etwas Naive, Herzensgute, nimmt das Bild in Schutz. Giselle Levy (Maggie Gyllenhaal), die Erotische, findet, es habe etwas Erotisches. Und Joan Brandwyn, genannt Joey (Julia Stiles), die Kluge, etwas Zurückhaltende, schweigt. Betty Warren (Kirsten Dunst), die Widersacherin, lehnt das Bild ab und greift KW an. Bereits in dieser Szene beginnt der Krieg zwischen ihr und der jungen Dozentin, der über Kunst und persönlich ausgetragen werden wird.

Und was macht die Kunst in dieser ersten Szene, was passiert mit Soutines »Kadaver«? Sie wirkt wie dargelegt als Aussage an der Grenze der Darstell- und Sagbarkeit, als Einladung zum Reden. Der »Kadaver« ist ein farbenreiches Bild, expressionistische Malerei, die schweigt und nur spricht, insofern über sie Worte ausgetauscht werden. In der Szene wird Soutine eingesetzt als Spiegel der Situation. Er dient der (Selbst-)Wahrnehmung der Beteiligten. Er zeigt auf den neuen Lehrplan der Lehrerin, dient als Eingangstür in einen Bereich für die Mädchen bislang nicht relevanter Wahrnehmungen und Werte. Und er ist das Einfallstor für ein Versprechen, das die Studierenden mit der durchaus charismatischen KW verbinden werden. Auch das ist im Zusammenhang mit Kunst zu beobachten: Sich selbst beobachten beim Beobachten. Wobei dies im Film kaum direkt reflektiert wird. Eine weitere: Kunst kann Eingang sein – prinzipiell. Wohin, ist eine andere Frage.

Nach dieser zweiten Vorlesung folgt eine Szene, in der Joey zu KW ins Büro kommt, sich beschwert, eine Drei zu bekommen (sie hat sonst nur Einsen), und von KW erfährt, sie solle selbst denken, wenn sie über Pieter Bruegel schreibt. Sie bekommt noch einmal eine Chance, es erneut zu versuchen. In der selben Szene entflammt die Dozentin, weil ihr Joey, eigentlich ohne es zu wollen, erzählt, sie wolle Jura studieren. Dies führt dazu, dass KW sich um einen Studienplatz kümmert, und Joey bei einer schriftlichen Klausur im Hörsaal von den anderen unbemerkt ein Anmeldeformular zusteckt (ab 30:40 Min.).

Der neue Lehrplan von KW – Lehrplan Nr. 1: Kunst, und der von ihr immer mitgenannte Lehrplan Nr. 2: die Befreiung der Mädchen aus ihrer vorbestimmten Rolle als Hausfrau und Mutter – wird mit Hilfe von Vincent van Gogh fortgesetzt (ab 56:20 Min.). Betty, die inzwischen geheiratet hat und aufgrund ihrer Flitterwochen und ihrer Pflichten als Hausfrau nicht immer am Unterricht teilnehmen konnte, unterbricht den Kurs, welcher nicht im Hörsaal, sondern um einen Tisch herum stattfindet. Sie kommt genau in dem Moment herein, als KW den Studentinnen mit großer Eindrücklichkeit deutlich gemacht hat, dass Vincent van Gogh seinen Weg gegen alle Widerstände beschritten hat und aber mittlerweile auf das Niveau ›Malen-nach-Zahlen‹ reduziert wird. »Also, Sie haben die Wahl,« so KW nach einem längeren, rhetorisch beeindruckenden Vortrag, »Sie können sich dem anpassen, was andere Menschen von Ihnen erwarten, oder Sie können …«. »Ich weiß«, unterbricht Betty die Rede der Dozentin. Die Kamera, gerade noch auf die interessierten Gesichter der Studentinnen gerichtet, die irgendwie auf der Kippe zu stehen scheinen zwischen dem, was sie bislang gelernt haben, und dem, was ihnen KW zu zeigen versucht, ist nun auf die – zwischen einer Reihe von Kopien von Gemälden – eintretende Betty gerichtet, und die Studentinnen, die sich nach ihr umdrehen. KW gerät aus dem Bild, aber ihr rechter Arm ist noch zu sehen. Betty sieht knapp an uns, den Zuschauerinnen und Zuschauern dieser Szene, vorbei und sagt in herausforderndem Ton zu KW: »…wir selbst sein«. Die Studentinnen lachen. Die Spannung ist weg, Betty hat das Band zwischen der Dozentin und den Studentinnen unterbrochen.

Und die Moral von der Geschichte lautet: van Gogh war ›er selbst‹. Und darin möge er allen Frauen ein Vorbild sein. Die Absurdität der Geschlechterzuordnungen wird spätestens an dieser Stelle deutlich. In der Folge zeigt sie sich verstärkt und die Botschaft des Films lautet ungebrochen: Männliche Künstler machen Kunst – zumindest zeigt KW nur Kunst von Männern. Frauen machen (malen, empfinden) sie nach, lernen, darüber zu sprechen. Kunst wird hier eng geführt und verwendet im Sinne einer vorher festgelegten Botschaft.

In der Folge wird KW von den Mädchen vertrauensvoll in ihrem geheimen Club empfangen und nach ihrem Liebesleben ausgefragt. Die Studierenden wollen vor allem wissen, was die Dozentin über die Ehe denkt. Es kommt zu einem weiteren Wortduell zwischen Betty und ihr, woraufhin Betty einen diffamierenden Artikel in der Schulzeitung über KW schreibt. Dann folgt die nächste Vorlesung, in der KW sich autoritär gibt. Sie hält einen dramatischen Vortrag über Wellesley-Absolventinnen. Ihr Bildmaterial hat sie der Werbung entnommen. Kunst kommt nicht vor. Dafür wird ihr Lehrplan Nr. 2 in aller Deutlichkeit artikuliert. Er mündet darin, dass die Dozentin ihren Abgang von Wellesley ankündigt.[11] Dafür braucht sie offensichtlich die Kunst nicht. Aber diese wird wiederkehren, zuerst im Hörsaal und dann, wie angekündigt, auf der Seite ihrer Widersacherin Betty.

---

[11] »Ein Mieder!« schreit KW. Bild: Frau mit Mieder ›You couldn't choose a better way to be free!‹ »Um sie zu befreien?! Was soll das bedeuten.?« Die Lehrerin brüllt fast, breitet die Arme aus, sieht mit aufgerissenen entsetzten Augen auf das Bild. Dazwischen noch mal Close-Up auf Betty, die sichtlich berührt auch durchatmet, kurz den Blick senkt und etwas traurig drein sieht. »Was soll das bedeuten?«, fragt KW noch mal mit dem Rücken zu den Studierenden, leise, emotionslos. Und noch einmal »Was soll das bedeuten?« eindringlicher. Kameraschwenk auf ihr Gesicht, das jetzt von hinten, vom Diaprojektor aus beleuchtet wird. Sie senkt den Blick. »Ich gebe auf.«

Als *Mona Lisa* als Motiv bei Betty auftaucht, die ihrer gestrengen Mutter mitteilt, dass sie die Scheidung einreichen will, welches von der Mutter lächelnd
abgeschmettert wird, sieht es aus, als sei KW's Kunst-Funke nun doch auch auf
sie übergesprungen (ab 1:43:50 Min.). Auch ihr wird der Mund weich, sie fühlt
sich von Lenardo da Vinci mehr angeblickt als von ihrer Mutter.[12]

In einer weiteren Einstellung sprechen alle miteinander im Hörsaal über
Mona Lisa. KW sitzt wie in der zweiten Vorlesung auf der Seite der Studentinnen und hört zu (ab 1:41:44 Min.). Davor haben das Direktorium und die Ehemaligen zur Kenntnis genommen, dass KW's Lehrmethoden unter den Wellesley-
Studierenden enorm hohen Anklang finden, dass diese aber ermahnt werden soll,
in Zukunft anders als bisher zu lehren. Mehr Überwachung wird gefordert. Das
Gespräch über Mona Lisa im Hörsaal ist – freundlich ausgedrückt – flaches Gerede. Jede sagt etwas, alle unterbrechen sich gegenseitig, der Ton wird ausgeblendet, er ist nicht wichtig. Wichtig ist allein, KW's interessiertes Lächeln zu
sehen und das Vergnügen, welches sich in Connys Gesicht spiegelt, die Lust am
gemeinsamen Sprechen über *Mona Lisa*. Dabei werden Klischees über Kunst
ganz allgemein ausgetauscht, ein gemeinsames Erlebnis, das sich fast nicht
bremsen lässt.

Das Bild der *Mona Lisa* selbst wirkt wie eine wiederkehrende Erinnerung,
die durch den Film schwirrt. Der Italienischlehrer, welcher mit KW schließlich
doch eine Affäre hat, schenkt ihr vor ihrem ersten Kuss einen Souvenir-
Fernseher mit dem Bild von *Mona Lisa*; er nennt ein Lied, das *Mona Lisa* heißt,
und einmal live vorgetragen wird (»unser Lied«) und nennt KW selbst *Mona
Lisa*. *Mona Lisa* taucht auf, so der Verdacht, wenn es um Liebe und Enttäuschung geht. Und wenn sich etwas tut, verändert hat und sich das zeigt.

Lehre: Übertragung und deren projektive Ausformungen

Es wurde vermutlich deutlich, wie schwer es ist, Kunst und Lehre im Film auseinander zu halten. Kunst taucht nur in der Lehre auf. Ich lese den Film versuchsweise rückwärts. Nachdem Betty ihrer Mutter das Bild von *Mona Lisa* im Sinne
und mit Worten von KW gezeigt hat, und nachdem die Studentinnen im Hörsaal

---

[12] Betty: »Sieh Dir das an, Mutter.« Kamera auf das Bild. Die Mutter blickt es kurz an. Und fährt
fort: »Spencer wird sich ebenfalls bemühen. Nach allem, was er sagt, ist er am Boden zerstört. Du
solltest ihn anrufen.« Betty: »Warum lächelt sie? Ist sie etwa glücklich?« Die Mutter fährt fort: »Das
Wichtigste ist, dass keiner davon erfährt.« »Sie sieht glücklich aus. Was spielt das dann für eine
Rolle.« Mutter: »Man wäscht seine schmutzige Wäsche nicht in der Öffentlichkeit.« Betty: »Ich
glaube, ich muss Dir einmal etwas erklären. ... Nicht alles ist so, wie es zu sein scheint.« Wendet
sich ab, steht auf, nimmt das Buch und geht.

das Bild der *Mona Lisa* durch Worte verschüttet haben, findet eine berührende Szene im Büro von KW statt (ab 1:42:21 Min.). Alle Studentinnen haben ihr ein Bild in Öl gemalt. »Wie sonst würden Sie sich an uns erinnern«, sagt Joey. Die Szene ist ein Glanzstück für Lehre, die Krönung auf einem mühsamen Weg des Versuchs, Kunst mit dem Leben der Studentinnen zu verbinden und sie dazu zu bringen, ihre vorgezeichneten Rollen abzuwerfen. Es geht um einen Beweis der Zuneigung und Solidarisierung der Schülerinnen mit ihrer Lehrerin. KW ist so gerührt, dass sie den Raum verlassen muss. Alle Schülerinnen haben sich zumindest ein Stück weit in Bewegung gesetzt, sich verselbständigt. Sie sind im Rahmen ihrer Möglichkeiten aktiv geworden, nachdem sie alle angefangen haben, selbst mit Vergnügen ein Wissen angesichts von Kunst abzusondern, das sie – so zumindest hört es sich an – vorher schon hatten. Dennoch ist etwas passiert.

In Bezug auf Lehrplan Nr. 2 kann man feststellen, dass nur eine einzige Studentin ihren Weg durch das Lehrgefüge von KW verändert hat: Betty. Alle anderen bleiben da, wo sie hin sollen. Und dass die erotisch-wilde Giselle nach New York gehen will, war vermutlich vorher schon klar. Dennoch ist auch hier etwas geschehen, das die Wellesley-Studentinnen offenbar berührt. So sehr, dass sie alle in KW's Kurs wollen.

Ich kehre noch einmal an den Anfang des Films zurück. Zu Beginn, in der 1. Vorlesung (ab 05:46 Min.) läuft, wie erwähnt, gar nichts, keine der Schülerinnen will KW's Wissen. Die Lehrerin ist, mit Michael Wimmer gesprochen, keine Autorität.[13] Aber als sie in der 2. Vorlesung (ab 15:02 Min.) beginnt, die Studentinnen zu überraschen, fängt etwas anderes an. Die Überraschung wird mehrfach inszeniert: räumlich-körperlich, diskursiv, methodisch und vor allem mit Hilfe von Kunst, die außerhalb der bisherigen Wahrnehmungs-Einordnungs-Kategorien angesiedelt ist. Auf diese mehrfache, methodisch kalkulierte Überraschung muss jede der Studentinnen selbst reagieren. Die Verunsicherung führt anfangs dazu, dass auf die Reaktionen der anderen geschielt wird. KW's Methode dabei lautet: Ich gebe Euch Eure Antworten zurück. Wir machen sichtbar, was wir angesichts von Kunst tun: Wir produzieren den Diskurs, hier und jetzt. Ihre Fragen sind gut gewählt. Sie zwingt die Studentinnen, mit Worten zu reagieren.[14]

---

[13] »Der Begriff der Übertragung vermag (…) u.a. verständlich zu machen, wie Autorität zustande kommt.« (Wimmer 2010, S. 258).

[14] »Und, taugt das was?« Die Studentinnen sind ratlos. »Hm?« legt KW nach. »Kommen Sie schon.« Sie geht auf die Seite der Studentinnen. »Darauf gibt es keine falsche Antwort. Und es gibt auch kein Lehrbuch, das Ihnen sagt, was Sie denken sollen.« Die Dozentin stellt sich neben den Diaprojektor. »Ist gar nicht so einfach, oder?«, sagt sie von hinten in herausforderndem Ton. Sie setzt sich auf eine der Stufen unterhalb des Diaprojektors. Betty antwortet schließlich, mehrere Studentinnen melden sich zu Wort. KW stellt ihren Kunstbegriff in Frage. Betty antwortet: »Also wenn Sie andeuten, dass« – Kamera auf KW, die immer noch aufmerksam zuhört und schweigt – »verrottetes Fleisch

In der Szene wird deutlich, die *Übertragung*, wie sie Karl-Josef Pazzini aus struktural-psychoanalytischer Perspektive in Bildungsprozessen ausmacht,[15] läuft (noch) nicht, aber sie deutet sich an. »Die ›Lehrfähigkeit‹ des Lehrers verdankt sich der Übertragung seitens der Schüler. Sie stattet ihn mit einer Autorität aus, die er nicht selbst (z.b. als Persönlichkeitseigenschaft) hat«, so Michael Wimmer (ders. 2010, S. 260). Anders gesagt: Die Übertragung ›läuft‹, wenn Schüler/innen, ihren Lehrer/innen ein Wissen unterstellen, das sie nicht haben, aber gerne haben möchten; ein Wissen, das auch die lehrende Person nicht hat, das sie aber vielleicht ermöglicht, es selbst zu erringen.

Man kann vermuten, dass Übertragung überall, in allen Lebensbeziehungen am Werk ist, vor allem aber, wenn es um die Übertragung von Wissen geht. Übertragung spielt eine Rolle in der Lehre, in jeder Form von Therapie und Analyse, in der Verliebtheit etc. (vgl. Lühmann 2010a). Ohne Übertragung hängt man jemandem nicht an den Lippen, will nicht hören, was sie oder er zu sagen haben. Wenn die Übertragung läuft, wird das Begehren in Gang gesetzt, also z.b. Neugier, Fragen, Weiter-Wissen-Wollen. Sprich!, heißt es dann, Zeige mir!, Mehr!, wenn da etwas vermutet wird, das man erringen will.

Die Frage ist nun, werden Übertragungsprozesse im Film manifest? Ich lese sie versuchsweise in jenen Momenten, in welchen sichtbar ein Wissen (der Lehrerin) begehrt und produziert wird, das etwas mit den Subjekten macht, diese sichtlich verschiebt, sie in Bewegung versetzt. Giselle ist die erste, welche die neue Dozentin toll findet. Sie ist neugierig auf das, was von ihr kommt. Connys Verhältnis zu KW schwankt bis zum Ende des Films zwischen Faszination,

---

Kunst ist, und auch noch große Kunst, was sollen wir dann lernen?«, fragt sie nun direkt die Lehrerin. Antwort: »Genau das. ... Sie haben soeben den neuen Lehrplan beschrieben, Betty, danke.« Kamera auf das Gesicht von Betty, die mit saurer Miene über die Schulter blickt. Einige drehen sie um zu KW. Aus dem Off kommt ihre Stimme: »Was ist Kunst? Was macht sie gut oder schlecht? Und wer entscheidet darüber?« Erstaunt-verwundert-verunsicherte Blicke der Studentinnen. Betty verdreht die Augen: »Kunst ist erst Kunst, wenn jemand sagt, dass es Kunst ist.« Antwort der Lehrerin mit fester Stimme und leicht provozierend. »Das ist Kunst.« Lachen im Plenum. Betty provokant: »Leute, die Ahnung haben.« KW amüsiert sich sichtlich: »Und wer sind die?« Antwort Giselle: »Betty Warren. Ein Glück, dass wir so eine Expertin unter uns haben.« Lachen, Betty schüttelt den Kopf, KW lächelt liebevoll Richtung Betty. Gewonnen. »Und jetzt zeigen Sie uns bitte noch einmal den Soutine.« »Sehen Sie sich das Bild genau an, sehen Sie über die Farbe hinaus.« KW geht wieder nach vorne. »Versuchen wir unseren Geist für eine neue Idee zu öffnen.« Die Kamera ist die ganze Zeit auf die Gesichter der Studentinnen gerichtet. »Hm?« Keine Antwort.

[15] Karl-Josef Pazzini liest den Begriff *Übertragung* mit Sigmund Freud als eine Wissensunterstellung. Wimmer kommentiert Pazzini: »Für die Pädagogik heißt das z.B. ohne Übertragung keine Lehre, die für Lernende bedeutsam werden kann, ohne Übertragung keine Bildungsprozesse.« (Wimmer 2010, S. 257; vgl. Pazzini 2010).

Verwunderung und Sich-doch-mit-dem-Herkömmlichen-Verschwistern.[16] Am
Ende (ab 1:41:44 Min.), als über *Mona Lisa* Klischees zur Kunst ausgetauscht
werden, lächelt sie zu allen Wortmeldungen erfreut, körperlich nah an KW gerückt. Läuft hier Übertragung? Oder wird hier einfach ein wohliges Gefühl von
neu errungener Gemeinsamkeit genossen? Joey, die angeblich Klügste, produziert ebenfalls nicht sichtbar ein eigenes Wissen angesichts von Kunst. Sie ist
fasziniert von KW, kann perfekt Wissen wiedergeben. Als z.B. das Sonnenblu-
menbild von Vincent van Gogh gezeigt wird (ab 56:20 Min.), sagt sie wie aus
der Pistole geschossen »Sonnenblumen, Vincent van Gogh, 1888«. Sie ist aber
auch diejenige, die heimlich heiratet, sich gegen den von KW für sie geebneten
Weg Richtung Jurastudium entscheidet und selbiger mitteilt, dass sie das, was sie
von ihren Studentinnen verlangt, selbst nicht tut (ab 1:26:20 Min.),[17] und dass sie
selbst es auch nicht begehrt.

Und dann Betty, die Widersacherin. Der ganze Film erzählt die Geschichte
von ihrem doppelten Widerstand: gegen Lehrplan Nr. 1 (Kunst) und Nr. 2 (Frau-
enbild). Erst am Ende, als sie in ihrer Ehe scheitert, dreht sich ihr Verhältnis zur
Lehrerin um. Sie wiederholt indirekt KW's pathetische Worte, bereits bei Soutine vorgebracht: »Sehen Sie sich das Bild genau an, sehen Sie über die Farbe
hinaus … Versuchen wir unseren Geist für eine neue Idee zu öffnen« (ab 17:20
Min.). Und in der Schulzeitung schreibt Betty: »Ich widme meinen letzten Leitartikel einer außergewöhnlichen Frau, die ein leuchtendes Vorbild ist und uns
alle dazu gebracht hat, die Welt mit anderen Augen zu sehen.«

Vermutlich handelt es sich in all diesen Fällen nur ansatzweise um Übertra-
gungseffekte, als um deren »anfängliche (projektive) Ausformung: Der Versuch
einer abgleichenden Orientierung. Alles, was einem begegnet, wird in Beziehung
gesetzt zu etwas, jemanden, den man kennt. Wenn das dann als Gewissheit einrastet, gibt es ein Problem der Art, dass es zu Verkennungen, Vereinfachungen,
Ausblendungen führt«, wie Karl-Josef Pazzini in Bezug auf diesen Film vermutet.[18] Solche Verkennung, Vereinfachung und Ausblendung ist nicht nur in

---

[16] Connys Schwanken bezieht sich auch auf ihr Liebesverhältnis, das ständig durch die Rede anderer,
v.a. durch die Reden von Betty, und ihre eigenen Projektionen unterbrochen wird. Am Ende gibt es
aber ein Happy End und die beiden kriegen sich.

[17] Dialog vor Joeys Haus, die mittlerweile heimlich geheiratet hat. KW: »Aber Sie müssen sich nicht
entscheiden.« Joey: »Doch, das muss ich. Ich will ein Heim, ich will eine Familie, das will ich nicht
opfern müssen.« … KW: »Das hab ich nicht gesagt, ich …« Joey: »Sicher haben Sie das. Das tun Sie
immer. Sie stehen da und fordern uns auf, über Bilder hinaus zu sehen, aber Sie tun es nicht. Für Sie
ist eine Hausfrau jemand, der seine Seele für eine schicke Küche verkauft hat. Sie hat keinen Tief-
gang, keinen Intellekt, keine Interessen. … Sie haben mir erklärt, ich könnte alles tun, was ich wollte.
Das ist das, was ich will.« Noch deutlicher wird der Italienischlehrer. Er sagt zu ihr: »Du bist nicht
hier, um jungen Menschen auf ihren Weg zu helfen, Du bist hier, um ihnen zu helfen, deinen Weg zu
gehen.« Sie geht.

[18] E-mail an die Autorin vom 17.09.2010.

Bettys letztem Leitartikel nachzulesen (s.o.), sie führt am Ende des Films auch dazu, dass Betty und die anderen Studentinnen KW, das leuchtende Vorbild, wie ein Schwarm schwarzer Vögel auf ihrer Abreise im Taxi mit lauter gleichen Fahrrädern verfolgen (ab 1:45:26 Min.). Joey und Betty fahren eine Zeit lang parallel zum Auto. Joey strahlt fröhlich, während Betty und KW versuchen, sich die Hand zu reichen. Die Kamera sieht – mit KW – aus dem Wagen hinaus. Identifikation, Übertragung und Klischees reichen sich die Hand, gehen ineinander über und verwischen sich. Und wir als Publikum – wir werden hineingesogen in ein unhinterfragtes und durch Regie und Schnitt auch unhinterfragbares, verführerisches Geschehen, mit dem wir uns offensichtlich ganz und gar identifizieren sollen. Die Lehre des Films lautet: Ich überzeuge!

Das Reale hat keinen Platz, obgleich jede Form von Schule, wie Hinrich Lühmann darlegt, das Reale strukturell und immer berührt. Und alle Geschichten von der Reinheit, der Planbarkeit und Vorhersehbarkeit von Lehre führen mit Sicherheit dazu, dass das genau dadurch verdrängte Reale wiederkehrt.[19] Die schöne Lehrerin, die schönen Schülerinnen, die schöne Architektur, die schöne Landschaft, die schönen Kleider und die selbst in aller Tragik schön bleibenden Gesten sind allesamt gegen die Wiederkehr des Realen eingesetzt. Selbst die Kunst wird ziemlich restlos unter schönen Gesten verborgen. Dabei ist, wie Hinrich Lühmann konstatiert, Aggressivität unvermeidlich, »insbesondere dort, wo Übertragungsbeziehungen [und deren Vorformen vermutlich, E.S.] wirken, zum Beispiel in der Schule« (Lühmann 2010, S. 317). Der Verdacht lautet, dass das Reale, das Aggressive in der Schulleitung und den Ehemaligen (unter ihnen Bettys Mutter) beheimatet ist, die KW – diesen Boten der Befreiung mit samt seiner verführerischen Botschaft – durch Kontrollabsichten ausschließen.

Von diesen Fragen ausgehend, will ich den dritten Strang zu denken angehen: Die Verbindung zwischen Kunst, deren Vermittlung/Lehre und dem eigenen Tun. Denn so wurde bisher dargelegt: Kunst perforiert. Sie berührt das Reale. Ohne Diskurs keine Kunst. Kunst kann als Öffnung verstopft werden durch Gerede und Klischees. Ohne Übertragung keine Lehre. Es gibt deren projektive Ausformungen, die drohen, in Gewissheiten stecken zu bleiben. Lehre berührt das Reale. Dieses wird häufig auszuschließen versucht.

---

[19] »Denn die Hauptaufgabe der Schule ist (…) Einführung in das Symbolische, Einführung in die Denkarbeit – das heißt aber auch: Arbeit am Rande des Realen« (Lühmann 2010, S. 317).

Schwierigkeit

Ich schließe, es scheint also erstens, und mit dem theoretischen Instrumentarium von Deleuze und Lacan[20] im Rücken, so etwas wie einen ›adäquaten‹ Umgang mit Kunst zu geben. Und es muss geklärt werden, was das sein könnte. Und es gibt offensichtlich, zweitens, Situationen, in denen die Übertragung ›wirklich‹ läuft, und deren Vorformen. Der Film zeigt – so zeigte sich (mir) – von beidem etwas. Er hilft, das mit Kunst und Lehre verknüpfte, darin realisierte Begehren (der Lehrerin) zu lesen. Ich spiegle mich darin – mit und ohne Widerwillen. Ist doch das, was hier vorgeführt wird, einerseits verführerisch wie Julia Roberts. Und kratzt es doch deutlich am Mythos reiner, funktionierender Kunstvermittlung, in der frau den Überblick hat.

So wird Kunst A,
von der Autorin als Ressource für Erkenntnisgewinn und Dekonstruktion, als Infragestellung von Repräsentationsschneisen und Unterbrechung von Bestätigungsunternehmungen erhofft. Und auch von KW wird sie als faszinierende Welt mit Befreiungspotential präsentiert, die ihr zur Überzeugung Anderer von ihrem eigenen Menschen- und Frauen-Bild verhilft. Manche von KW's Fragen, mit denen sie ihre Schülerinnen vor Soutine konfrontiert, habe ich auch schon so ähnlich gestellt. Taugt das was? Wer entscheidet darüber, was Kunst ist?

Und Lehre soll B,
Mittel sein, um diese von KW erhoffte, befreiende Botschaft der bzw. durch Kunst zum Blühen zu bringen, und um die jungen Damen von ihrem eigenen Korsett, von sich selbst in einer bestimmten Rolle zu befreien. Will ich auch etwas Ähnlich-Befreiendes, ohne es zu wollen? Zum Beispiel die Aufforderung, selbst zu denken, ist mir mehr als vertraut.

Zu A: Ich habe vorgeschlagen, den Signifikanten Kunst mit Gilles Deleuze und Félix Guattari und mit Jacques Lacan zu lesen. In *Was ist Philosophie?* sprechen Deleuze und Guattari davon, die Menschen würden unablässig einen Schirm herstellen, »der ihnen Schutz bietet, auf dessen Unterseite sie ein Firmament zeichnen und ihre Konventionen und Meinungen schreiben« (Deleuze, Guattari 1996, S. 241). Konventionen und Meinungen wiederholen das Immergleiche. Dichter und Künstler, so Deleuze und Guattari, würden Schlitze in diesen Schirm machen. Und deshalb, so schlussfolgern sie, braucht es immer wieder (Dichter und) Künstler, die weitere Schlitze in den Schirm machen, um die Nachahmer,

---

[20] Zwei Männer, ich als Frau.

Ausleger, Kunstvermittler, welche Kunst auf dem Fuß folgen, zu überholen (vgl., ebd.). Mit Lacan könnte man vermuten, dass jede Leugnung des Realen mit Sicherheit zu dessen Auftauchen an anderer Stelle führen wird. Die Löcher verschieben sich nur.

Ich schließe: Wollte man also von einem »adäquaten Umgang mit Kunst« sprechen und diesen wiederum mit dem Film abgleichen, dann müsste man – mit Deleuze und Lacan – darüber nachdenken, wo und an welchen Stellen im Film und in kunstvermittlerischen Unternehmungen Kunst als Lochunternehmen (Deleuze spricht von »Fluchtlinien der Kunst«[21]) gestoppt werden. Worte (und andere Übersetzungsmaßnahmen) machen zwar auf, sie machen aber auch zu. Sie tendieren dazu, im Sinne von und im Zuge der Forderung nach ›gelingender‹ Kommunikation, das Reale auszugrenzen, Sinn haben zu wollen und etwas festzuhalten, was sich nicht sagen und halten lässt. Außerdem wird geflissentlich übersehen, wie sehr Worte und Diskurse das Kunstsystem erst herstellen, in dem Kunst zur Kunst konstruiert wird.

Zu B: Wie, so lässt sich weiter fragen, geht frau sich selbst nicht auf den Leim, andere überzeugen und befreien zu wollen? Wie kann man den eigenen Wünschen und Projektionen in der Lehre entgehen? Die Antwort lautet vermutlich: gar nicht. Ist doch das Lehren, wenn es denn als lustvoll erlebt und neugierig auf die Welt gebracht wird, von einem Begehren getragen, das frau immer nur begrenzt sehen kann und doch darauf angewiesen ist. KW führt ihr Begehren vor.

Ich schlussfolgere: Kunstvermittlung ist wohl doch unmöglich. Im Zusammenhang mit Kunst und im Zusammenhang mit Lehre. Was tun? Nicht schließen. Weder da noch dort. Nur an kein Happy Ending[22] glauben. Und in Bezug auf den Film schließe ich: Auch ich bin vor der mehrfachen Verklärung angesichts von Kunst nicht sicher. Das Lächeln der Mona Lisa ist, kurz gesagt, in Hinsicht auf Kunstvermittlung prekärer, als mir lieb ist.

---

[21] Der Begriff »Fluchtlinie« ist zentral im Vokabular von Gilles Deleuze und Félix Guattari. Sie beziehen ihn nicht nur auf Kunst, sondern auch auf Philosophie. Die Fluchtlinien sind die Auswege, die Bewegungen, die Territorien überschreiten, Fixiertes durchbrechen ... Deleuze meint, Kunst »zöge Fluchtlinien, die die organischen und personalen Formen aufbrächen, um die darunter liegenden Singularitäten, Intensitäten und Ereignisse freizulegen« (Ruf 2003, S. 60).

[22] »Wir sehen, dass in all den glücklichen Ausgängen, je glücklicher und heilvoller sie waren [Hinrich Lühmann hat verschiedene Literaten diesbezüglich analysierend befragt, E.S.], sich Unglück und Unheil verbirgt. Deren Quelle ist die Leugnung des Gesetzes, dem doch keiner entgehen kann. Dort, wo gleichwohl Heil und Gelungenheit und Fülleglanz regieren oder regieren sollen, lauern Aggressivität und Rassismus.« (Lühmann 1997, S. 66).

Literatur

Deleuze, Gilles (1995): Francis Bacon. Logik der Sensation, Übersetzung mit Unterstützung des Ministère français chargé de la Culture. München: Wilhem Fink

Deleuze, Gilles, Félix Guattari (1996): Was ist Philosophie? Übersetzt von Bernd Schwibs und Joseph Vogl. Frankfurt a. M.: suhrkamp edition wissenschaft

Deleuze, Gilles, Félix Guattari (1997): Tausend Plateaus. Kapitalismus und Schizophrenie II, übersetzt von Gabriele Ricke und Roland Voullíe. Berlin: Merve

Lühmann, Hinrich (1997): Happy Ending – Fiktionen des Heils. In: Muttenthaler, Roswitha; Herbert Posch; Eva S.-Sturm (Hg.): Museum im Kopf. Wien: Turia + Kant, S. 54-67

Lühmann, Hinrich (2010): In Hogwarts ist der Wurm drinnen. In: Meyer, Torsten; Crommelin, Adrienne; Zahn, Manuel (Hg.): Sujet supposé savoir. Berlin: Kadmos, S. 315-318

Lühmann (2010a), Hinrich: Die Schule, das Lehren und die Übertragung. In: Pazzini, Karl-Josef; Schuller, Marianne; Wimmer, Michael (Hg.): Lehren bildet? Vom Rätsel unserer Bildungsanstalten. Bielefeld: transcript, S. 263-273

Pazzini, Karl-Josef (2010): Überschreitung des Individuums durch Lehre. Notizen zur Übertragung. In: Pazzini, Karl-Josef, Schuller, Marianne; Wimmer, Michael (Hg.): Lehren bildet? Vom Rätsel unserer Bildungsanstalten. Bielefeld: transcript, S. 309-327

Ruf, Simon (2003): Fluchtlinien der Kunst. Ästhetik, Macht, Leben bei Gilles Deleuze. Würzburg: Königshausen & Neumann

Sturm, Eva (2011): Von Kunst aus. Kunstvermittlung mit Gilles Deleuze. Wien: Turia + Kant

S.-Sturm, Eva (1996): Im Engpass der Worte. Sprechen über moderne und zeitgenössische Kunst. Berlin: Dietrich Reimer Verlag

Warnke, Martin (2010): Übermittlung, Passage, Kanal, Medium. In: Meyer, Torsten; Crommelin, Adrienne; Manuel Zahn (Hg.): Sujet supposé savoir. Berlin: Kadmos, S. 83-85

Wimmer, Michael: Übertragung – pädagogisch? In: Meyer, Torsten, Adrienne Crommelin, Manuel Zahn (Hg.): Sujet supposé savoir. Berlin: Kadmos, S. 257-261

Wolfe, Tom (1975): Das gemalte Wort. Moderne Kunst am Wendepunkt. Frankfurt a. M.: Ullstein

Monsieur Mathieu und seine Brüder. Anmerkungen zur Inszenierung von Musiklehrern im populären Film

Jürgen Vogt

Die Helden

Zuallererst möchte ich Ihnen ein paar Kollegen von mir vorstellen.[1] Da ist einmal die eigentliche Hauptperson des folgenden Textes: *Nummer 1:* Clément Mathieu, aus dem französischen Film *Die Kinder des Monsieur Mathieu* von 2004.[2] Mathieu ist ein Herr mittleren Alters, der 1949 in der französischen Provinz in einem Internat für schwer erziehbare Jungen eine Stellung als Hilfslehrer (Pedell) annimmt. Eigentlich, so stellt sich heraus, ist Mathieu Komponist, den es aber wegen seiner Erfolglosigkeit in die schulhierarchisch ganz untergeordnete Position verschlagen hat.[3]

Nummer 2: Daniel Daréus aus dem schwedischen Film *Wie im Himmel*, ebenfalls von 2004.[4] Im Gegensatz zu Clément Mathieu ist Daréus äußerst erfolgreich, und zwar als international renommierter Dirigent. Nach einem körperlichen Totalzusammenbruch zieht er sich jedoch ohne klar erkennbare Absichten in das Dorf seiner Kindheit zurück. Nur zögerlich lässt er sich dort überreden, den lokalen Chor zu leiten oder besser gesagt: diesen überhaupt erst einmal singfähig zu machen.

Nummer 3: Glenn Holland aus dem amerikanischen Film *Mr. Holland's Opus* aus dem Jahre 1995.[5] Glenn Holland ist kein ausgebildeter Musiklehrer, sondern eigentlich Komponist. Um seine Arbeit und seine Familie finanziell zu unterstützen, tritt er (1965) widerwillig eine Stelle als Musiklehrer an einer amerikanischen High-School an. Den Sprung aus der Schule heraus wird er nie schaffen; sein ›Opus‹ wird nicht die große Sinfonie, sondern seine pädagogische Arbeit.

---

[1] Da es sich um die schriftliche Fassung eines Vortrages handelt, ist der mündliche Gestus weitgehend beibehalten.

[2] Siehe die folgenden Abbildungen auf S. 129.

[3] Siehe: http://www.pathedistribution.com/accueil/filmcatalogue.php?IDFilm=498.

[4] Siehe: http://wie-im-himmel-derfilm.de.

[5] Siehe: http://www.imdb.com/title/tt0113862.

Nummer 4: Dewey Finn aus dem amerikanischen Film *School of Rock* aus dem Jahr 2003.[6] Dewey Finn ist so etwas wie die schrille Version von Glenn Holland; auch er ist – inzwischen wenig überraschend – eigentlich gar kein Musiklehrer, sondern ein mehr oder minder verkrachter Hardrocker. Um Geld zu verdienen, übernimmt er unter dem Namen eines ahnungslosen Freundes eine Vertretungsstelle an einer Grundschule. Nachdem er dort zunächst nur die Zeit totschlägt, kommt ihm die kuriose Idee, aus der Grundschulklasse eine Band für einen Rock-Wettbewerb zu formen.

Nummer 5: Die einzige Frau in dieser Runde: Roberta Guaspari aus dem amerikanischen Film *Music of the Heart* aus dem Jahre 1999.[7] Der Film basiert auf einer wahren Geschichte und auch der Name der Hauptrolle ist echt. Roberta Guaspari ist Geigenlehrerin, die nach der Scheidung eine Arbeit sucht, um sich und ihre Tochter über Wasser zu halten. Zufällig gerät sie an eine Schule in Harlem, wo sie – großen Widerständen zum Trotz – das »East Harlem Violin Program« ins Leben ruft und dort unterprivilegierten farbigen Kindern das Geigenspielen beibringt – also eine eher unwahrscheinliche Konstellation, die aber faktisch belegt ist.

Man könnte sicherlich mit etwas Geduld noch mehr und ähnlich gelagerte Figuren finden.[8] Eine Person würde ich allerdings noch anfügen, ohne bedauerlicherweise weiter auf sie eingehen zu können: *Nummer 6:* Royston Maldoom. Royston Maldoom ist im Gegensatz zu den anderen Figuren kein fiktionaler Charakter. Auf der Leinwand, im deutschen Dokumentarfilm *Rhythm is it* aus dem Jahre 2004,[9] erscheint er jedoch »bigger than life«. Auch Maldoom ist kein Musiklehrer, sondern Tänzer, Choreograph und Tanzpädagoge, wird aber interessanterweise von der Presse, vom Fernsehen und auch sehr vielen Musikpädagogen als solcher wahrgenommen – jemand, der den realen Musiklehrern zeigt, wie sie »eigentlich« unter schwierigen Umständen zu unterrichten hätten, und der es mit eiserner Hand schafft, auch problematische Kinder zu Erfolg und Selbstbewusstsein zu führen.

Bei näherer Betrachtung all dieser Filme und Figuren fallen nun, bei aller Unterschiedlichkeit im Detail, doch einige ›Familienähnlichkeiten‹ zwischen den hier gezeigten Musiklehrern auf, die offensichtlich nicht nur rein zufällig sind (vgl. dazu auch Oberhaus 2007, Lang 2010; dort auch jeweils weitere Literaturhinweise):

---

[6] Siehe: http://www.schoolofrockmovie.com.

[7] Siehe: http://www.imdb.com/title/tt0166943.

[8] So vor allem geschehen bei Lang (2010), ein Beitrag, der für den vorliegenden Text nur noch zur Kenntnis genommen werden konnte.

[9] Siehe: http://www.rhythmisit.com/en/php/index_flash.php.

Abb. 1 Clément Mathieu (Gérard Jugnot)

Abb. 2 Daniel Daréus (Michael Nyqvist)

Abb. 3 Glenn Holland (Richard Dreyfuss)

Abb. 4 Dewey Finn (Jack Black)

Abb. 5 Roberta Guaspari (Meryl Streep)

Abb. 6 Royston Maldoom

1. Fast alle Figuren sind pädagogische Außenseiter. Durch die Bank sind sie von Haus aus Künstler, entweder Komponist, Dirigent, Musiker oder Tänzer. Ein eigentlich musikpädagogisches Studium haben sie allesamt nicht aufzuweisen. Zur musikpädagogischen Tätigkeit kommen sie nur unfreiwillig und aufgrund unglücklicher Umstände. Einige, wie Glenn Holland oder Dewey Finn, legen sogar eine ausgesprochene Abneigung gegen das Unterrichten und Schule im Allgemeinen an den Tag, was sich im Laufe des jeweiligen Films aber ändert.

2. Wer in diesen Filmen nach elaborierten Darstellungen musikbezogener Lehr- und Lernsituationen sucht, wird weitestgehend enttäuscht. Nicht der Unterricht steht hier im Mittelpunkt, sondern das Verhältnis der beteiligten Personen zueinander, die Musik, die jeweils gemacht wird, und die Wirkungen, die durch den Unterricht erzielt werden.

3. Nach allen Maßgaben dessen, was man heute unter »gutem Unterricht« versteht, stehen diese Lehrer schlecht da. Sie praktizieren, formal gesehen, kaum etwas anderes als Frontalunterricht und ihr Methodenrepertoire ist kaum entwickelt. Auch auf der Inhaltsebene ist dieser Unterricht eher uninteressant: Weder spielen die musikalischen Alltagsinteressen der Schüler eine Rolle, noch ist die Musik, die gelehrt wird, künstlerisch sonderlich avanciert. Trotz dieser didaktischen Mängel erzielen die Lehrer aber offenbar tiefgreifende Wirkungen, was aber nicht auf ihr pädagogisches Handwerkszeug rückführbar ist.

4. Die erzielten Wirkungen liegen, grob gesagt, weniger im Fachlichen, als vielmehr im Persönlichen. Das Motto von Royston Maldoom in *Rhythm is it* gilt hier gewissermaßen für alle: »You can really change your life in a dance class«. Deutsche Musikpädagogen vor 1970 hätten dies ohne Zögern unterschrieben: Die sogenannte »Musische Erziehung« ist immer mit dem Anspruch angetreten, nicht in erster Linie fachlich zu unterrichten, als vielmehr durch das Medium »Musik« die Persönlichkeit der Schüler, natürlich zum Besseren, zu verändern. Die didaktische Abkühlung und die Wendung zum Musik-Fachunterricht nach 1970 können als etwas verspätete Reaktion auf die manipulativen und auch totalitären Ansprüche einer so verstandenen Musikpädagogik verstanden werden. Dies mag vielleicht der Grund dafür sein, weshalb es keine vergleichbaren deutschen Filme gibt, wohl aber ein begeistertes deutsches Kinopublikum.

5. Gelehrt wird vor allem das Musikmachen: Die Schüler lernen zu singen, zu tanzen oder Instrumente zu spielen. Von Musiktheorie, Musikgeschichte, Musiksoziologie lernen sie nichts, sie komponieren nichts, sie lesen keine Texte, sie erarbeiten keine Hörweisen, sie diskutieren über nichts. Es wird immer ein konkretes Ergebnis angestrebt: ein Konzert, ein Bandwettbewerb, eine Tanzaufführung. Dieses punktuelle Ziel lenkt die vorhergehende Arbeit, und der Beifall der Zuhörer ist die Belohnung der Akteure. Die gemeinsame Botschaft ist im Wesentlichen: Jeder kann es schaffen, jeder ist ein Künstler, und die Musik ist das Medium, in dem und mit dem sich dieser Prozess vollzieht. Es wird, im aktuellen didaktischen Jargon formuliert, hier nicht »kumulativ und systematisch« gelernt, und es bleibt unklar, inwieweit die erworbenen »Kompetenzen« zukünftig für anderes Können »anschlussfähig« sein könnten.

6. Man wird also nicht sagen können, dass in diesen Filmen ein auch nur annähernd realistisches Bild von Musikunterricht oder musikalischer Lehre im Allgemeinen gezeichnet würde. Anders herum: In Filmen mit realistischem Anspruch wie *Entre les murs*, *Guten Morgen Herr Grothe* oder anderen kommen, soweit ich sehen kann, keine Musiklehrer vor, jedenfalls nicht als tragende Rollen. Die Vermutung liegt also nahe, dass gerade diese filmischen Musiklehrer bestimmten Wünschen und Erwartungen der Zuschauer (oder auch der Filmemacher selbst) entgegen kommen, die von fiktiven Chemie- oder Geographieleh-

rern, auch bei rosigster Verdrehung ihres Berufsalltags, nicht erfüllt werden
könnten. Musik als Gegenstand, oder besser das Medium des Unterrichts, scheint
hier also eine besondere Funktion zu erfüllen.

In diesem Zusammenhang ist es sicherlich nicht falsch, aber doch ein wenig
zu einfach, lediglich der Auskunft der Produktionsfirmen beizupflichten, bei *Die
Kinder des Monsieur Mathieu* und auch bei *Wie im Himmel* handele es sich lediglich um »Feel-Good-Movies«, also um Filme, die vor allem eine kuschelige
und heile Welt heraufbeschwören. Zu fragen wäre darüber hinaus, was denn eigentlich das Spezifische dieser Musiklehrer ist, die gar keine Lehrer sind, und
die ihren Unterrichtserfolg dadurch erzielen, dass sie entweder sehr schlecht,
oder aber gar nicht im klassischen Sinne unterrichten. Um diese Frage zu beantworten, muss man sich allerdings dem jeweiligen Einzelfilm zuwenden, was ich
hiermit exemplarisch tun möchte. Es geht nun also um *Die Kinder des Monsieur
Mathieu* aus dem Jahre 2004.

Der Plot

Pierre Morhange, ein berühmter Dirigent, erfährt in New York vor einem Konzert vom Tod seiner Mutter. Er fliegt nach Frankreich, um an der Beerdigung
teilzunehmen. Anschließend besucht ihn Pépinot, sein früherer Schulkamerad
aus dem *Fond de l'Étang*, einem Internat für schwer erziehbare Jungen, welches
beide in ihrer Jugend besucht hatten. Pépinot überreicht Morhange das Tagebuch
des damaligen Hilfslehrers Clément Mathieu. Morhange liest das Tagebuch,
wodurch die Geschichte als Rückblende erzählt wird.

1949[10] kommt Mathieu, ein erfolgloser Komponist, als Hilfslehrer in das
trostlose Internat. Der autoritäre Direktor Rachin erzieht die Kinder in erster Linie durch Härte nach dem Prinzip »Aktion – Reaktion«, und Mathieu tut sich
schwer, seine Rolle als Lehrer in diesem Schema zu finden. Nachdem Mathieu
eines Abends einen Jungen ein Lied singen hört, kommt ihm die Idee, den Jungen das Singen beizubringen. Er beginnt, erste Melodien zu komponieren. Als
Pierre Morhange, ein angeblich besonders schwieriger Schüler, den Direktor mit
einer Zeichnung verärgert, muss er in den Karzer. In einer Unterrichtsstunde
lässt Mathieu die Jungen vorsingen und sortiert sie nach Stimmlagen. Er will
einen Chor gründen, doch als er Rachin um Erlaubnis bittet, ist dieser wenig
begeistert. Er lässt Mathieu dennoch gewähren.

---

[10] *Die Kinder des Monsieur Mathieu* ist ein Remake des Films *La cage aux rossignols* von 1945. Ein
Vergleich der beiden Versionen hätte seinen eigenen Reiz, kann aber hier nicht erfolgen.

Der Chor probt und wird immer besser. Pierre Morhange, nach den Wochen im Karzer zu gemeinnütziger Arbeit gezwungen, hört den Chor; schleicht sich ins Klassenzimmer und beginnt, für sich selbst zu singen. Einige Zeit später wird er von Mathieu ertappt. Er ist von Morhanges Stimme begeistert; dieser bekommt fortan Einzelunterricht und wird zum Solisten des Chores.

In der Zwischenzeit hat sich der Direktor Rachin aus Eitelkeit auf ein Experiment eingelassen und den gewalttätigen Schüler Mondain in die Schule aufgenommen. Als dieser während einer Sportstunde verschwindet und Rachin wenig später den Verlust von 2.000 Francs beklagt, ist der Direktor außer sich. Er macht in seiner Wut Mathieu und den Sportlehrer für den Diebstahl verantwortlich und verbietet den Chor. Mathieu probt aber heimlich weiter. Als Mondain einige Tage später von der Polizei zurückgebracht wird, versucht Rachin die Wahrheit aus ihm heraus zu prügeln. Rachin behauptet schließlich, Mondain habe gestanden, und dieser wird von der Polizei wieder abgeholt.

Mathieu trifft sich inzwischen mit der unverheirateten Mutter von Morhange, die ihm aber begeistert erzählt, dass sie einen anderen Mann heiraten wird. Als sich herumspricht, dass es im Internat einen Chor gibt, darf dieser dann der Gönnerin des Internats, einer nicht weiter benannten »Comtesse« vorsingen, was auch mit großem Erfolg geschieht. Inzwischen stellt sich heraus, dass Mondain das Geld nicht gestohlen hat. In der Abwesenheit von Rachin macht Mathieu mit den Kindern einen Ausflug, wozu er nicht berechtigt ist. In dieser Zeit brennt das Internat ab; es ist klar, dass Mondain aus Rache den Brand gelegt hat. Mathieu wird wegen Verletzung der Aufsichtspflicht entlassen.

Hier enden die Tagebücher Mathieus. Doch der erwachsene Pépinot erzählt Morhange, wie es weiterging: Als Mathieu den Bus nehmen will, kommt Pépinot, der ein Waisenkind ist, angerannt, weil er mit ihm fortgehen will. Mathieu zögert zunächst, nimmt Pépinot dann aber doch mit.

Das Thema des Films: Die Gründung unvollständiger Familien

Ein paar Anmerkungen zur Struktur des Films mögen an dieser Stelle genügen, insofern sie mir für die Interpretation bedeutsam zu sein scheinen. Zunächst einmal gibt es eine in der Gegenwart angesiedelte Rahmenhandlung. Die Geschichte, um die es geht, wird als Rückblende erzählt, vermittelt durch das Tagebuch Mathieus. Das Tagebuch soll, so der Wunsch des inzwischen verstorbenen Mathieus, seinem ehemaligen Schüler Morhange zukommen, der abgesehen von seinen unmittelbaren Schulerinnerungen, nicht weiß, wem er eigentlich seine musikalische Ausbildung und damit seine Karriere verdankt. Der Regisseur, Christophe Barratier, hat sich auch große Mühe gegeben, die eigentliche Geschichte wie einen Blick in ein etwas vergilbtes Fotoalbum zu inszenieren. Die Geschichte selbst ist wiederum in sich gerahmt: Sie beginnt mit dem Einzug Mathieus in die Schule und endet mit seinem Auszug. Die Schule selbst ist als Arrangement einer Vielzahl von Türen gekennzeichnet, die sich permanent öffnen oder schließen. Dadurch wird der Charakter der gefängnisähnlichen, halbgeschlossenen Anstalt betont, die Öffnung für Schüler wie für Lehrer nur partiell und temporär kennt. Am wenigsten davon betroffen ist der Direktor, der im Unterschied zu den Lehrern über eine eigene Wohnung verfügt, die nicht direkt zur Schule gehört. Auch ist er der einzige Mann in diesem Film, der eine Familie hat, oder zumindest Kinder. Seine Töchter, die nur sporadisch gezeigt werden, gehören denn auch zu den wenigen Frauen in diesem Film, der ansonsten von Jungen und unverheirateten Männern bevölkert ist. Durch das Außen-Tor betritt Mathieu das Schulgelände und trifft dort zuerst den kleinen Waisenjungen Pépinot, der auf seinen Vater – nicht auf seine Eltern – wartet, der aber nicht kommt. Als Mathieu die Schule verlässt, nimmt er Pépinot mit, der zum Schluss doch noch seinen oder zumindest einen Vater gefunden hat. Die doppelte Rahmung des Films konstituiert damit zwei verschiedene, aber miteinander zusammenhängende Geschichten, die Mathieu als Vater einsetzen: Im Tagebuch zeigt er sich seinem ehemaligen Schüler Morhange als derjenige, dem dieser zumindest den Beginn seiner Karriere verdankt; die Vaterschaft ist hier gewissermaßen eine musikalische. Für Pépinot, der keinerlei musikalisches Talent zeigt, wird Mathieu dann wenn auch nicht zum tatsächlichen, so doch zum Adoptiv-Vater.

Abb. 7 Dienstantritt Mathieu   Abb. 8 Die Adoption Pépinots

Was dazwischen liegt, ist Schule. Aber, wenn man die doppelte Rahmung der Geschichte ernst nimmt, so wird in der Schule gar nicht in erster Linie unterrichtet; hier werden Familien gestiftet, wenn auch seltsam unvollständige: Für Pépinot wird Mathieu zum Vater, aber es fehlt die Mutter, und der Vater entsteht gleichsam erst durch die Bitte des Kindes, es *als* Kind aufzunehmen; für Morhange wird Mathieu zum symbolischen Vater, der sich erst *post mortem* als solcher zu erkennen gibt (und der auch nicht zum realen Ehemann der Mutter wird, die ihn als Mann nicht sonderlich ernst nimmt). In seiner Rolle als Lehrer wiede-

rum ist Mathieus väterliche Autorität kaum zu erkennen. In der Schulhierarchie
ganz unten angesiedelt, wird er einerseits vom Direktor herumkommandiert;
andererseits hat er große Mühe, gegenüber den Schülern als Lehrerautorität auf-
zutreten. In seinem Verhalten, in seiner Körpersprache, in seinen Versuchen, die
Anordnungen des Direktors als Anwalt der Schüler zu unterwandern, selbst in
seiner räumlichen Positionierung in einer kläglichen Kammer, die nur notdürftig
vom Schlafsaal der Kinder getrennt ist – in all dem ist Mathieu selbst mehr
Schüler als Lehrer, mehr Kind als Erwachsener. Wenn es also zutrifft, dass es in
diesem Film, wie auch in all den anderen Musiklehrer-Filmen, gar nicht so sehr
um das Lehren und Lernen geht, sondern um etwas ganz anderes – hier um Familien, in *Wie im Himmel* um Schuld und Vergebung –, so ist es auch nicht ver-
wunderlich, wenn die eigentlichen Lehrsituationen für den neugierigen Didakti-
ker unbefriedigend bleiben. Das Handwerk des Unterrichtens ist in diesen seltsamen Lehrerfilmen gewissermaßen der »MacGuffin«, der vor allem die Handlung vorantreibt oder zusammenhält. Ums Lehren geht es aber allemal.[11]

Ich möchte mich nun der Frage zuwenden, wie denn nun eigentlich diese
merkwürdigen Familienstiftungen zustande kommen, denn dies, und nicht etwa
der Unterricht, ist das eigentliche Ziel und der eigentliche Inhalt der Lehrtätigkeit Mathieus. Zu Beginn des Films, etwa in den ersten 20 Minuten, ist dies noch
nicht ersichtlich. Morhange erscheint lediglich als verstockter Schüler und wird
von Mathieus Vorgänger als »Engelsgesicht mit dem Teufel im Leib« eingeführt.
Diese Beschreibung bleibt nun programmatisch, für das, was fortan geschieht:
Die Erziehung Morhanges ist sozusagen der paradigmatische pädagogische Versuch Mathieus einer Teufelsaustreibung durch Musik, und was übrig bleibt, ist in
der Tat ein singender, desexualisierter Engel – darauf werde ich noch zurückkommen.

Der Beginn dieser Erziehung ist allerdings sexuell aufgeladen: Einige Schüler haben beobachtet, dass Mathieu seine Tasche, in der sich Papiere befinden,
wie seinen Augapfel hütet. In der Hoffnung auf pornographische Abbildungen
stehen sie die Tasche und öffnen sie im einzigen Ort, in dem sie unbeobachtet
sind: auf der Toilette. Die Enttäuschung ist groß: Statt Nacktfotos befinden sich
in der Tasche lediglich Noten, nämlich Mathieus vermutlich niemals aufgeführ-
ten Kompositionen. Das *Ave Maria* landet in der Hektik auf dem schmuddeligen
Boden der Toilette. Der aufgebrachte Mathieu tritt herein, noch weit entfernt
davon, zwischen den Jungen und seiner Musik irgendwelche Verbindungen herzustellen. Als der Sportlehrer hinzukommt, fühlt sich Mathieu ebenso ertappt
wie seine Schüler. Die angedeutete Unterstellung des Kollegen, Mathieu führe

---

[11] Es war wohl nicht allen Anwesenden klar, was ein »MacGuffin« ist – siehe dazu
http://de.wikipedia.org/wiki/MacGuffin. Gezeigt wurde an dieser Stelle der Filmausschnitt 05.38-
14.58 Min., der auch als Exposition des Films aufzufassen ist.

mit den Jungen in der Toilette irgendwelche gemeinsamen sexuellen Akte durch, weist Mathieu zu Recht und empört von sich. In der direkt darauf folgenden Szene betritt Mathieu nun jedoch den Schlafsaal, augenscheinlich, um die Schüler wegen des Diebstahls zu bestrafen. Überraschend erfolgt hier aber ein Umschlag von der sexuellen Thematik zur Musik, die in den ersten 20 Minuten des Films noch gar keine Rolle spielt. Mathieu »erwischt« einen Jungen beim Singen, und damit fällt der Startschuss zur Planung und Gründung des Chores: Mathieu beginnt wieder zu komponieren, nachdem er dies zuvor bereits aufgegeben hatte.

Abb. 9 Nur Musik   Abb. 10 Komponieren im Kabuff

In der Syntagmatik des Films tritt hier die Musik an die Stelle der Sexualität. Die Vermutung des »Schlechten«, das der Lehrerkollege sowohl den Schülern, als auch Mathieu unterstellt, wird zum Movens des »Guten«, das Mathieu nun versucht. Niemals zuvor in diesem Film tritt Mathieu so energisch auf, wie in dem Augenblick, als er die Tür zum Schlafsaal öffnet (!); er kommt aber nicht, um zu strafen, sondern er wandelt sich an dieser Stelle des Films zugleich zum Komponisten und zum selbstverantwortlichen Lehrer, der er qua Schulhierarchie nicht ist. Mathieus eigentliche Lehrtätigkeit fällt mit seiner Kompositionstätigkeit zusammen; er wird nur zum Lehrer, insoweit er Künstler ist, und umgekehrt. Der Film kommt an dieser Stelle erst wirklich in Schwung, und angestoßen wird alles durch einen Irrtum und einen Zufall: Die enttäuschende Entdeckung der Schüler, dass sich anstelle pornographischer Bilder nur Noten in Mathieus Tasche befinden, setzt eine Bewegung in Gang, die zunächst das Bedürfnis nach Sexualität durch Musik überlagert und ersetzt, die Musik dann in einem nächsten Schritt wiederum von allen sexuellen Implikationen reinigt und in ein pädagogisches Vorhaben einbindet, dass abschließend zur Gründung von seltsam unvollständigen Familien führt. Ein kleiner Waisenjunge, Pépinot, der mit Musik gar nichts zu tun hat, findet einen Ersatzvater, aber dies gelingt nur, weil dieser sich resignierend mit der Rolle des musikalisch-pädagogischen Vaters für Morhange abgefunden hat, dessen Mutter ihn als Mann zurückweist. Die glänzende Karriere

Morhanges, wenn man so will: sein erfolgreicher musikalischer Bildungsgang, ist auf diesen Beschädigungen, Verzichten und Sublimierungen aufgebaut.[12]

Der nun zu beobachtende, erfolgreiche Lehrprozess gewinnt dadurch seine eigentliche Schwungkraft, dass der Lehrer gar nicht als Lehrer (und Vertreter der symbolischen Ordnung) erscheint, sondern als Medium, durch das sich die Lehre vollzieht. Dies geschieht nun in einer zweifachen Weise, die man auch als eine Art »Inspirationszirkel« beschreiben könnte: Den Schülern gegenüber erscheint Mathieu, der Komponist und Chorleiter, gar nicht so sehr als Lehrer, der unterrichtet, sondern als Medium für die Musik; allein die von Mathieu komponierte Musik, und nicht die Lehrperson Mathieu, inspiriert die Schüler zum gemeinsamen Singen. Was Mathieu allerdings zum Komponieren bringt, ahnen die Schüler nicht, aber Mathieu vertraut es seinem Tagebuch an. Die Schüler selbst sind es, die Mathieu dazu inspirieren, Musik zu komponieren, die dann wiederum von ihnen gesungen wird. Im Tagebuch steht denn auch: »Mein Name ist Clément Mathieu. Ich bin Musiker«, und nicht etwa: »Ich bin Musiklehrer«. Im Augenblick des Komponierens wird Mathieu für sich selbst wieder das, was er immer sein wollte, nämlich Musiker. Was hier stolz behauptet wird, nämlich Mathieus Identität, steht aber auf wackligen Füßen: Ohne die besondere pädagogische Situation, in der sich Lehrer und Schüler befinden, käme dieser Zirkel wechselseitiger Inspirationen gar nicht erst zustande oder würde bald erlahmen.

Abb. 11 Chorprobe   Abb. 12 Schulgemeinschaft

Solange die Inspirationen aber anhalten, stellt sich auch Erfolg ein, der in einer fragilen Form sowohl als pädagogisch, als auch als musikalisch beschrieben werden kann. Den stimmungsmäßigen Höhepunkt des Films bildet denn auch eine Sequenz, die eine glückhafte Schulepisode zeigt; für eine kurze Zeit entsteht die Illusion eines zwangfreien Zusammenlebens von Schülern und Lehrern, für das paradigmatisch der Chor steht. Ganz so zwangfrei ist die Sequenz allerdings nicht; der Schüler Mondain landet im Karzer, worin man vielleicht eine gerechte

---

[12] Siehe Ausschnitt (21:13-25:10 Min.).

Strafe, vielleicht aber auch die sich ankündigende Bedrohung dieser Schulidylle durch Ungerechtigkeit sehen kann, die bald wieder in die Schule einzieht.[13]

Spezifika: Engelsstimme und charismatische Lehre

Ich möchte nun abschließend zwei Aspekte zumindest thematisieren, die ich bislang nur angedeutet habe: Den Aspekt der notwendigen Entsexualisierung der Musik, so wie sie sich in der exemplarischen Erziehung des »Engelsgesichts« Morhange vollzieht, und die Frage nach der Attraktivität eines solchen Films und einer solchen Lehrperson für ein relativ breites Publikum.

Abb. 13 Lehrer und Schüler   Abb. 14 Der Dirigent Morhange

Zunächst zu Morhange, der als Person – abgesehen von seinem schwierigen Verhältnis zu seiner Mutter – seltsam blass und konturlos bleibt. Im Film ist die Figur des Morhange geradezu fixiert auf seine Stimme, die ihn aus der Masse der anderen Schüler hervorhebt und zum Solisten werden lässt. Andere persönliche Eigenschaften Morhanges werden kaum sichtbar. Etwas überraschend ist es, dann zu erfahren, dass er gar nicht als Sänger Karriere macht, sondern als Dirigent. Der erwachsene Morhange praktiziert also etwas virtuos, was sein Lehrer Mathieu nur rudimentär beherrscht, und was er auch gar nicht lehrt, nämlich das Dirigieren. Dies mag man realistisch erklären, denn viele Sänger mit hervorstechenden Knabenstimmen können dies als Erwachsene nicht konservieren oder fortführen und wechseln daher die musikalische Profession. Für den Film ist es aber m.E. keineswegs zufällig, dass Morhange kein angehender Dirigent und auch kein angehender Instrumentalist, sondern ein exponierter Knabensopran ist,

---

[13] Man könnte die Figur Mondain ohnehin als einen Vertreter des Realitätsprinzips einschätzen, da er sich über die Schule und die hier agierenden Personen keine Illusionen macht; dies betrifft auch Mathieu, dem er durchaus sexuelle Interessen an seinen Schülern unterstellt. Siehe Ausschnitt (51:24-56:09 Min.).

sich also vor dem Stimmbruch befindet – wie übrigens fast alle Kinder, die zu sehen und zu hören sind (Mondain ist Bariton).

Über die menschliche Stimme ist in den letzten Jahren, zumeist in der Nachfolge von Roland Barthes, sehr viel Fundiertes geschrieben worden, was ich hier gar nicht weiter vertiefen möchte (siehe dazu Klein 2009). Festzuhalten ist, dass die Stimme sehr viel mehr und anderes ist als nur neutrales Medium für den musikalischen Transport sprachlichen Sinns. Dabei zeigt ein kurzer Blick auf die Musikgeschichte, dass gerade der Knabensopran als besondere Form der menschlichen Stimme immer auch in besonderer Weise konnotiert war, nämlich als Gesang der Engel, und als »Engelsgesicht« wurde Morhange von Anfang an gekennzeichnet – allerdings mit dem »Teufel im Leib«.

Abb. 15 Vox Angelica

Die Knabenstimme vor dem physiologischen Stimmbruch ist musikhistorisch das Gegenstück zur »reinen«, zugleich vor-sexuellen wie sexuell mehrdeutigen Stimme (vgl. dazu Fuhrmann 2009), die den Engeln zugeschrieben wird. Kunsthistorisch lässt sich das recht gut an der Wandlung in der Ikonographie der Engel darstellen. Engel werden »seit dem Ausgang des Mittelalters zunehmend mit androgynen Zügen ausgestattet« (ebd., S. 112), nachdem sie vorher durchgängig »männlich« codiert wurden. Bei Jan van Eyck oder bei Leonardo da Vinci lässt sich dann das Geschlecht der Engel nur mit Mühe oder gar nicht mehr eindeutig bestimmen. Das Moment des Nicht-Sexuellen oder des sexuell Mehrdeutigen spiegelt sich stimmästhetisch dann in der Ersetzung der Knabenstimmen durch

Kastraten, während bildästhetisch eher eine Verschiebung in Richtung »Engel = Kind« oder auch »Engel = Frau« zu konstatieren ist.

Das »Engelsgesicht« Morhange kommt als Knaben-Sopran, also als vorsexuelle, aber auch sexuell ambige Stimme erst zu sich selbst; aus dem störrischen, etwas vernachlässigten Jungen wird der Schüler-Solist, der dann als Dirigent Karriere macht. Aus disziplinarischen Gründen entfernt Mathieu seinen Lieblingsschüler zwischendurch aus dem Chor, um ihn dann dramaturgisch wirkungsvoll als Solisten wieder einzusetzen. In der Deutung Mathieus im Tagebuch vereinigt sich dann im Blick Morhanges ein ganzer Komplex von Reaktionen, die den Erziehungserfolg dokumentieren: »Stolz über die eigene Leistung, Freude über die Versöhnung mit dem Lehrer und – Dankbarkeit«. Das erzieherische Geschäft ist vollendet, weil der »Teufel im Leib« bei Morhange ganz und gar verschwunden ist; was bleibt, ist die de-sexualisierte Stimme, zumindest bis zum Stimmbruch, und danach die Koppelung von individuellem Stolz und Dankbarkeit gegenüber dem Lehrer.

Abb. 16 Einladung zur Erziehung

Abb. 17 Die Hand des Pädagogen

Abb. 18 Das Glück des Pädagogen

Abb. 19 Die gelungene Erziehung

Der erwachsene Morhange wird sich dann an seinen Lehrer gar nicht mehr erinnern; der Dank ist ganz internalisiert, und was übrig bleibt, ist der Stolz auf die eigene Leistung, womit das pädagogische Geschäft abgeschlossen ist: der Lehrer hat seinen Schüler in die Selbstständigkeit entlassen, nicht ohne ihn allerdings *post mortem* durch sein Tagebuch daran zu erinnern, dass er ohne diesen Lehrer niemals diese Karriere hätte machen können.[14]

Zuletzt möchte ich noch ein paar Mutmaßungen darüber anstellen, weshalb eigentlich ein solch durchaus mehrdeutiger Film, der von unvollständigen Familien, von kindischen Lehrern ohne Frauen, und von de-sexualisierten Knaben handelt, einen solchen Publikumserfolg haben konnte. Ich nehme an, dass all diese Ambiguitäten vom Publikum gar nicht als solche wahrgenommen werden und von den Filmemachern auch gar nicht intendiert waren. Der Film ist ein »Feel-Good-Movie«, weil der Lehrer Mathieu in seinem äußerlichen Scheitern erfolgreich ist: Er realisiert innerhalb eines außerordentlich restriktiven und geschlossenen Schul-Systems etwas, was über den puren Unterricht hinausgeht – er erzieht, er inspiriert, er berührt und verändert die Schüler, er tut also etwas, worin die anderen, die »richtigen« Lehrer in dieser Schule kläglich versagen.

Diesen Zug teilt Mathieu mit all seinen Film-Brüdern, diesen seltsamen Lehrern, die gar keine Lehrer sind und gerade deshalb Erfolg haben. Es sind alles beschädigte Individuen, erfolglos in ihren eigentlichen musikalischen Berufen und von diesen zerbrochen, und dennoch oder gerade deshalb wirken sie auf Zuschauer anziehend und glaubhaft. Man kann hier, glaube ich, als Analysehilfe auf eine klassische Unterscheidung zurückgreifen, die von Max Weber eingeführt wurde, und die mir an dieser Stelle hilfreicher erscheint als der Rückgriff auf den pädagogischen Eros (vgl. dazu Oberhaus 2007). Es ist dies die Unterscheidung zwischen »bürokratischer« (vgl. Weber 1964, 1922, S. 703ff.) und »charismatischer Herrschaft« (ebd., S. 179ff.) – soweit man auch das Lehren in der Institution Schule als Form von Herrschaft interpretieren kann, da es auf bestimmten Formen der Autorität und des Gehorsams beruht (vgl. ebd., S. 157, S. 691). All diese Lehrer in ihrer Gebrochenheit und Schwäche wirken nur deshalb, so scheint es, weil sie innerhalb der modernen, bürokratischen Schule – Gebilde der Stetigkeit und des Alltags (vgl. ebd., S. 832) – einige Reste charismatischen Lehrens aufbewahren.

»Charisma« soll bei Weber »eine als außeralltäglich (...) geltende Qualität einer Persönlichkeit heißen, um derentwillen sie mit (...) mindestens spezifisch außeralltäglichen, nicht jedem andern zugänglichen Kräften oder Eigenschaften [begabt] oder als gottgesandt oder als vorbildlich und deshalb als ›Führer‹ gewertet wird. (...) Über die Geltung des Charismas entscheidet die durch *Bewährung* (...) gesicherte freie, aus Hingabe an Offenbarung, Heldenverehrung, Vertrauen zum Führer geborene, *Anerkennung* durch die Beherrschten. (...) Diese ›Anerkennung‹ ist psychologisch eine aus Begeisterung oder Not und Hoffnung geborene gläubige, ganz persönliche Hingabe« (ebd., S. 179).

---

[14] Siehe Ausschnitt (01.13:00-01.16:00 Min.).

Führer und Helden sind die Film-Lehrer mit Sicherheit nicht; charismatische Züge tragen sie aber allemal, und sei es nur dadurch, dass sie sich von ihren »bürokratischen« Kollegen unterscheiden. Dazu ein paar Indizien: Alle Figuren werden zwar als Lehrer angestellt, haben aber gar nicht den vorgeschriebenen und geregelten Ausbildungsweg durchlaufen und geraten nur durch eher unglückliche Umstände in die jeweiligen Institutionen. Mit den reinen Vertretern der bürokratischen Ordnung, den Schulleitern oder anderen Amtspersonen, geraten sie sehr bald in Schwierigkeiten. Eine Karriere innerhalb der Institutionen machen sie nicht; sie streben auch gar keine an. Ihre ersten »normalen« Unterrichtsversuche sind recht kläglich; sie werden als Funktionsträger und Unterrichtsexperten auch nicht auf Anhieb akzeptiert. Zu erfolgreich Lehrenden werden sie erst durch die Akzeptanz als Musiker durch die Schüler. Umgekehrt ist ihnen auch die Gefolgschaft (Anerkennung, Liebe) ihrer Schüler wichtiger, als Belohnungen durch die Institution; erst wenn die Anerkennung der Schüler scheinbar ausbleibt, sind sie wirklich getroffen. Dennoch bewegen sie sich mehr schlecht als recht in der bürokratischen Ordnung, sind von der Bezahlung abhängig und können auch entlassen werden. Sie sind auch keine besonders beeindruckenden Personen, die in den Institutionen sonderlich auffallen oder sich gar vehement und mit Aussicht auf Erfolg gegen diese auflehnen würden.

Ihr Charisma beziehen diese Figuren nun aber nicht aus der Gabe des begnadeten Pädagogen, so wie vielleicht andere Film-Lehrer. »Geborene Erzieher« im Sinne Sprangers sind sie durch die Bank eben nicht; ihr Unterricht ist eher konventionell und didaktisch phantasiearm. Den einzigen Rechtsgrund ihres Charismas beziehen sie aus dem *Medium* oder dem *Gegenstand* ihres Unterrichts, eben aus der Musik selbst, und gerade dadurch erweisen sie sich als Charismatiker im Sinne des Wortes. Der Charismatiker ist in erster Linie eine Durchlaufstation für etwas Anderes, Größeres, das ihn durchströmt und nach außen sichtbar wird. In Ermangelung religiöser oder anderer Offenbarungen ist es geradezu konsequent, dass pädagogische Charismatiker gar nicht mehr anders denn als Kunst-, Literatur- oder Musiklehrer inszeniert werden können, wenn auch diese para-religiöse Auszeichnung der Künste selbst wiederum ein Anachronismus ist. Diese Kunst- oder Musiklehrer bilden sozusagen das charismatische Residuum, denn was sollte denn die armen Geographie-, Physik-, oder andere »Lern-Moderatoren« in der bürokratischen und entzauberten Schule überhaupt noch charismatisch durchströmen?

»Die genuin charismatische Erziehung«, so noch einmal Max Weber, ist »der radikale Gegenpol der von der Bürokratie postulierten fachspezifischen Lehre. Zwischen der auf charismatische Wiedergeburt gerichteten Erziehung und dem auf bürokratischem Fachwissen gerichteten rationalen Unterricht (...) liegen alle jene auf (...) Umgestaltung der äußeren und inneren Lebensführung, gerich-

teten Arten der Bildung, welche die ursprünglichen irrationalen Mittel der charismatischen Herrschaft nur in Resten bewahren (...)« (Weber 1964, 1922, S.
861f). Das auf Schul-Maß geschrumpfte Charisma des Monsieur Mathieu wird
im Dirigenten Morhange triumphal wiedergeboren, aber ohne diesen bescheide-
nen Anstoß, an den er sich kaum noch erinnern kann, gäbe es den Bildungsprozess Morhanges überhaupt nicht.

Die charismatische Lehre – so ließe sich abschließend aus dem Erfolg dieser Musiklehrer-Filme schlussfolgern – wird zugleich gefürchtet und vermisst.
Clément Mathieu, Daniel Daréus, Glenn Holland, Dewey Finn und wie sie alle
heißen, sind als Personen beschädigt und haben mit Problemen zu kämpfen;
niemand muss sie als genuin charismatische Über-Pädagogen fürchten.[15] Diese
Beschädigungen sind aber die Voraussetzungen dafür, dass sie durch das Medium Musik charismatisch lehren, und zwar typischerweise außerhalb des eigentlichen Unterrichts, der offenbar hoffnungslos der bürokratischen Herrschaft anheim
gefallen ist. Charismatische Lehre, die einen unverzichtbaren Rest dessen auf-
bewahrt, was emphatisch unter Erziehung und Bildung verstanden wird, findet
deshalb nur noch im Kino statt: Dort wird uns gezeigt, dass es diese Lehre auch
unter widrigen Umständen noch geben kann. Dadurch aber, dass uns kein Hinweis auf den tatsächlichen Lehrprozess gegeben wird, der mehr und anders sein
könnte als das derzeitige »Klassenmanagement«, bleibt diese Lehre auf die
Leinwand beschränkt. Die Filme sind »Feel-Good-Movies«, weil sie die Zuschauer für kurze Zeit mit der Wärme des charismatischen Lehrens versorgen. In
der Kälte der bürokratischen Schule hält dies vermutlich aber nicht lange vor, so
dass nur auf filmischen Nachschub zu hoffen ist, mit dessen Hilfe man den pädagogischen Alltag wieder eine Weile aushalten kann.

Literatur

Fuhrmann, Wolfgang (2009): Stimmbruch. Zum Wandel der Stimmästhetik zwischen
    Spätmittelalter und Früher Neuzeit, in: Musik & Ästhetik, 51, S. 107-116
Klein, Richard (2009): Stimme verstehen mit und gegen Roland Barthes, in: Musik &
    Ästhetik, 51, S. 5-16
Lang, Robert (2010): Musiklehrer im Spielfilm, in: Diskussion Musikpädagogik, 47, 10,
    S. 25-32

---

[15] Bekannt ist aus der geschichtswissenschaftlichen Diskussion die von H.-U. Wehler (2009) vorge-
brachte These, das NS-Regime sei eine, im Sinne Webers verspätete Form charismatischer Herrschaft. In der historischen Logik Webers ist charismatische Herrschaft gegenüber ihrer bürokratischen Form nicht nur dysfunktional und geht in bürokratische Herrschaft über; sie ist auch bedroh-
lich, da ihr in ihrer Unberechenbarkeit die Rechtsgründe der bürokratischen Herrschaft abgehen.

Oberhaus, Lars (2007): Neues vom Musikpädagogischen Eros. (Un)zeitgemäße Betrachtungen zur ‚Musiklehrerpersönlichkeit' anhand verschiedener Musiklehrerrollen im Film, in: Zeitschrift für Kritische Musikpädagogik (ZfKM), http://home.arcor.de/zfkm/07-oberhaus1.pdf, S. 72-85

Weber, Max (1964, 1922): Wirtschaft und Gesellschaft. Grundriß der Verstehenden Soziologie. Studienausgabe, hg. v. Johannes Winkelmann, Köln & Berlin: Kiepenheuer & Witsch

Wehler, Hans-Ulrich (2009): Deutsche Gesellschaftsgeschichte. Vom Beginn des Ersten Weltkriegs bis zur Gründung der beiden deutschen Staaten 1914-1949 (2003), Bonn: Lizenzausgabe Bundeszentrale für politische Bildung. München: Beck

Internetquellen: Presseheft: www.vegafilm.com/media/uploads/35/presstexts/leschoristes-press-text-de.pdf

»Die Welle«. Eine Analyse aus pädagogischer Perspektive

Hanna Kiper

Einleitung

Ich möchte mich in diesem Beitrag mit dem Film *Die Welle* (2008) auseinandersetzen und zwar aus folgenden Gründen:

Erstens: Der Film zeigt, wie pädagogisches Vertrauen, das Schüler/innen ihrem Lehrer entgegenbringen, gebrochen wird, weil dieser die Schüler manipuliert, benutzt, verführt und indoktriniert. *Zweitens*: Quer zu jeder wissenschaftlichen und pädagogischen Ethik wird hier ein Experiment mit Menschen gemacht, ohne dass diese darum wissen und ihm zustimmen. *Drittens*: Der Film geht auf ein wahres Ereignis zurück, auf das Handeln eines Lehrers gegenüber seinen Schüler/innen. Dieses wurde jedoch meines Wissens nicht problematisiert, sondern durch eine Darstellung, zunächst in einem pädagogischen Journal, dann literarisch überhöht in einem Jugendbuch (Rhue 1984) und mehreren Verfilmungen, als Akt der Aufklärung gerahmt, obwohl es genau das nicht war. *Viertens*: Die literarische Rezeption nahm diese Rahmung des pädagogischen Handelns vor; das Jugendbuch *Die Welle* von Rhue avancierte zur Standardlektüre in der Schule im Sekundarbereich I. *Fünftens*. Eine neue Fassung in moderner Form als Film (2008) und als Buch (Conrad 2008) stellt keine veränderte »Lesart« dieser Ereignisse vor, sondern erzählt sie neu, versetzt in die heutige Zeit und hier in ein modernes Gymnasium mit seiner Schülerschaft. Damit steht der Film in einer Traditionslinie, Fehlverhalten von Lehrkräften bei der Gestaltung der pädagogischen Beziehung nicht zu benennen, sondern dieses im Rahmen eines Unterrichtsversuchs zu legitimieren. Die Manipulation, Verführung und Verstrickung von Schüler/innen wird zu einem sozialpsychologisch lehrreichen Experiment aufgeladen, aus dem gelernt werden soll, wie Massenbewegungen funktionieren. *Sechstens*: Die Machart des Films *Die Welle* von Dennis Gansel ist dabei doppelt problematisch, weil sie nicht nur die Ereignisse in der heutigen Lebenswelt der Schüler/innen und in einem Gymnasium schildert und den Lehrer im »linken Milieu« verortet, sondern weil scheinbar eine Zustimmung der Schüler zum Unterrichtsversuch suggeriert wird. Erneut wird darauf gesetzt, dass daraus gelernt werden kann, wie Massenbewegungen funktionieren. Der Film spitzt die Ereignisse zu und endet in Gewalt und Selbstmord.

Worum geht es in diesem Film? Er zeigt, wie ein bei bestimmten Schüler/innen sehr beliebter Lehrer (Herr Wenger) einen Unterrichtsversuch in der Projektwoche zum Thema »Autokratie« dafür nutzt, jeden Tag mehr Elemente autoritärer Herrschaft im Kontext der Initiierung einer sozialen Bewegung zu etablieren. Der Kurs und ein Teil der Schülerschaft werden im Laufe einer Woche zu einer konservativen, gewalttätigen sozialen Bewegung, die bereit ist, anders Denkende auszugrenzen, zu verfolgen und zu vernichten.

Der Film und seine Geschichte

Der Film *Die Welle* von Dennis Gansel (geb. 1973) geht zurück auf eine Begebenheit, ein Unterrichtsexperiment im Jahr 1969, das an der Cubberley High School in Palo Alto, Kalifornien, durch den Geschichtslehrer Ron Jones durchgeführt wurde. Diese Begebenheit wurde von Ron Jones in mehreren Zeitschriftenbeiträgen unter dem Titel *The Third Wave* und in einer von ihm verfassten Kurzgeschichte unter dem Titel *Take as Directed*, die im Whole Earth Review (1972) veröffentlicht wurde, verarbeitet. Sie wurde 1981 von Alex Grasshoff als 45-minütiges Fernsehspiel unter dem Titel *The Wave* auf der Basis eines Skripts von Johnny Dawkins verfilmt (vgl. Schröter 2008). Auch der Film von Gansel basiert auf dem Roman von Morton Rhue (eigentlich Todd Strasser, geb. 1950) *Die Welle. Bericht über einen Unterrichtsversuch, der zu weit ging*. Der Jugendroman erschien in amerikanischer Fassung 1981 (Delacorte Press New York) unter dem Titel *The Wave* und 1984 in deutscher Fassung, übersetzt von Hans-Georg Noack. Das Jugendbuch von Morton Rhue wurde in der Bundesrepublik Deutschland zur schulischen Standardlektüre. Zu ihm gibt es zusätzliche Materialien für die Unterrichtspraxis (z.B. Löw, Poppe 1996, 2010; Frausing Vosshage 2004, 2009).

Gansels Film *Die Welle*, produziert von Christian Becker, startete am 13. März 2008 in den deutschen Kinos. Das Drehbuch, das dem Film zugrunde liegt, wurde von Dennis Gansel, Peter Thorwarth, William Ron, Johnny Dawkin, Ron Birnbach und Todd Strasser (Morton Rhue) verfasst. Der Film spielt, anders als das Jugendbuch, nicht in den USA, sondern in der Bundesrepublik Deutschland. Er wurde an verschiedenen Orten gedreht, so im modernen Schulgebäude des Marie Curie Gymnasium in Dallgow-Döbritz, in einem Hallenbad in Berlin und in Potsdam. Er spielt nicht in der Vergangenheit, sondern in der Gegenwart. Er zeigt nicht nur Szenen in der Schule (im Klassenzimmer, auf dem Pausenhof, auf Fluren, in Redaktionsräumen, in der Aula oder Schwimmhalle), sondern auch solche aus der Lebenswelt der jugendlichen Protagonisten (Schulweg, Club, Strand, Straße, Kaufhaus, elterliche Wohnung, Jugendzimmer, Skaterbahn). Dabei wird ein Anschluss an verschiedene jugendkulturelle Szenen hergestellt. Film und Jugendbuch ähneln sich mit Blick auf die Zeitstruktur (Darstellung der Ereignisse in einer Woche), mit Blick auf ausgewählte Protagonisten und mit Blick auf die Geschehnisse. Gleichwohl sind kleine Änderungen gegenüber der Vorlage vorhanden. Im Jugendbuch wird Fußball, im Film dagegen Wasserball gespielt; die Ereignisse spielen sich nicht mehr auf dem Fußballplatz, sondern im Schwimmbad ab. Im Jugendbuch arbeitet die weibliche Protagonistin, die die *Welle* kritisch sieht, in der Schülerredaktion der Schulzeitung; im Film erfolgt diese Redaktionsarbeit gestützt durch die neuen Informations- und Kommunikationstechnologien. Im Jugendbuch gibt es verantwortliche Erwachsene, die die Ereignisse kritisch kommentieren und einen besorgten Schulleiter, der dem Lehrer nahelegt, das Experiment zu beenden. In Gansels Film gibt es nur wenige kritische Eltern, die mit ihren Kindern sprechen und keine öffentliche Kritik. Die Schulleitung (die in Gansels Filmfassung weiblich besetzt ist), stellt keine Forderungen an den Lehrer, sondern signalisiert Unterstützung. Anders als im Jugendbuch hat im Film der Lehrer die Ereignisse nicht mehr unter Kontrolle; das Experiment kann nicht aufklärerisch gewendet werden, sondern endet mit dem Erschießen eines Schülers, dem Selbstmord des Schülers Tim und der Festnahme des Lehrers Rainer Wenger durch die Polizei. Der Film thematisiert nicht die Auseinandersetzung mit dem Hitlerfaschismus und die Frage, ob faschistische Formierungsprozesse heute erneut geschehen könnten, sondern nimmt seinen Ausgang von einem abstrakten Begriff, nämlich dem der »Autokratie«. Gemeinsamer Inhalt des Films und des Jugendbuchs sind ein sogenanntes Experiment, das ein Lehrer mit Schülern durchführt. Anders als im Jugendbuch wird das Experiment im Film nicht aufklärerisch gewendet; es endet in Selbstmord, Schussverletzungen eines Schülers, Sprachlosigkeit, Scham und Hilflosigkeit; eine kognitive Auseinandersetzung mit dieser Erfahrung erfolgt nicht.

Der Film wirkt auf den ersten Blick wie ein Dokumentarfilm; er zeigt eskalierende Ereignisse im Verlauf einer Projektwoche und nimmt die zeitliche Struktur der Romanvorlage auf. Dem Jugendbuch folgend werden der Name der Bewegung (die *Welle*), eine Geste (Wellenbewegung), die Zeitstruktur und die Schritte der Eskalation angedeutet durch die Parolen »Macht durch Disziplin«, »Macht durch Gemeinschaft«, »Macht durch Handeln«. Der Zuschauer wird eingeladen, die Ereignisse mitzuerleben. Im Unterschied zum Buch wird im Film nahegelegt, dass mit dem Beginn der Bewegung die Schüler/innen sich neu ausrichten und Erfolg haben, z.B. besser Theater spielen oder beim Wasserballspiel zunächst besser kooperieren. Aufbauend auf dem Drehbuch zu Gansels Film wurde von Kerstin Winter ein weiteres Jugendbuch verfasst, das unter dem Titel *Die Welle. Roman nach dem Film von Dennis Gansel* im Jahr 2008 im Ravensburger Buchverlag erschien.

Der Film und seine Szenen

Der Film spielt oftmals im Klassenzimmer des Lehrers Wenger; gleichwohl wird eine Vielzahl weiterer Szenen in der Schule (im Zimmer der Schulleitung, bei der Theaterprobe, in der Sporthalle beim Wasserballspiel, auf dem Schulhof, in der Redaktion der Schülerzeitung), im Umfeld der Schule (auf dem Schulhof, vor dem Schulgebäude am Fahrradständer), in der Lebenswelt der Schüler (auf dem Strand, bei der Skaterbahn), in der Stadt (vor der Kirche, im Kaufhaus) oder in den Familien verschiedener Schüler/innen (von Karo, Marco, Tim) gezeigt. Die Szenen aus der Lebenswelt der Schüler/innen zeigen sie beim Computerspielen, beim Feiern von Festen, bei der Konkurrenz um Sympathie, Wertschätzung, Freundschaft und Liebe, beim Konsum von Alkohol und Haschisch, bei Formen der Erpressung und des Mobbing, bei der Ein- und Ausgrenzung anderer Schüler/innen. Ebenfalls wird das familiäre, private Leben des Lehrers Wenger eingeblendet. In meiner kurzen Darstellung des Filminhalts richte ich den Blick auf die Entwicklung der Ereignisse im Klassenzimmer des Lehrers Wenger.

Freitag
Der Lehrer Rainer Wenger fährt mit seinem Auto, den Song ›Rock'n Roll High School‹ hörend, in rasantem Fahrstil zur Schule. Dort angekommen, durchquert er den Schulhof. Er wirkt locker, trägt Jeans und Lederjacke. Im Gespräch bei der Schulleiterin erfährt er, dass er in der folgenden Projektwoche zum Thema »Staatsformen« nicht das Thema »Anarchie«, sondern »Autokratie« übernehmen soll; sein konservativ wirkender Kollege Wieland hat sich entschlossen, das Thema »Anarchie« zu unterrichten, sein Konzept der Schulleiterin vorgelegt und das Thema für sich reserviert. Er möchte den Schüler/innen die Vorzüge der Demokratie aufzeigen.

Montag
In der Schule angekommen, trifft Lehrer Wenger auf eine Vielzahl von Schüler/innen, die an seinem Kurs über Autokratie teilnehmen. Er spricht sie an: »Gibt es hier was umsonst?« Ein Schüler antwortet damit, dass er das doch hoffe. Lehrer Wenger wundert sich kokettierend, dass sich so viele für das Thema »Autokratie« interessieren und weist darauf hin, dass er an der Stelle der Schüler/innen das Thema »Anarchie« gewählt hätte. Ein Schüler fragt zurück: »Beim ollen Wieland?«, was von Wenger mit der Antwort »Das hast Du gesagt!« kommentiert wird. Zunächst notiert Wenger das Wort »Autokratie« an die Tafel und fragt: »Was ist das?«. Einzelne Schüler versuchen sich mit Antworten (»Monarchie«, »Autorennen im Krater«, »Diktatur«). Der Lehrer erläutert, dass es um Selbstherrschaft geht, um die Macht einer kleinen Gruppe, die in der Lage ist,

die Gesetze einseitig zu verändern. Die Schüler sollen Beispiele für »Autokratie« nennen und bringen den Begriff Autokratie mit dem Dritten Reich in Verbindung. Es entspannt sich eine Debatte, ob das Thema »Naziherrschaft« bekannt, relevant und bedeutsam sei. Während einige Schüler auf erstarkenden Rechtsextremismus verweisen, auch im Osten der Bundesrepublik, behaupten andere, dass heute keine Diktatur mehr möglich sei, weil alle viel zu aufgeklärt seien. Der Lehrer fasst die Sicht der Schüler zusammen: »Ihr seid also der Meinung, dass 'ne Diktatur heute in Deutschland nicht mehr möglich wäre?« Nach einer kurzen Unterbrechung des Unterrichts, in der die Sitzordnung umgebaut und frontal ausgerichtet wird, kommen die Schüler in die Klasse zurück. »Ey, was ist denn hier los?« Lehrer Wenger erläutert, dass sie die Projektwoche so gestalten können, wie sie wollen. »Hat jemand was dagegen?« Er unterrichtet weiter in fragend-entwickelnder Form und fragt nach Merkmalen der Autokratie. Die Schüler nennen einige Aspekte dieser Herrschaftsform wie Kontrolle, Ideologie, Überwachung, Unzufriedenheit, Führer/Leitfigur, also einer Person, die den Ton angibt. Der Lehrer schlägt ein Experiment vor und fragt, wer die Leitfigur sein soll. Der Schüler Kevin will als Leitfigur fungieren; Marco schlägt dagegen den Lehrer als Leitfigur vor. Lehrer Wenger führt aus, dass er als Leitfigur Respekt verdient, daher für die Zeit der Projektwoche nicht geduzt, sondern mit »Herr Wenger« angesprochen werden will. Die Schüler sollen nur noch reden dürfen, wenn sie aufgerufen wurden; beim Formulieren ihrer Antworten sollen sie aufstehen. Die Schülerin Mona fragt, ob das nicht etwas weit gehe. Lehrer Wenger deutet das Aufstehen beim Antworten als eine Übung, die den Kreislauf verbessere. Er fordert erst Marco, dann alle Schüler/innen dazu auf, sich gerade hinzusetzen, die Füße parallel auszurichten und tief zu atmen. Die Szene gipfelt in einem Machtkampf zwischen dem Lehrer Wenger und dem Schüler Kevin, der damit endet, dass der Lehrer Kevin vor die Wahl stellt, sich zu beteiligen oder den Kurs zu verlassen. Wenger fragt danach, welche sozialen Strukturen das Entstehen der Diktatur begünstigen und nimmt die Antworten verschiedener Schüler wie soziale Ungerechtigkeit, hohe Arbeitslosigkeit, hohe Inflation, Politikverdrossenheit und Nationalismus entgegen. Es entspannt sich unter den Schülern Mona und Sinan bzw. Marco eine Diskussion über das erwachende Nationalgefühl bei der Fußballweltmeisterschaft 2006 und wie dieses zu bewerten sei. Der Lehrer schlägt als Merkmal für die Diktatur den Begriff des »extremen Nationalismus« vor. Alle Antworten werden vom Lehrer an der Tafel unter dem Slogan »Macht durch Disziplin« notiert. Der Schüler Tim signalisiert seinem Lehrer, wie gut er diese Art des Unterrichts findet und wird vom Lehrer für seine Beteiligung gelobt.

Dienstag
Die Klasse begrüßt ihren Lehrer mit einem gemeinsam gesprochenen Gruß. Rainer Wenger antwortet mit: »Ihr nehmt mich wohl nicht so richtig ernst!« und lässt die Schüler unter dem Hinweis auf »Lockerungsübungen« im Gleichschritt auf der Stelle marschieren (links-rechts-links-rechts) und fragt: »Spürt ihr das, wie wir zur Einheit verschmelzen? Das ist die Kraft der Gemeinschaft!«. Auf Monas Frage, wie lange das noch gemacht werden soll, verweist der Lehrer auf den Anarchiekurs, der unter ihnen stattfindet und dass er möchte, dass dort der Putz von der Decke fällt. Die Schüler/innen steigern das Tempo und die Lautstärke des Stampfens und Trampelns. Der Lehrer Wenger schreibt den Slogan »Macht durch Gemeinschaft!« an die Tafel. Er führt aus, dass es gut ist, Freunde zu haben und nicht allein durchs Leben zu gehen, dass er aber durch das Umsetzen der Schüler die Cliquen aufbrechen, dem Einzelkämpfertum und der Ellenbogenmentalität (wie sie Lehrer Wieland erzeuge) entgegenwirken und die Schüler dazu bringen will, sich gegenseitig zu helfen. Deshalb habe er auch immer Schüler/innen mit einer schlechten Note neben Schüler/innen mit einer guten Note gesetzt. Mona protestiert: »Das ist totaler Schwachsinn.«; sie empfindet die neue Sitzordnung als Bloßstellung der schlechten Schüler/innen, die nun auf dem Präsentierteller stünden. Der Lehrer Wenger führt aus, dass er nicht von »guten« und »schlechten« Schülern gesprochen habe, sondern von Schüler/innen mit »guten« und »schlechten« Noten und verweist auf Leistungsunterschiede einzelner Schüler/innen in verschiedenen Fächern. Die Schüler sollen darüber nachdenken, was eine Gemeinschaft ausmacht und nennen Gemeinschaftssinn und einheitliche Kleidung. Es wird über Schuluniformen nachgedacht, die soziale Unterschiede verdecken könnten. Der Lehrer schlägt vor, während der Projektwoche eine Art Schuluniform zu tragen (Jeans und weißes Hemd).

Mittwoch
Karo ist sie die einzige, die die geplante Uniformierung nicht beachtet hat. Lehrer Wenger teilt der Klasse mit, dass Mona den Kurs abgewählt habe, dafür haben sich andere Schüler/innen noch für den Autokratie-Kurs entschieden. Dennis schlägt vor, dass sie sich einen Namen geben sollten. Es werden verschiedene Namen vorgeschlagen (z.B. Club der Visionäre, die Welle, Tsunami, der Pakt, der Innere Kreis, das Zentrum, die Auferstandenen, die Veränderer). Der Lehrer notiert alle Vorschläge an der Tafel und lässt abstimmen; es ergibt sich eine Mehrheit für den Namen *Die Welle*. Der Lehrer schreibt als Slogan »Macht durch Handeln« an die Tafel und fordert die Schüler/innen auf, ihre gesamte Kreativität der *Welle* zur Verfügung zu stellen. Es wird ein Logo ausgewählt. Weitere Ideen werden von den Schülern entwickelt, z.B. die Gestaltung einer Homepage, das Anfertigen von Buttons, das Stechen von Tattoos. Während die

Schüler/innen aufgeregt miteinander murmeln, beobachtet Karo das Geschehen in der Schulklasse und ihren Lehrer mit zunehmender Skepsis. Am Nachmittag bastelt Tim an einer Homepage für die *Welle*; er bindet in die Internetpräsentation der *Welle* zwei Gewehre ein. Anschließend rennen Schüler/innen durch die Stadt, sprayen das *Welle*-Zeichen an verschiedenen Orten und kleben Aufkleber auf Autos, Schaufensterscheiben von Geschäften und Restaurants, Museen und Kirchen. Tim besteigt einen Glockenturm und bringt das Logo der *Welle* an.

Donnerstag
Die *Welle*-Mitglieder zeigen eine Geste, die jeden Gruß begleiten soll; sie übernehmen die Kontrolle am Eingang der Schule. Sie wollen nur *Welle*-Mitglieder in die Schule lassen und solche, die die Geste der *Welle* zeigen. Karo versucht, den Lehrer Wenger zu treffen und macht ihn darauf aufmerksam, dass er »die Sache« überhaupt nicht mehr unter Kontrolle habe. Der Lehrer geht auf ihren Hinweis nicht ein und legt Karo nahe, den Kurs zu wechseln, wenn sie nicht mitmachen wolle. Während am See eine Strandparty gefeiert wird, arbeitet Karo an einer Email an alle Schüler/innen, die sich jedoch nicht versenden lässt. Sie arbeitet ein Flugblatt unter dem Titel »Keine Macht der Welle!« und »Alle Macht den Andersdenkenden« aus, druckt es und verteilt es im dunklen Schulgebäude.

Freitag
Vor dem Unterricht finden einige Mitglieder der *Welle* die Flugblätter und sammeln sie ein. »Wir können uns vorstellen, wer für diesen Dreck verantwortlich ist.« Marco soll mit Karo reden und will das nach dem Spiel tun. Rainer Wenger, über die Zeitung von der nächtlichen Sprayaktion informiert, versucht, erstmals eine Grenze zu setzen. Wütend äußert er: »Ich habe früher auch Scheiß' gebaut, aber bei so was hört der Spaß für mich auf«. »Ich will nicht wissen, wer das war … Das ist lebensgefährlich!« Wenger lässt die Schüler/innen Aufsätze zu ihren Erfahrungen mit der *Welle* schreiben. Der Lehrer wünscht sich, dass nachmittags möglichst viele zum Wettkampfspiel der beiden Wasserballmannschaften kommen sollen. Der Schüler Tim, der nach dem Unterricht das Gespräch mit dem Lehrer sucht und ihm signalisiert, dass er weiß, wer das Logo angebracht hat, wird von ihm zurechtgewiesen. »Ich will nicht wissen, wer das war. Dann müsste ich ihn nämlich der Polizei melden. Das ist Sachbeschädigung«. Er fordert Tim auf, nicht als Einzelkämpfer zu agieren.

Marco sucht nach dem Streit mit seiner Freundin Karo seinen Lehrer auf. Er beichtet ihm, dass er Mist gebaut und seine Freundin Karo geschlagen habe und dass ihn die ganze Scheiße verändert habe. Er kritisiert die »Pseudo-Disziplin« als »Fascho-Scheiße«. Marco versucht, seinen Lehrer davon zu überzeugen, dass er das abbrechen soll, er aber reagiert autoritär: »Sag du mir nicht, was ich machen soll!«. Während Rainer Wenger mit der Schulleiterin telefoniert und die Verantwortung für die Geschehnisse übernimmt, wirbt er darum, noch einmal mit den Schülern reden zu können. Per Handy, SMS und Email werden alle Schüler dazu aufgefordert, am nächsten Tag um 12.00 Uhr in die Schule zu kommen: »Es geht um die Zukunft der *Welle*!«.

Samstag
Die Aula ist bis auf den letzten Platz mit *Welle*-Mitgliedern gefüllt. Der Lehrer gibt Tim die Anweisung, die Türen zu verriegeln, damit er bei seiner Rede nicht gestört wird. Der Lehrer tritt vor, macht den *Welle*-Gruß und zitiert aus den Aufsätzen, die die Schüler geschrieben habe. Alle Zitate verweisen auf die positiven Erlebnisse der Schüler/innen mit der *Welle*, auf die Herstellung von Gemeinschaft, Zurückstellen von Egoismus, Verzicht darauf, andere fertig zu machen. Der Lehrer sagt, dass das Projekt *Welle* nicht beendet sein darf. Marco protestiert lautstark: »Was soll der Scheiß'?«. Der Lehrer hebt zu einer agitatorischen Rede an. Er spricht über Globalisierung, Politiker als Marionetten der Wirtschaft, über Deutschland als Exportweltmeister, über die Zunahme der Unterschiede zwischen ›arm‹ und ›reich‹ und über Menschen, die in Raumkapseln sitzend alles von oben betrachten. Marco interveniert: »Die *Welle* ist das Problem!«. Der Lehrer ruft aus: »Die *Welle* ist der Weg, um all dem entgegenzutreten«. Marco wird als Verräter gebrandmarkt, der von seiner Freundin Karo aufgehetzt wurde. Der Lehrer fragt: »Bist du für uns oder gegen uns?« und fragt: »Was machen wir mit den Verräter?«. Er fordert die Schüler auf, Marco nach vorn zu bringen. Das wird von diesen willig ausgeführt. Nun konfrontiert der Lehrer die Schüler mit ihrer Autoritätshörigkeit, mit ihrer Bereitschaft, jemanden mit Gewalt zu ergreifen und nach vorn zu bringen. Er fragt, wie sie weiter agieren würden, mit Hängen, Enthaupten oder Foltern? Haben sie gemerkt, was gerade passiert sei? Er erinnert sie daran, was sie vor einer Woche gesagt haben, dass sie für eine Diktatur zu aufgeklärt seien. Er sagt, dass die Mechanismen der Ausgrenzung, des Ausschlusses, der Verletzung und Tötung Kennzeichen der Diktatur seien. Alle hätten angenommen, dass so etwas wie Faschismus nicht wieder passieren könne; sie hätten sich alle für etwas Besseres gehalten. Diktatur ziele darauf, anders Denkende auszuschließen und zu verletzen. Der Lehrer führt aus: »Ich muss mich entschuldigen. Wir sind zu weit gegangen. Ich bin zu weit gegangen. Es ist zu Ende.« Er fordert die Schüler auf, nach Hause zu gehen und nachzudenken. Dennis widerspricht und sagt, dass aber doch nicht alles schlecht an der *Welle* war, dass man Fehler korrigieren könne. Tim greift ein. Er ruft: »Alle bleiben sitzen. Die Türen bleiben zu. Keiner geht nach Hause.« Er konfrontiert den Lehrer: »Sie haben uns belogen. Die *Welle* lebt, die *Welle* ist nicht tot«. Er zückt

seine Pistole und richtet sie auf die Schüler. Auf den Einwurf eines Mitschülers, das sei doch nur eine Gaspistole, wird er von Tim angeschossen. Tim führt aus, dass die *Welle* sein Leben war. Der Lehrer versucht, Tim zu beruhigen; er geht auf Tim zu. Tim droht dem Lehrer, ihm ins Gesicht zu schießen. Als der Lehrer sagt, dann gäbe es niemanden mehr, der die *Welle* anführen könne, erschießt sich Tim. Während ein verletzter Schüler in den Krankenwagen geschoben und der tote Schüler Tim in einem Sarg abtransportiert wird, wird der Lehrer von zwei Polizisten – unter den Blicken der Schüler und ihrer Eltern und unter Beobachtung durch fotografierende und filmende Kameraleute und Reporter – abgeführt. Kleine Gruppen stehen zusammen, Entsetzen und Peinlichkeit auf den Gesichtern.

Der Film und die Anforderungen an die Zuschauer/innen

Der Film hat ein rasantes Tempo. Er wirkt wie eine Reportage über eine Projektwoche. Dabei werden nicht nur Ereignisse am Vormittag in der Schule, sondern auch die am Nachmittag und Abend, und zwar an diversen Orten gezeigt. Innerhalb der Darstellung eines jeden Tages in der Projektwoche wird ein gleichbleibendes Muster gewählt: Es beginnt mit der Darstellung der Ereignisse am Vormittag in der Schule; es folgen die Ereignisse bei Lehrer Wenger und bei verschiedenen Schüler/innen am Nachmittag und Abend. Der Film wechselt zwischen verschiedenen Szenen, in denen je unterschiedliche jugendliche und erwachsene Personen agieren, hin und her. Die Szenen und die in ihnen dargestellten Orte und Ereignisse, müssen schnell erkannt und gedeutet werden. Dem Zuschauer wird ein permanenter Wechsel der Perspektiven, das Erkennen der Personen, das Dechiffrieren von Personenkonstellationen und Szenen zugemutet. Dabei werden oftmals zusammengehörende Szenen »zerschnitten«; ihnen folgen Ereignisse an anderen Orten, es entsteht der Eindruck, gleichzeitig stattfindende Ereignisse an verschiedenen Orten erfassen zu können.

Der jugendliche Rezipient des Films kann viele Szenen scheinbar schnell einordnen; er sieht Schüler/innen mit und ohne Migrationshintergrund, Schüler mit unterschiedlichem sozialen Hintergrund, Schüler aus vollständigen und unvollständigen Familien, Schüler/innen mit unterschiedlichen Positionen und in unterschiedlichen sozialen Konstellationen, vergleichbar vielleicht denen, die aus eigenen Erfahrungen bekannt sind. Gleichzeitig werden Lehrer in ihrem familiären Leben dargestellt.

Das Unterrichtsskript des fragend-entwickelnden Unterrichts dominiert; alternative Formen der Bearbeitung werden nicht gezeigt; der Hinweis auf die Projektwoche erscheint als Legitimation, anders als gewöhnlich handeln zu können.

Es bleibt undeutlich, unter welcher Perspektive der Film gesehen werden kann, welches Skript beim Sehen erwartet werden darf: Geht es hier um Unterhaltung oder soll Belehrung und Aufklärung stattfinden? Der Film montiert ›Figuren‹, ›Bilder‹ und Elemente aus verschiedenen Erzähl- und Darstellungsmustern. Es werden scheinbar historische Ereignisse zitiert, die im Film aufgegriffen werden. So erinnert der Lehrer in Körpersprache und Gestik und durch die Kameraführung an Hitler. Aspekte des Hitlerfaschismus (Logo, Geste bei der Begrüßung, Agieren auf der Straße, Konfrontationen mit anders denkenden politischen Gruppen, Beschädigen von Fensterscheiben) werden gedoppelt. Aber auch Situationen und Szenen des Widerstands (Verteilen oder Werfen von Flugblättern in eine Gruppe) können mit Blick auf historische Vorbilder erkannt werden. Es wird darauf gesetzt, dass Szenen und Personen in erlernter Weise ›gesehen‹ und gedeutet werden. Bekannte gesellschaftliche, historische Ereignisse werden auf den Mikrokosmos Schule projiziert; es wird suggeriert, dass bestimmte Formierungsprozesse nach diesem (bekannten) Muster verlaufen.

Zuschauer/innen des Films können verschiedene ›Lesarten‹ an den Film herantragen: Zum einen können sie den Film unkritisch betrachten und sich mit unterschiedlichen Darstellern identifizieren und die Ereignisse aus verschiedenen Perspektiven erleben. Im Film ist die Möglichkeit einer Identifikation mit der *Welle* angelegt, denn die Schüler/innen entwickeln – auf den ersten Blick – Gemeinschaftsgefühl und Zusammenhalt. Zuschauer/innen werden zum Miterleben eingeladen: Sie werden zu Zeugen von Veränderungsprozessen der Jugendlichen. Zum anderen können sie eine kritisch-aufgeklärte, intellektuell-distanzierte Lesart versuchen, in die Wissen über Gruppenprozesse und historische Kenntnisse über soziale Bewegungen und deren Dynamiken an den Film herangetragen werden. Dafür liefert der Film ebenfalls Hinweise, z.B. die Kontrolle des öffentlichen Raums, die Abnahme der Bereitschaft zu Verständigungsprozessen, Prozesse des Ein- und Ausgrenzens und der gewalttätigen Zuspitzung von Konflikten. Schließlich können sie den Film parallel zu Entwicklungen im Nationalsozialismus deuten; dabei wird jedoch der Nationalsozialismus vor allem als soziale Bewegung verstanden. Die systematische Zerstörung demokratischer Strukturen von oben und der Einsatz staatlich gelenkten Terrors bleiben ebenso ausgeblendet wie Bündnisse von Teilen der Wirtschaft mit den an die Macht gekommenen, faschistischen Machthabern.

Der Film ermöglicht parallele Arten des Sehens und Deutens, die allein durch das Betrachten des Films nicht modifiziert werden können oder müssen. Die Machart des Films bringt den Zuschauer/die Zuschauerin in die Situation, gleichzeitig ein identifiziertes und distanziertes Betrachten und affirmatives und kritisches Bewerten der Ereignisse vorzunehmen. Der Film legt nahe, dass sich der Zuschauer/die Zuschauerin über neue Formen, einen bisher ausgegrenzten

Schüler zu schützen, freut, Hilflosigkeit angesichts der angewandten Gewalt gegen andere Schüler empfindet oder erkennt, wie – im Rahmen der *Welle* als Bewegung – die bisherigen Inhaber sozialer Macht dominant werden, weil sie – unter Hinweis auf die Mitgliedschaft in der *Welle* – öffentliche Orte (Skaterbahn) für schwächere Schüler sperren oder sich an die Spitze der Eroberung der Stadt durch Kleben von Aufklebern und Sprühen von Graffitis setzen. Die Mutproben, die sich der Außenseiter Tim unterzieht (Besteigen des Glockenturms) sind höchst riskant. Die Gewalttätigkeit bei der Konfrontation zerstrittener, gar feindlicher Gruppen, wächst. Die Anwendung von Gewalt (Fouls) beim Wettbewerb um den Sieg beim Wasserballspiel nimmt zu.

Einige schulpädagogische Anfragen an den Film

Der Film kann sicherlich unter verschiedenen Perspektiven untersucht werden. Er könnte unter dem Gesichtspunkt der Darstellung der Körperinszenierungen von Jugendlichen und ihrer Darstellung im Film oder/und mit Blick auf die Übernahme geschlechtsspezifischer Rollen analysiert werden. Er könnte mit Blick auf die Formen informationstechnologisch gestützter Kommunikation (Nutzung von Handys, Computern) betrachtet werden. Denkbar wäre auch eine Analyse unter dem Fokus seiner Machart: Welche filmischen Vorbilder standen bei den einzelnen Elementen Pate? Wo erinnert er durch seine Machart an Musikvideos, an Krimis, an Jugendfilme? Ich möchte unter einer schulpädagogischen Perspektive an den Film herangehen und auf bestimmte Aspekte aufmerksam machen:

Der Film zeigt eine Schule, die als ›liberales Gymnasium‹ präsentiert wird, in der jedoch ein Verfall von Unterrichts- und Schulkultur angedeutet wird. Gerade im Unterricht von Rainer Wenger beachten die Schüler einfache Gesprächsregeln nicht. Mehr: Sie greifen sich gegenseitig an und werten sich ab. Der Unterricht des Lehrers scheint wenig vorbereitet; Schüler/innen werden auf ihr Vorwissen befragt; sie müssen eigene Kenntnisse zusammentragen; eine kognitive Aufklärung findet nicht statt. Im Unterricht scheint es kaum mehr um Lernen und Verstehen zu gehen. Der Lehrer hat fachlich nur wenig anzubieten; gleichwohl wird ein Unterricht gezeigt, in den schrittweise Elemente der Vereinfachung und Indoktrination Einzug halten. Auch wenn der Lehrer scheinbar locker wirkt, werden mit den Schüler/innen keine Zielsetzungen für die Projektwoche abgestimmt oder Verabredungen getroffen. Es wird eine Normalität vorgeführt, die auf eine schleichende Verwahrlosung von Unterricht und Schule verweist, ohne dass eine Strategie für eine Wahrnehmung dieses Problems und seiner Bearbeitung durch Schulleitung und Kollegien sichtbar würde. In den sozialen Raum des Gymnasiums wirken die Momente hinein, die sich aus der unterschiedlichen sozialen Stellung der Schüler/innen und ihrer Familie ergeben; die Ressourcen der Schüler scheinen verschieden mit Blick auf Wohnen, Kleidung, Besitz der Eltern, soziale Beziehungen und Bindungen. Neben einzelnen Freundschaften gibt es Konkurrenz; es wird nicht erfolgreich zusammengearbeitet; einzelne Jugendliche werden ausgegrenzt.

Einige unterrichtstheoretische Anfragen an den Film

Die Schüler des Kurses über Autokratie scheinen das Thema weniger aus sachlichem Interesse, sondern aufgrund der Lehrperson und der Erwartung, sich wenig Stress auszusetzen, gewählt zu haben. Wengers Unterricht ist davon bestimmt, dass er – im Gespräch mit den Schülern – Merkmale der Autokratie zu bestimmen sucht. Dabei werden nur einzelne Begriffe genannt, ohne genauere Beispiele zu geben. Der Aufbau eines Verständnisses über die autokratische Herrschaftsform wird so nicht ermöglicht. Lehrer wie Schüler artikulieren ein gewisses Desinteresses am Thema, bringen Autokratie mit dem Hitlerfaschismus in Verbindung, demonstrieren zugleich die Sicherheit, vor undemokratischem Denken gefeit zu sein. Die Schüler zeigen einen Habitus der Überlegenheit; sie verstehen sich als aufgeklärt.

Wenger hat keine Materialien zur Bearbeitung des Themas oder einen Lehrervortrag vorbereitet; er zeigt einen Unterricht, der darin besteht, dass er – als Lehrer – an die Schüler Fragen richtet, die diese mit einzelnen Stichworten beantworten. Als Lehrer beschränkt er sich darauf, die Stichworte zu wiederholen und an der Tafel zu notieren; ein Sortieren, Erweitern, Erklären findet nicht statt. Es wird keine Vorstellung von der Autokratie als Herrschaftsform (im Gegensatz zu anderen Regierungsformen) erarbeitet und die Mechanismen der Herstellung, Stabilisierung und Legitimierung der Macht ebenso wenig erarbeitet wie Momente ihrer Delegitimation und Instabilität. Die jeweilige sozialpsychologische Dynamik, die den Herrschaftsformen eingeschrieben ist, wird nicht bedacht. Die moderierende Aufgabe eines Lehrers, im Unterrichtsgespräch bestimmte Aussagen der Schüler/innen aufzunehmen und zu bündeln, übernimmt Lehrer Wenger nur scheinbar. Die Bündelung erfolgt in Form vereinfachender Slogans; hier kippt Aufklärung in Vereinfachung, Verkehrung und Indoktrination. Gleichwohl bleibt der Schein erhalten, hier würde durch Unterricht gelernt; dabei werden die genannten Stichworte, die an der Tafel festgehalten werden, mit dem Sachverhalt selbst und seinem ›Verstehen‹ gleichgesetzt.

Die Manipulation der Schüler/innen gelingt auch deshalb, weil der Lehrer durch seine Fächerkombination (Politik und Sport) zwischen Hinweisen zur Beachtung seiner Anweisungen, die durch das Ziel kognitiv orientierten Unterrichts nicht gedeckt sind, und Hinweisen zur Entspannung, Konzentration und Wohlbefinden changiert. Unter dem formalen Deckmantel scheinbar reibungslos und routiniert ablaufenden Unterrichts in Form von Lehrer-Schüler-Dialogen erwirkt der Lehrer eine Veränderung der Verhaltensweisen der Schüler/innen; dafür gibt er ›Gründe‹ an, die auf der Grundlage von bruchstückhaften Hinweisen auf Aspekte aus Gesundheitserziehung, Therapie und Sport legitimiert werden. Der Lehrer pendelt im Verlauf der Woche zwischen (scheinbarer) fachlicher Information über das Thema Autokratie und der Nutzung seiner institutionell abgesicherten Rolle für das Einklagen ausgewählter Verhaltensweisen. Kritiker werden vom Unterricht ausgeschlossen. An die Stelle eine Bearbeitung unter mehreren Perspektiven und basierend auf Materialien und Aufgabenstellungen tritt ein Versuch mit den Schüler/innen selbst, ohne dass diese den Versuchscharakter erkennen können, eingewilligt hätten und zu einer Metaperspektive aufgefordert sind.

Unter dem Stichwort ›Projektwoche‹ wird zu veränderten Unterrichtsformen vom Lehrer aufgefordert; dabei scheint es so, als entwickelte der Lehrer die Idee zu einem ›Experiment‹ mit den Schüler/innen aus dem Stegreif, ohne umfassende Handlungsplanung. Es werden keine möglichen Konsequenzen bedacht. Es erfolgt keine ethische Prüfung, ob dieses sogenannte Experiment mit Jugendlichen zulässig ist. Der Film zeigt, dass im Verlauf der Projektwoche Realität und Unterrichtsversuch für den Lehrer wie für die meisten Schüler/innen ununterscheidbar ineinander übergehen.

Mit Blick auf die Unterrichtsskripte gibt es einen deutlichen Gegensatz zwischen den Lehrern Wenger und Wieland. Während letzterer einen gut geplanten Unterricht über das Thema Anarchie anbietet, der jedoch im Film als langweilig gerahmt wird, bietet Wenger einen Unterricht an, der als spielerischer Versuch daherkommt. Die Schüler/innen wie der Lehrer beginnen, sich im Verlauf der Projektwoche mit dem Experiment und den darin angelegten Rollen zu identifizieren, sie vermischen Experiment und Realität, sie benutzen die Mechanismen ihrer Realität (Cliquen, Konkurrenz, Selbstbehauptung) und inszenieren sie im Rahmen der Projektwoche neu. Neue Cliquen bilden sich, neue Ein- und Ausgrenzungsprozesse fangen an zu greifen. Die Schüler gestalten nicht ihre Rollen unter einer reflexiven Perspektive, sondern agieren neue, bisher wenig gelebte Seiten. Der Lehrer Wenger erkennt die seinem sogenannten Experiment innewohnende Dynamik nicht; er glaubt, weil er der Führer/die Leitfigur sei, könne er jederzeit Entwicklungen stoppen oder zum Ausgangspunkt des Experiments zurückkehren; dabei überhört er warnende Hinweise.

Was als »Versuch« in einer Projektwoche begann, führt – durch die Einigung des Kurses – zu veränderten sozialen Konstruktionen; sie wirken wie soziale Tatsachen (vgl. Searle 1997). Hinweise für diese veränderten Konstruktionen zeigen sich im veränderten Umgang mit dem Körper, im Aufstehen, in einer Disziplinierung der Sprache, z.B. durch das Erwarten präziser formulierter Antworten, im Einfordern von Disziplin und Gemeinschaft und in der Aufforderung zum Handeln. Das zunächst als spielerischer Versuch begonnene Handeln verselbständigt sich: In der *Welle* werden Formen sozialer oder politischer Bewegungen nacherfunden: Name, Symbol, Geste des Grußes, gemeinsame Aktivitäten bei der Eroberung der Stadt und gemeinsame Feiern.

Der Unterrichtsversuch als sozialpsychologisches Experiment?

Die Formierung der *Welle* scheint zunächst mit Formen der stärkeren Teilhabe bisher Ausgegrenzter einherzugehen, vorausgesetzt, sie zeigen alle Zeichen der Anpassung (Uniform, Gruß). Sie führt zum Ausschluss derjenigen, die sich nicht – in Kleidung und Habitus – anpassen. Eine Veränderung der Machtkonstellationen in der Schulklasse und im öffentlichen Raum mit Blick auf einzelne Akteure ist die Folge; Beziehungen werden in der Folge der *Welle* labilisiert, Ressentiments werden agiert; es kommt zur Gefährdung bestehender Freundschaften. Im politisch-öffentlichen Raum kommt es zu einer Zunahme von Polarisierungen und zu Konfrontationen zwischen Gruppen (die *Welle* contra sogenannte »Anarchos«).

Ebenso wie die *Welle* die Organisationsformen und Symbole politischer Bewegungen übernimmt, werden Formen des Widerstands – in modernisierter Form – aufgegriffen, z.B. das Verfassen und Verteilen von Flugblättern oder der verbale Protest. Gleichwohl zeigt sich, dass die Kritiker der *Welle* (Mona, Karo, später auch Marco und Frau Wenger) in der Minderheit sind. Was als Unterrichtsversuch begann und vom Lehrer noch als ein solcher begriffen wurde, erhält einen anderen Charakter, auch weil die *Welle* zu einer Bewegung wird. Weil sie keinen politischen Gehalt hat, kann sie vom Lehrer Wenger in seiner Rede mit politischen Inhalten angereichert werden. Der Lehrer, der mit dem Einfordern eines Aufsatzes und damit mit der Einforderung (erfahrungsbezogener) Reflexion versuchte, eine Meta-Ebene für die Schüler/innen zu organisieren, muss die Erfahrung machen, dass die der Gesellschaft eingeschriebenen Mechanismen von Etablierten und Außenseitern, von Tätern und Opfern in der *Welle* greifen und schonungslos agiert werden (vgl. Girard). Es wird deutlich, dass das Experiment resp. diese Bewegung nicht auflösbar erscheinen.

Die Bereitschaft, einen Kritiker als Verräter zu brandmarken, ihn auszustoßen und zu vernichten, ist vorhanden; der Versuch des Lehrers, dies intellektuell zu problematisieren, hat keine emotionale Grundlage im Erleben und Bewerten durch die Mehrheit der Schüler/innen. Der Versuch des Lehrers, die *Welle* als Experiment zu rahmen und das Experiment zu beenden, scheitert, weil einzelne Jugendliche die *Welle* als ›ihr Leben‹ ansehen und die Bewegung nicht aufgelöst wissen wollen. Hier zitiert der Film Elemente aus Amokläufen. Erst der Eingriff der Staatsmacht setzt dem Versuch ein Ende, aus dem viele sprachlos und vereinzelt hervor gehen.

Der Film wird meist unter dem Gesichtspunkt der Brüchigkeit des aufgeklärten Denkens rezipiert und unter dem Stichwort der »Verführbarkeit«, des Konformismus und des Gruppendrucks und daraus resultierender Formierungsprozesse erörtert. Dass hier in besonderer Weise das Scheitern einer Lehrkraft aufgrund unzureichenden professionellen Denkens und Handelns und der Institution Schule, die nicht dafür eintritt, ihr Kerngeschäft zu sichern und zu verhindern, dass Schüler/innen manipuliert und benutzt werden, gezeigt wird, bleibt zugedeckt. Auch wenn im Film der Unterrichtsversuch tödlich endet (ein Schüler stirbt), die Erwachsenen hilflos und desorientiert der Festnahme des Lehrers zusehen, kann nicht wirklich erkannt werden, wo die Fehler lagen. Es bleibt die Frage im Raum stehen: Wie konnte das passieren? – Eine Aufarbeitung erfolgt nicht.

Darf man mit Kindern oder Jugendlichen einen solchen Unterrichtsversuch durchführen? Der Film *Die Welle* konfrontiert uns mit Fragen des pädagogischen Ethos. Das Durchführen eines Unterrichtsexperiments mit Jugendlichen scheint mir verantwortungslos. Wenn wir ›Lehrerethos‹ mit Fritz Oser durch die Leitideen der »Gerechtigkeit, Wahrhaftigkeit und der Fairness« bestimmen, verstößt der Lehrer bei diesem Unterrichtsexperiment nicht nur gegen das Verbot der Überwältigung und der Indoktrinierung, sondern auch gegen die Prinzipien der Wahrhaftigkeit und Fairness. Er nützt seine institutionell gesicherte Autorität als Lehrer, um die Schüler/innen zu verführen, zu verstricken, zu manipulieren, zu dominieren und zu beherrschen und sich selbst dabei zu gefallen. Die Gefährdungen, die der Lehrerrolle eingeschrieben sind, werden im Film nur angedeutet. Dabei wird dem Lehrer nicht die Verantwortung für die *Welle* und ihre Exzesse gegeben, sondern den Schülern selbst, die als manipulierbar und verführbar erscheinen.

Lehrer Wenger erscheint als jemand, der nicht Schüler/innen im Medium des Denkens und Lernens voranbringen will, sondern der auf persönliche Beziehung und Charisma setzt. Zugleich versucht er, über die Anerkennung durch die Schüler/innen selbst Bestätigung zu erlangen. Dabei pendelt er zwischen einem den Schülern zugewandten, verstehenden Verhalten und autoritärem Handeln. Außerhalb des Unterrichts versucht er, an seiner alten Rolle des verständnisvollen Pädagogen festzuhalten, der sich von Schülern ansprechen lässt. Weil er die Dynamik des Experiments nicht angemessen einschätzt und die Prozesse außerhalb des Klassenzimmers nicht versteht, gelingt es ihm nicht, die Situation der Schulklasse, die zur Gruppe und dann Teil einer Bewegung wird, wahrzunehmen und zu diagnostizieren. Er überschätzt sich selbst und versteht die sozialen Tatsachen nicht, die er selbst durch den »Versuch« mit geschaffen hat und die nun seine Handlungsmöglichkeiten begrenzen (vgl. Searle 1997). Der Lehrer Wenger ist offensichtlich in Konkurrenz zu seinen Kollegen. Er mobilisiert, unter Nutzung von Ingroup-Outgroup-Mechanismen, die Schüler, um sie gegen seinen Kollegen Wieland, der traditionellen, gut vorbereiteten Unterricht erteilt und gegen dessen Schüler aufzubringen. Es geht ihm auch darum, den anderen – mit Ressentiment bedachten – Kollegen, seine pädagogische Genialität vorzuführen. Dazu biedert er sich nicht nur bei den Schüler/innen an, sondern agiert offen gegen einen anders eingestellten Kollegen.

Mit Blick auf die Aufgabe der Schule, dass Lehrkräfte Schüler/innen in das Denken initiieren sollen und ihnen dazu eine solide Wissensbasis vermitteln müssen, verstößt dieser Lehrer vehement. Er setzt auf Beziehung statt auf eine gemeinsame Arbeit am Erschließen von Sachverhalten. Anstelle einer soliden Vorbereitung des Unterrichts möchte er Wissen durch Schüler/innen generieren lassen und stellt ihnen keine kognitiven Hilfen zur Verfügung. Der Film zeigt, dass eine vorschnelle Kritik an einem Unterricht, der zum Denken und Problemlösen, zur Auseinandersetzung mit Sachverhalten, auffordert, problematisch ist; der sich korrekt vorbereitende Lehrer Wieland scheint – mit Blick auf seine Anforderungen an den Unterricht und an die Schulleitung – die angemesseneren Positionen zu vertreten; gleichzeitig werden diese, weil er unsympathisch gezeichnet wird, als überholt gerahmt und abgewertet.

Was passiert in einer Schule, in der die Idee des Unterrichts ebenso verkommt wie die Idee von der Bedeutung der Institution als Ort institutionalisierten Lehrens und Lernens? Der Film deutet an, dass im Raum des Gymnasiums zwar einige Lehrkräfte wahrnehmen, dass etwas schief läuft; sie reagieren mit Distanzierung gegenüber dem Lehrer Wenger, aber sie intervenieren nicht. Die Schulleitung überwacht ebenso wenig, was in seinem Unterricht passiert, sondern signalisiert sogar über einige Tage hinweg Sympathie und Unterstützung für das unkonventionelle Vorgehen.

Verweist der Film auf Möglichkeiten, dass bei Aufrechterhaltung bestimmter Unterrichtselemente (Klassenunterricht, Lernen in der Projektwoche, Sport und Spiel) im Umgang mit jungen Menschen kein Programm des Lehrens und Lernens unter einer bildenden Perspektive mehr gestaltet wird, sondern Schüler/innen manipuliert und verführt werden? Oder verweist er darauf, dass systematisch ein Verlust der Erkenntnis der Bedeutung der Institutionen, der darin angelegten Verfahren und die Wichtigkeit, diese zu schützen und sie als soziale Gegebenheiten zu sichern und immer wieder neu zu schaffen, geschieht? Dann würde der Film darauf aufmerksam machen, dass Unterricht und Schule zu einer formalen Hülle, in der Verdummung, Indoktrination und Gewalt agiert werden, verkommen kann. Er verwiese dann auf die Frage, wie eine Fundierung der Grundlagen der Zivilgesellschaft durch die Schule wiedergewonnen und auf Dauer gelingen kann (vgl. Kiper 2001).

Deutet der Film an, dass bei Aufrechterhaltung der Rollen (Lehrperson und Schüler/innen) scheinbar pädagogische Inszenierungen denkbar sind, die durch die professionellen Aufgaben nicht mehr gedeckt sind? Dann würde *Die Welle* darauf aufmerksam machen, wie sorgfältig Lehrkräfte den pädagogischen Bezug gestalten und wie sorgsam sie mit Schüler/innen umgehen müssen, um eine Lernförderung zu ermöglichen und diese nicht zu überwältigen und zu indoktrinieren (vgl. Giesecke 1997).

Diese Lesarten sind nur schwer gegen die Macht der Bilder und der dargestellten Ereignisse zu entwickeln und bedürfen einer analytischen Perspektive.

Literatur

Conrad, Vera (Hg.) (2008): Die Welle. Ein Film von Dennis Gansel. Materialien für den Unterricht. München

Elias, Norbert; Scotson, John L. (1990): Etablierte und Außenseiter. Frankfurt a. M.: Suhrkamp

Frausing Vosshage, Frauke (2009): Erläuterungen zur Morton Rhue Die Welle. Hollfeld C. Bange Verlag (4. Auflage)

Giesecke, Hermann (1997, 1987): Pädagogik als Beruf. Grundformen pädagogischen Handelns. Weinheim, Basel: Juventa

Girard, René (1972, 1992): Das Heilige und die Gewalt, übersetzt von Elisabeth Mainberger-Ruh, Frankfurt a. M: Fischer

Girard, René (1992): Ausstoßung und Verfolgung. Eine historische Theorie des Sündenbocks, übersetzt von Elisabeth Mainberger-Ruh, Frankfurt a. M: Fischer

Jacke, Charlotte; Winkel, Rainer (Hg.) (2008): Die gefilmte Schule. Baltmannsweiler: Schneider Verlag Hohengehren

Kiper, Hanna (1998): Vom ›Blauen Engel‹ zum ›Club der toten Dichter‹. Literarische Beiträge zur Schulpädagogik. Baltmannsweiler: Schneider Hohengehren

Kiper, Hanna (2001): Einführung in die Schulpädagogik. Weinheim, Basel: Beltz

Kiper, Hanna; Mischke, Wolfgang (2006): Einführung in die Theorie des Unterrichts. Weinheim, Basel: Beltz

Kiper, Hanna; Mischke, Wolfgang (2008): Selbstreguliertes Lernen, Kooperation, soziale Kompetenz. Stuttgart: Kohlhammer

Löw, David; Poppe, Reiner (2010): Morton Rhue. Die Welle. Kommentare, Dis-
kussionsaspekte und Anregungen für produktionsorientiertes Lesen in der
Sekundarstufe I. Hollfeld: Joachim Beyer Verlag (6. Auflage)

Oser, Fritz (1998): Ethos – die Vermenschlichung des Erfolgs. Zur Psychologie der
Berufsmoral von Lehrpersonen. Opladen: Leske+Budrich

Rhue, Morton (1984, 1997): Die Welle. Bericht über einen Unterrichtsversuch, der zu
weit ging. Ravensburg: Ravensburger Buchverlag

Schröter, Sofia (2008): Die Welle. In: Jacke, Charlotte; Winkel, Rainer (Hg.): Die
gefilmte Schule. Baltmannsweiler: Schneider Hohengehren, S. 69-80

Searle, John R. (1997): Die Konstruktion der gesellschaftlichen Wirklichkeit. Zur
Ontologie sozialer Tatsachen. Reinbek: Rowohlt

Winter, Kerstin (2008): Die Welle. Der Roman nach dem Film von Dennis Gansel. Nach
dem Drehbuch von Dennis Gansel und Peter Thorwart, basierend auf der
Kurzgeschichte und den Originalprotokollen von Ron Jones. Ravensburg:
Ravensburger Buchverlag Otto Maier

Zimbardo, Philip (2007, 2008): Der Luzifer-Effekt. Die Macht der Umstände und die
Psychologie des Bösen. Heidelberg: Spektrum Akademischer Verlag

Blickdehnübungen für emanzipierte Zuschauer. Die Lehren von »The Wire«

Sönke Ahrens

Am 25. November 2010 rollten Panzer der brasilianischen Polizei, unterstützt von 800 Fallschirmjägern der Armee, in die Armenviertel Rio de Janeiros ein, um »mit aller Härte gegen die Drogenbanden« (*FAZ* vom 26. November 2010) vorzugehen. Am gleichen Tag beschuldigt »[d]er mexikanische Drogenboss Carlos Montemayor González (…) ein rivalisierendes Drogenkartell (...), versehentlich 20 Touristen getötet zu haben.« (*Süddeutsche Zeitung* vom 25. 11. 2010) Der »Krieg gegen die Drogen« ist international – und so ist seine Logik. In dieser Logik empört der Mord an Touristen selbst, vielleicht sogar gerade, einen Carlos Montemayor González, während der staatlich organisierte Angriff auf ein Armenviertel mit Panzern und Fallschirmjägern in der Presse als konsequentes Durchgreifen »gegen die Drogenbanden« gewertet wird.

Ich bin gebeten worden über Darstellungen des Lehrens in der Serie *The Wire* zu schreiben. Ich werde im Folgenden zu zeigen versuchen, inwiefern man von der Serie nur dann etwas über das Lehren lernen kann, wenn man seinen Blick *nicht* auf die Lehr-Szenen fokussiert, sondern lernt so zu sehen wie die Serie es lehrt: unfokussiert.

Die fünf Staffeln umfassende Serie *The Wire* spielt nicht in Mexiko und auch nicht in Brasilien, sondern in Baltimore, in einem räumlich auffällig konsequent begrenzten Teil dieser Stadt. Jede Staffel umkreist ein größeres Thema ohne gegenüber den anderen Staffeln dramaturgisch abgeschlossen zu sein: In der ersten Staffel verfolgt der Zuschauer den Kampf zwischen Polizei und Drogenhändlern, in der zweiten die Folgen der De-Industrialisierung und des Verschwindens klassisch gewerkschaftlich organisierter Arbeit am Beispiel des Hafens, in der dritten steht die Professionalisierung der Kriminalität und ihre zunehmende Verflechtung mit etablierten gesellschaftlichen Strukturen im Vordergrund, in der vierten geht es um das Scheitern des Schulsystems und die Reformunfähigkeit der Politik und in der fünften um den Niedergang der Presse. Die Protagonisten dieser Serie sind keine Helden oder Anti-Helden; es sind die Institutionen und ihre Logiken, die in Szene gesetzt werden: Polizei, Gericht, Gewerkschaft, organisierte Kriminalität, Politik, Schule, Presse. Das Thema, das sich durch sämtliche Staffeln zieht und als Problem das Lösungsgefüge dieser Ordnung der Institutionen an ihre Grenzen bringt, ist, wie der ehemalige Bürgermeister Baltimores schreibt, der »Krieg gegen die Drogen«: »The Wire invites viewers to witness how the devastation of the war on drugs spread throughout the body politic of a major American city like cancer through a human body« (Schmoke 2008). Für Ed Burns, einen der Hauptautoren dieser Serie, ist der »Krieg gegen die Drogen« nichts anderes als ein jahrzehntelang andauerndes Scheitern (Ed Burns 2008). Ein Scheitern also, das nie zum Abschluss gekommen ist. Scheitern ist so voraussetzungsvoll, dass es manchmal der Konstruktion eines artifiziellen und zur Welt hin abgeschlossenen Raumes bedarf, um es zu ermöglichen.[1] Ich schlage vor, diese Serie als einen solchen »Raum« zu verstehen, in dem es darum geht, ein Problem sichtbar werden zu lassen, das in der bestehenden Problem-Lösungs-Ordnung, die auch eine Ordnung der Sichtbarkeit ist, nicht vorkommt. Mit Jacques Rancière könnte man die Ordnung als »polizeiliche« verstehen und die Serie als einen Versuch, in diese einen Dissens einzuführen und im Widerstand gegen die existierenden polizeilichen Lösungen ein politisches Problem sichtbar werden zu lassen (vgl. Rancière 2002, S. 33ff.).

Die Serie zeigt damit nicht eine alternative Lösung zu einem Problem auf, sondern zielt darauf, die Ordnung, in der sich das Problem der Drogen als polizeiliches darstellt, selbst zum Problem werden zu lassen. Damit geht es um den Streit, in welcher Welt wir eigentlich leben und handeln, also um nichts weniger als um die Welt und ihre Teilung selbst. Es geht deshalb auch nicht um eine alternative Meinung *über* die Welt, sondern um eine Wahrheit ohne Alternative, die inkommensurabel ist zu dem, was dann nur Lüge sein kann. Oder wie es ein Obdachloser in der Serie ausdrückt, der mit einer Zeitung um eine Richtigstellung streitet, in der stehen soll, dass sie ihn falsch zitiert hat und nicht, dass er der Meinung ist, dass sie ihn falsch zitiert hat: »A lie ain't a side of a story. It's just a lie« (5. Staffel, 8. Teil, i. F. 5/08).

In diesem Sinne ist es vielleicht ungewohnt, aber durchaus korrekt, davon zu sprechen, dass die Serie es darauf anlegt, die Welt – als das, was sie in einer bestimmten Ordnung der Sichtbarkeit ist – zu verändern. Sie tut dieses aber nicht, indem sie den Zuschauer zur Aktivität bewegt (als wäre das Handeln dem Sehen nachgeordnet), sondern indem sie seine Aktivität als denkender und übersetzender Zuschauer genauso voraussetzt wie seine Fähigkeit, zu lernen anders zu sehen. In dieser Hinsicht lässt sich mit Rancière sagen, dass sie sich an den »emanzipierten Zuschauer« (2009) richtet. Die Serie jedenfalls beschränkt sich – gemäß Rancières Diktum, dass eine emanzipierte Gesellschaft, eine Gesellschaft

---

[1] Die Argumentation orientiert sich an den in Ahrens 2011 versammelten Bildungs-, bzw. Experimentalcharakteristika, ohne dass hier die Frage beantwortet werden kann, ob die Lehre der Serie auf die Bildung des Zuschauers abzielt oder eine Art gesellschaftliches Experimentalsetting darstellt. Um das zu klären, fehlt hier schlicht der Platz. Die auffälligen Parallelen zu experimentellen Prozessen wie der Bildung sind aber der Grund für die Wahl dieser Serie gewesen.

von Erzählern und Übersetzern sei (ebd., S. 33) – darauf, zu erzählen und zu übersetzen sowie rigoros die Aufmerksamkeit des Zuschauers einzufordern.

Die Notwendigkeit zur Übersetzung resultiert bereits aus der räumlichen Beschränkung auf einen Teil Baltimores. Statt von einer Idee von der Welt, und wie wir sie teilen, auszugehen und diese Idee am Beispiel Baltimores durchzuspielen, gingen die Autoren und Produzenten dieser Serie umgekehrt vor. Sie machten sich mit diesem Teil der Stadt vertraut. David Simon, Hauptautor und Produzent, hat jahrelang als Polizeireporter in Baltimore gearbeitet, sein Co-Autor Ed Burns jahrelang als Polizist und später als Lehrer; in diesen Jahren und später, während der Recherchearbeit zu dieser Serie, der Vorgängerserie *Homicide*, und den Büchern, die sie über die Stadt geschrieben haben, haben sie Geschichten gesammelt und sich in die Lage versetzt, die Charaktere nach stadtbekannten Vorbildern zu konstruieren. Führt man sich den Grad dieser aus jahrelanger Arbeit erwachsenen Vertrautheit der Autoren mit den Abläufen in diesem Teil der Stadt vor Augen (was auch für viele aus dem Viertel stammenden Laienschauspieler gilt) und den von der Kritik immer wieder hervorgehobenen Anspruch an die Genauigkeit der Darstellung, lässt es sich leicht nachvollziehen, dass der Zuschauer, dem dieser Teil der Stadt nicht vertraut ist, zunächst kaum etwas versteht. Statt ihm aber zu erklären, was er dort sieht, lässt die Serie ihm die Zeit zu lernen: die Sprache, die bereits den Bewohnern des anderen Teils Baltimores Probleme bereitet, die Codes und Eigentümlichkeiten der jeweiligen Institutionskulturen, die Unmenge an Personen und Geschichten. »They keep viewers on their mettle, and create a feeling akin to a first week at a new job, necessitating extrapolation from context to allow one to get by among those who know the procedures and what they are doing, and who talk in shorthand and acronyms« (Zborowski 2010, S. 2). Der Zuschauer wird so gezwungen zu lernen, sich selbst zu übersetzen, was er dort sieht. Damit wird er in dieselbe Situation versetzt, in der sich auch viele der Charaktere irgendwann befinden, wenn sie mit den Institutionen in Konflikt geraten oder mit den »Bewohnern« der anderen Institutionen in Kontakt kommen. *The Wire* reiht unzählige Szenen des Nicht-Verstehens aneinander, aber auch zahlreiche Szenen des Übersetzens: Polizisten übersetzen einander die Sprache der Gangs, Lehrer einander die Sprache der Schüler, Anwälte dolmetschen zwischen Gericht und Kriminellen, Geistliche zwischen Ex-Dealern und Sozialamt, PR-Manager zwischen Politiker und Presse und der Wissenschaftler, der die Schule beforscht, tritt außerhalb der Universität sowieso nie ohne Dolmetscher auf. An die Stelle eines alles überblickenden Erzählers tritt so eine Vielzahl unterschiedlichster Kommentatoren – die Charaktere selbst.

»The result is that they spend a vast amount of time commenting, often eloquently, upon the forces that shape their lives. Thus *The Wire* does not bypass its characters when offering insights to its viewers; it does justice to the former by investing them with similar knowledge. Its analysis is supraindividual in scope, but it is not dehumanising. Most of the programme's characters are not miserable defeated dupes, but focused players of the game.« (Ebd., S. 5)

Wie in einem Labor ermöglicht es die räumliche Beschränkung dieser Serie, Muster im komplexen Zusammenspiel der Akteure in der Zeit sichtbar werden zu lassen, statt die Handlungsweisen einzelner Akteure isolieren und so ihre Handlungen mit ihren Intentionen kurzschließen oder über psychologische Rückblenden erklären zu müssen. Für den Zuschauer ergibt sich so die Notwendigkeit, von einzelnen Personen zu abstrahieren und statt dessen das Funktionieren oder Nicht-Funktionieren der Institutionen herauszuarbeiten (wobei nichts anderes als die Handlungen und Kommentare der Charaktere zur Verfügung stehen). Genau das ermöglicht es auch einem internationalen Publikum das, was es dort zu sehen gelernt hat, auf andere Orte rückzuübersetzen (vgl. auch Weisberg 2006). Die Bedeutung dieser Beschränkung betonen auch die Stadtsoziologen Atkinson und Beer:

> »A major contribution of The Wire was, if nothing else, its offering of a perspective that was systemic in scope, albeit limited to an archetypal example of urbanism in the form of Baltimore (indeed this locatedness has echoes of the early community studies projects [...]). But this rare and valuable perspective thereby offered the possibility of counter-intuitive and critical thinking regarding the apparent fixity of practices around education, criminality, political and media cynicism, drug use and social inequality.« (Atkinson, Beer 2010, S. 543)

So auffällig sich die Serie mit Erklärungen und Lösungsvorschlägen zurückhält, so rigoros fordert sie die Aufmerksamkeit des Zuschauers ein. »Watch carefully« steht auf der DVD-Hülle zur ersten Staffel – und das ist auch so gemeint: »The startling narrative compression of *The Wire* (…) means that no scene is ever a throwaway: miss a 10-second plot point in episode three and you'll regret it in episode nine, when it's suddenly crucial.«, schreibt *The Guardian* (28.3.2009). Und David Simon macht im Vergleich zu herkömmlichen Serien noch deutlicher, dass *The Wire* keine Unaufmerksamkeiten toleriert: »Even with shows that are somewhat sophisticated, you can take a phone call, you can have a conversation with your boyfriend or your spouse, and still pretty much grasp the show. *The Wire* will fuck you if you do that.« (Simon 2009) Die Aufmerksamkeit ist nicht nur Voraussetzung, um sich in der Komplexität des Geschehens zurechtfinden zu können, Vor- und Rückverweise im Laufe der Zeit zum Lernen zu nutzen, sondern auch dafür, den Abweichungen des Geschehenen von den in der

»polizeilichen« Ordnung geprägten Erwartungsstrukturen auf die Spur zu kommen. Die Notwendigkeit, seine Aufmerksamkeit nicht auf einzelne Szenen zu fokussieren, sondern einen »unfokussierten« Blick (s.o.) einzuüben, wird von der Enttäuschung bestimmter, ortsbezogener Erwartungen unterstrichen, die verhindern, dass der Blick »einrastet«. So wird z.b. die nahe liegende Erwartung enttäuscht, dass man sich die Szenen, die in der Schule spielen, anschauen muss, um Szenen des Lehrens zu finden.

In der vierten Staffel, die sich – neben der Politik – schwerpunktmäßig mit dem Schulsystem auseinandersetzt und dabei die *Edward J. Tilghman Middle School* in Baltimore in den Fokus rückt, finden sich Szenen des Schulalltags. In dieser Staffel kommt die Serie immer wieder auf die Entwicklung von vier adoleszenten Jugendlichen zurück, auf ihren Kampf mit ihrem Herkunftsmilieu, den Versuchen, sich von ihm zu lösen und der Hilfe, die sie dabei erfahren oder die ihnen versagt wird. Man sieht die ersten Lehrversuche eines quereinsteigenden Lehrers. Man sieht genervte Lehrer auf einer sinnfreien Fortbildung, man sieht die Versuche eines Sozialwissenschaftlers, ein Schulprojekt auf die Beine zu stellen, und man sieht Geschwister einander bei den Hausaufgaben helfen. Der erste und noch ungeübte Blick auf die Schul-Szenen in der Serie dürfte nicht in der Lage sein, irgendetwas Besonderes an der Form der Inszenierung zu erkennen. Die Bilder und der Schnitt sind konventionell, die Themen und das Personal so oder ähnlich aus anderen Filmen und aus dem Schulalltag bekannt. Was man jedoch recht schnell erkennt, ist, dass der Klassenraum der Ort ist, an dem im Vergleich zu den anderen Hauptschauplätzen der Serie ausgesprochen wenig gelehrt und gelernt wird. In dieser Schule sieht man vor allem wie Lehrer vom Lehren und Schüler vom Lernen abgehalten werden – nicht nur, aber auch durch die Allgegenwart des *No Child Left Behind*-Programms, dem *teaching and learning for the test* und dem im Laufe der Serie zunehmend nachvollziehbaren Unverständnis der Schüler darüber, was sie dort eigentlich sollen.

Die Erwartung, dass man in der Schule Szenen des Lehrens findet, ist aber nur eine der Erwartungen, die enttäuscht werden. Nachdem in der ersten Staffel die durch unzählige Cop-Filme geformte Erwartung des Zuschauers enttäuscht worden ist, die Polizei wäre die richtige Adresse, wenn es um den Kampf gegen den illegalen Drogenhandel geht, folgt in der zweiten Staffel die Enttäuschung der nahe liegenden Idee, dass das Angebot regulärer Arbeit oder der Einsatz der Gewerkschaften eine mögliche Alternative zur Kriminalität darstellen könnten. In der dritten Staffel widmet sich die Serie den (durch die Serie selbst genährten) Erwartungen derer, die hoffen, man müsse nur die Hintermänner ausschalten, um den Krieg gegen die Drogen zu gewinnen, in der vierten Staffel ist es die Hoffnung, dass die Politik mit etwas guten Willen und neuen Leuten den Wandel bringen könne. Bevor die Serie sich in der fünften Staffel der Unfähigkeit der

Presse widmet, die Probleme überhaupt zu erfassen, geschweige denn zu kommunizieren, konzentriert sie sich in der vierten eben auf die verbreitete Vorstellung »Bildung« sei es, wo man ansetzen müsse; bekäme man die Kinder nur von der Straße in die Schule, müssten diese nicht ihre Karrieren als Dealer, Killer oder Junkies einschlagen. Bleibt man innerhalb der Welt der Akteure dieser Serie und stellt sich unter Schule nicht ein abstraktes Konzept vor, sondern erst mal nur die *Edward J. Tilghman Middle School*, kann sich für den Zuschauer langsam das ungelöste Problem herauskristallisieren, welches hinter all den vorhandenen Lösungen – der Polizei, des Rechts, des Arbeitsmarktes, der Gewerkschaften, der Schule, der Presse – nicht erkennbar ist: dass es Teile der Bevölkerung gibt, deren Probleme in dieser Lösungskonstellation nicht gelöst, sondern reproduziert, dynamisiert oder sogar erst hergestellt werden.

> »In a typical morality drama we would know what to expect: education will be a good thing, missing school will be a bad thing. And perhaps we can look out for an idealistic white teacher from the suburbs. But instead, in *The Wire*, we see the dynamics of the ghetto apply in the school system the same way they apply everywhere else, with the same devastating results.« (Mitchell 2008)

Wenn das Lernen, im Sinne eines erfolgreichen Schulbesuchs, auch explizit nicht als Lösung präsentiert wird, finden sich in der Serie doch auffällig viele Szenen des Lehrens. So wird in einer typischen Szene die Zeitungsredaktion als neuer Handlungsort eingeführt mit der Belehrung einer jungen Redakteurin über den Bedeutungsunterschied zwischen der Evakuierung von Häusern und von Menschen. Und selbst auf der Straße spielen sich Szenen wie diejenige ab, in der der Junkie *Reginald »Bubbles« Cousins* anderen Junkies beibringt, wie man dem Schicksal entgeht, das einem die – selbst wie eine Institution funktionierende – Straße zuweist. James Zborowski hat viele Szenen des Lehrens in der Serie zusammengetragen und auf ihre zentrale Funktion hingewiesen:

> »(...) all revolve around one character trying to teach another something about how organisations operate and how to survive within them. There are a remarkable number of scenes of education in *The Wire*, and that they do not seem contrived, as well as being testament to achievements in scenario construction, dialogue writing, and performance and direction, which credibly root the exchanges in each episode's world, might well be explained by the fact that they do not feel as though they exist solely for the viewer's benefit. Rather, characters are shown to feel it to be important and urgent that they educate their peers.« (Zborowski 2004, S. 4)

Dabei geht es nicht um Initiation und darum, in die Funktionsweise der jeweiligen Institution einzuführen, damit diese weiterhin ihre gesellschaftliche Funktion erfüllen kann, sondern im Gegenteil darum, sich Freiräume für Tätigkeiten zu erkämpfen, die gemäß den Logiken der Institutionen dysfunktional sind, tatsächlich aber gegen die dysfunktionalen Tendenzen der Institutionslogiken selbst gerichtet sind: »Sometimes, this is tied to the broader desire to pass on knowledge and experience so that the standards of an organisation, and by extension, the society it serves, might not deteriorate yet further.« (Ebd.)

Damit werden die Szenen des Lehrens als Momente inszeniert, in denen Widerstand gegen die kurzschlüssigen Logiken der Institutionen ausgeübt wird, die umgekehrt die Lehr-Beziehungen zwischen den Erfahrenen und den Unerfahrenen erkennbar aushöhlen. So folgt die Logik auf dem Polizeirevier den wöchentlich evaluierten »Comp-Stats«, den statistischen erhobenen Aufklärungsraten, die über Karrieren entscheiden: Viele Verhaftungen sind besser als wenige und mehr aufgeklärte Mordfälle im Vergleich zu weniger aufgeklärten ist besser. In der Darstellung der Serie führt das nicht nur dazu, dass Gangs, Polizei und Politik das gemeinsame Interesse verfolgen, dass Morde möglichst unentdeckt und regional begrenzt bleiben,[2] sondern auch dazu, dass zwischen den Generationen in der Polizei das Wissen über die »real policework« (Brooks 2009) verloren geht:[3] niemand beschäftigt sich noch mit der monatelangen Recherchearbeit zur Aufklärung eines Geldwäschegeschäfts, um einen Statistik-Punkt zu bekommen, wenn man stattdessen einfach zum allbekannten Drogenumschlagplatz fahren und in einer Stunde fünfzehn Kleindealer verhaften kann. In der Schule sind es die »test-scores« im Dienste des *No-Child-Left-Behind*-Programms, die den Lehrern jede Möglichkeit nehmen, herauszufinden, womit man die Schüler interessieren könnte, wo ihre Stärken liegen oder woran es hapert. In der Zeitung sind es die Orientierung an den Kriterien des Pulitzer-Preis-Kommitees und der Zwang, in immer weniger Zeit immer mehr Artikel zu schreiben, die jeden Versuch, Zusammenhänge zu verstehen, genauso verunmöglicht, wie diese Art der Recherche überhaupt erst einmal zu erlernen. In der Politik ist es die Orientierung an den Umfragen, die das Nachdenken über neue Lösungsansätze im Keim erstickt. Angedeutet wird auch die Logik der Wissenschaft in der Person des Soziologen Dr. Parenti – »gifted at writing grants and publishing his research«[4] – in der die Orientierung an den »peers« die Orientierung an der Sache abgelöst hat.

Die Serie beschreibt diese Mechanismen der Verdummung nicht nur; in der Art, wie sie sich an den Zuschauer richtet, stellt sie selbst eine Form des Wider-

---

[2] So wie man in Mexiko keine Touristen tötet, achten hier alle darauf, keine »tax-payers« zu töten.

[3] »[T]he stat games? That lie? It's what ruined this department. Shining up shit and calling it gold so majors become colonels and mayors become governors. Pretending to do policework while one generation fucking trains the next how not to do the job« (Colonel Cedric Daniels, 5/10).

[4] Charakterisierung auf der Seite von HBO: http://www.hbo.com/the-wire/cast-and-crew/index.html.

standes dar, der sich z.B. in Form einer Redaktionssitzung spiegelt, in der eine Serie über die Probleme der Schulen geplant wird. Während der Redakteur *Haynes*, der vorher als Lehrender gegenüber dem Nachwuchs aufgetreten ist, für eine Weitung des Blicks plädiert, plädiert der Redakteur *Templeton*, der geschickt nach den Regeln der Preise und der Auflage spielt, dafür, ihn zu fokussieren.

> *City Editor Augustus (Gus) Haynes:* »You want to look at who these kids reallyare, you got to look at the parenting or lack of it in the city, the drug culture, the economics of these neighborhoods. I mean, it's like you're up on the corner of a roofand you're showing some people how a couple of shingles came loose, and meanwhile a hurricane wrecked the rest of the damn house.«
>
> *Scott Templeton:* »You don't need a lot of context to examine what goes on.«
>
> *Haynes:* »Oh, really? I think you need a lot of context to seriously examine anything.«
>
> *Executive Editor James C. Whiting III:* »I think Scott is on the right track. We need to limit the scope, not get bogged down in details.«
>
> *Haynes*: »To do what? To address the problem or to win a prize? I mean, what are we doing here?«
>
> *Whiting*: »Look, Gus, I know the problems. My wife volunteers in a city school, but what I want to look at is the tangible, where the problem and solution can be measu red clearly. I don't want some amorphous series detailing society's ills. If you leave everything in, soon you've got nothing.«[5]

Und was ist *The Wire* in einer Logik, in der man sich auf den Bereich konzentriert, »where the problem and solution can be measured clearly«, anderes als »some amorphous series« detailing society's ills« und damit genau der Widerstand, der in dieser Szene nicht zur Entfaltung kommt?

The Wire baut erhebliche Komplexität auf. Nicht nur dass viele Handlungsstränge über mehrere Episoden und sogar Staffeln entwickelt werden; auch innerhalb der Episoden werden ungewöhnlich viele Geschichten miteinander verwoben. So wechseln sich in normalen Serien in jeweils einer Episode selten mehr als fünf Erzählstränge ab. Bei *The Wire* sind es oft über zwanzig (Jukes 2009). Erst die räumlich konsequente Beschränkung auf einen kleinen Teil Baltimores in Kombination mit einer ausgedehnten Zeit – über mehrere Jahre in der erzählten Zeit und über 60 Stunden Erzählzeit – erlaubt es der Serie, den Verweisen der Institutionen aufeinander so lange nachzugehen, dass es dem Zuschauer durch Vor- und Rückbezüge möglich wird, die Gesamtstruktur dieser Verweise als eine in sich so abgeschlossene Ordnung zu erkennen, dass auch ihre Grenzen sichtbar werden. Während im Alltag die Handlungsoptionen zwischen

---

[5] Vgl. Simons Kommentar zu dieser Szene auf www.onthemedia.org/transcripts/2008/03/14/06.

Polizei, Politik, Presse, Schule, Gewerkschaften, Arbeitgeber etc. unendlich zirkulieren können, ermöglicht hier die Artifizialität das Scheitern dieser Verweisungsstruktur selbst in den Blick zu bekommen. Wenn die Ordnung – »where the problem and solution can be measured clearly« – aber selbst zum Problem wird und es um das geht, was in dieser Ordnung, die auch immer eine Ordnung der Sichtbarkeit ist, fehlt, dann bringt es nichts, seinen Blick auf einen isolierten Ausschnitt zu fokussieren. Hält man sich an das Vokabular der Serie, müssten Anfänger lernen mit »soft eyes« zu schauen. Was damit gemeint ist, erklärt Detective *William Bunk Moreland* seiner Kollegin *Shakima Kima Greggs* in der vierten Folge der vierten Staffel, die selbst den Titel »soft eyes« trägt – in einer der vielen Lehr-Szenen.

> *Bunk*: »You know what you need at a crime scene?«
> *Kima*: »Rubber gloves?«
> *Bunk*: »Soft eyes.«
> *Kima*: »Like I'm suppose to cry and shit?«
> *Bunk*: »If you got soft eyes, you can see the whole thing. If you got hard eyes – you staring at the same tree missing the forest.«
> *Kima*: »Ah, zen shit.«
> *Bunk*: »Soft eyes, grasshopper.« (04/04)

Denselben Ratschlag bekommt auch *Roland Prez Pryzbylewski*, der neue Lehrer auf dem Weg in den Klassenraum – was er dort bräuchte, wären »soft eyes«. Mit »soft eyes« zu schauen, setzt Übung und Vertrautheit mit dem komplexen Gefüge voraus – und damit Zeit: »The moral for the soft-eyed apprentice sleuth (…) is patience, scepticism and a refusal to be distracted by the rhetorical overtures of authenticist *dispositifs* – be it the mien pieties of the Pulitzer Committee or the ball-clutching bear pit of the weekly COMSTAT [sic].« (Parker 2010, S. 547) Parker argumentiert – mit Bezug auf den in der Serie wiederholt verwendeten Ausdruck »soft eyes« –, dass der Wert der Serie darin liege, mit Mitteln der Fiktion sichtbar zu machen, was klassischen empirisch-soziologischen Studien, die nicht jenseits dieser Ordnung angesiedelt sind, zumeist entgeht:

> »It is a measure of the latent positivism of the empirical social sciences and the readiness of its practitioners to conflate authenticity with the collection and presentation of social data, that for many guardians of the discipline only field research or ethnography with ›actually existing subjects‹ can pass the threshold test of a methodologically pure account of the urban life world. But to quote Mills (…), while such studies may be ›true‹ by their own limited epistemological standards,

often ›[t]he details, no matter how numerous, do not conceive us of anything worth having convictions about‹« (Parker 2010, S. 547).[6]

Für ihn stellt die Serie damit selbst eine Art »andragogischer Praxis« dar, die das Sehen mit »soft eyes«, das Sehen dessen schule, was so vielen soziologisch-empirischen Studien mit ihren »hard eyes« entginge – und dieses in den Lehr-Szenen der Serie selbst thematisiere. Weil das Sehen mit »soft eyes« eben erst gelernt werden muss, ist auf den ersten Blick auch nichts Besonderes zu sehen. Entsprechend kann sich Simon über die Reaktionen neuer Zuschauer amüsieren: »I love people who get to the end of the first episode and say, ›That's the show they're calling the greatest show in television? What?‹ (...) The first season of *The Wire* was a training exercise. We were training you to watch television differently.« (Simon 2009)

All das sind nicht mehr als ein paar Indizien, dass man von dieser Serie tatsächlich etwas über das Lehren lernen könnte. In der Form, in der sie konstruiert ist, und in der Art, wie sie sich an den Zuschauer richtet, weist sie dabei so viele Bildungscharakteristika auf, dass die Vermutung nahe liegt, dass man von ihr auch etwas über das Verhältnis von Lehren und Bildung lernen könnte: Da ist nicht nur ihr Humor, sondern auch die räumlich konsequente Beschränkung, die Konstruktion eines artifiziellen Sonderraumes, um ein Scheitern zu ermöglichen, das in der Offenheit der Welt immer wieder zum Scheitern gebracht wird, die Versammlung heterogener Akteure und das Interesse an ihrem Zusammenspiel, die Notwendigkeit zur Übersetzung, die große Bedeutung der Zeit, die dem Zuschauer die Möglichkeit gibt, mit diesem artifiziellen Sonderraum vertraut zu werden, das hohe Maß an Selbstreflexivität und schließlich ihre offensichtliche Bemühung, die Mitteilungen derer vernehmbar werden zu lassen, die in der Welt, wie sie aufgeteilt ist, keinen Anteil haben (zu diesen Charakteristika vgl. Ahrens 2011, Kap. III). All dem müsste man genauer nachgehen und dürfte dabei die Frage nach dem eigenen Verhältnis zur Serie nicht außen vor lassen: Schaut man sie als Wissenschaftler anders? Oder kann man von ihr lernen als Wissenschaftler anders zu schauen? Wenn diese Beobachtungen zutreffend sind, geht es tatsächlich um ein Bildungsproblem: darum, dass die Welt nicht so ist, wie sie sich einem darstellt. Und deshalb reicht es hier auch nicht, irgendetwas zu zeigen, sondern ist es nötig, zu lehren, wie man anders sieht.

---

[6] Entsprechend wird die Serie nicht nur mit Mitteln der Soziologie analysiert (vgl. vor allem den 2009 von Potter, Marshall herausgegebenen Sammelband), sondern selbst als eine Art »Non Text-based Sociology« betrachtet. Vgl. z.B. Penfold-Mounce, Beer, Burrows 2011.

Literatur

Ahrens, Sönke (2011): Experiment und Exploration. Bildung als experimentelle Form der Welterschließung, Bielefeld: transcript

Atkinson, Rowland; Beer, David (2010): The Ivorine Tower in the City: Engaging urban studies after The Wire In: City. Analysis of urban trends, culture, theory, policy, action 14/5, S. 529-544

Brooks, Ryan (2009): The Narrative Production of ›Real Police‹. In: Potter, Tiffany; Marshall, C.W. (Hg.): The Wire. Urban Decay and American Television, New York: The Continuum International Publishing Group, S. 64-77

Burns, Ed (2008): Im Interview mit Radley Balko. In: reason.com vom 23.5.2008

Jukes, Peter (2009): Why Britain can't do The Wire. In: Prospect vom 21.10.2009
http://www.prospectmagazine.co.uk/2009/10/why-britain-cant-do-the-wire/

Mitchell, Dreda Say (2008): Is this the best TV series ever made? In: The Observer vom 20. Juli 2008

Parker, Simon (2010): From soft eyes to street lives: The Wire and jargons of authenticity. In: City. Analysis of urban trends, culture, theory, policy, action 14/5, S. 545-557

Penfold-Mounce, R.; Beer, D.; Burrows, R. (2011): The Wire as social science fiction. In: Sociology 45/1, S. 152-167

Potter, Tiffany; Marshall, C.W. (Hg.) (2009): The Wire. Urban Decay and American Television, New York, London: continuum

Rancière, Jacques (2002): Das Unvernehmen. Politik und Philosophie, übersetzt von Richard Steurer, Frankfurt a. M.: Suhrkamp

Rancière, Jacques (2009): Der emanzipierte Zuschauer, übersetzt von Richard Steurer, Wien: Passagen

Schmoke, Kurt (2008): The Wire and the real Baltimore. In: The Guardian vom 11.1.2008
http://www.guardian.co.uk/commentisfree/2008/jan/11/thewireandtherealbaltimor

Simon, David (2009): Arrogant? Moi? Im Interview mit Oliver Burkeman. In: The Guardian vom 28.3.2009

Walker, Jesse (2008): The Wire vs. The Sun. The most controversial season of TV's best drama comes to a close. In: reason.com http://reason.com/archives/2008/03/11/the-wire-vs-the-sun, vom 11.3.2008

Weisberg, Jacob (2006): The Wire on Fire. Analyzing the best show on television. In: Slate-Magazine vom 13.9.2006 http://www.slate.com/id/2149566

Zborowski, James (2010): The Rhetoric of The Wire. In: Movie: A Journal of Film Criticism 1

Echte Erziehung aus Frankreich

Olaf Sanders

Der Titel hat zwei Gründe. Als Manuel Zahn anfragte, ob ich zur Ringvorlesung beitragen wolle, die diesem Sammelband vorausging, wusste ich sofort, dass ich über die Lehrerfiguren in den beiden französischen Filmen *Etre et avoir* (dt. *Sein und haben*, F 2002) und *Entre les murs* (dt. *Die Klasse*, F 2007) sprechen wollte. Beide Filme – Nicolas Philiberts Dokumentarfilm über die Arbeit von Georges Lopez, den Lehrer einer Zwergschule in der Auvergne, und der Spielfilm von Laurent Cantet, der auf einer Romanvorlage von François Bégaudeau basiert, der selbst als Lehrer gearbeitet hat und den Lehrer François Marin, um dessen Arbeit es in *Entre les murs* in der Hauptsache geht, auch spielt – versuchen, so meine Ausgangshypothese, auf unterschiedliche Weisen authentische Lehrerbilder auf die Leinwand zu bringen: *Etre et avoir* als Dokumentation und *Entre les murs* durch einen dokumentarischen Stil, der durch die Enge der Klasse und eine oft leicht schwankende Kamera entsteht. Die authentischen Lehrerbilder scheinen außerdem Bilder authentischer Lehrer sein zu sollen. Ein nahe liegendes Synonym für ›authentisch‹ lautet ›echt‹. Dass beide Lehrer, Lopez und Marin, nicht nur unterrichten, sondern auch erziehen, ist offensichtlich. Die im Vergleich zum deutschen Bildungswesen größere Nähe von Unterricht und Erziehung scheint mir typisch für Frankreich – ebenso der dozierende oder frontale Unterrichtsstil, den Marin meist praktiziert. Es geht in den beiden Filmen also um ›echte Erziehung aus Frankreich‹.

Dem Titel meines Beitrags liegt ein Werbespruch zugrunde, der während meiner Kindheit in Zeitschriften zu lesen und im Fernsehen zu hören war: »Echter Käse aus Holland«. Es handelt sich also um ein Palimpsest, eine Überschreibung. Im Zeitalter von Analogkäse und nach Baudrillard (1978) stellt sich die Frage nach dem Echten zwar noch auf eine ganz andere Weise, doch auch damals schon, in den frühen 1970er Jahren, wurde holländischer Käse gefälscht. Viele deutsche Meiereien stellten jungen Gouda her, der keiner war; und das geschieht bis heute. Desgleichen gilt für französischen Camembert. Die Assoziation mit dem Werbespruch bricht den Titel endgültig ironisch. Das vorgeblich Echte ist womöglich gar nicht echt, sondern falsch. Getarnt als ›echt‹ entfaltet eine Fälschung kaum noch »Macht des Falschen« (Deleuze 1989, S. 286). Ohne die Effekte dieser Macht fallen *Etre et avoir* und *Entre les murs* in einen alten Realismus zurück, weil sie auf eine der wichtigsten Errungenschaften der Nach-kriegsfilmavantgarden verzichten, die Deleuze am Ende seines ersten Kino-

Buchs *Das Bewegungs-Bild* beschreibt: »Das Falschmachen [le faire-faux] wird zum Signum eines neuen Realismus im Gegensatz zum Echttun [faire-vrai] des alten« (ebd., Übersetzung verändert von O. S.). Das Falschmachen entfesselt also erst eine Macht des Falschen, durch die »alle Bilder Klischees [werden], sei es, weil man ihre Ungeschicklichkeit zeigt, sei es, weil man ihre scheinbare Perfektion denunziert« (ebd., Übersetzung verändert von O. S.). Die These vom Rückfall in den alten Realismus zu untermauern, erfordert einen Umweg.

Bevor ich mich mit Georges Lopez und François Marin, den Lehrerfiguren aus *Etre et avoir* und *Entre les murs* auseinandersetze, werde ich mich dem namenlosen Französischlehrer aus *Les quatre cents coups* (dt. *Sie küssten und sie schlugen ihn*, F 1959) zuwenden, der bei seinen Schülern nur Petite Feuille heißt, kleines Blatt, Winterlinde oder – wie in den Untertiteln – »Primeltopf«, und Dr. Jean Itard, der sich als Erzieher und Lehrer in *L'enfant sauvage* (dt. *Der Wolfsjunge*, F 1970) versucht. Beide Filme stammen von François Truffaut, der den Dr. Itard auch selbst spielt. In *Les quatre cents coups* tritt Truffaut nur kurz in Hitchcock'scher Manier im Rotor auf dem Rummelplatz auf.

Zwei Lehrerbilder Truffauts

Les quatre cents coups ist Truffauts erster Langfilm. Er eröffnet zugleich den den durch vielerlei Zufälle zustande gekommenen Antoine Doinel-Zyklus, zu dem außerdem das Segment *Antoine et Colette* des Episodenfilms *L'Amour à vingt ans* (dt. *Liebe mit zwanzig*, F/I/J/PL/D 1962) und die Spielfilme *Baisers volés* (dt. *Geraubte Küsse*, F 1968), *Domicile conjugale* (dt. *Tisch und Bett*, F 1970) und *L'Amour en fuite* (dt. *Liebe auf der Flucht*, F 1979) gehören (vgl. Fischer 1993, 219f).

Der Zyklus beschreibt Episoden aus dem Leben Antoine Doinels zwischen seinem 13. und etwa 35. Lebensjahr. Die Biographie der ästhetischen Figur Antoine Doinel ähnelt der des Regisseurs Truffaut, der wie Antoine als uneheliches Kind geboren und vom späteren Mann seiner Mutter adoptiert wurde, seine ersten zehn Lebensjahre bei seiner Großmutter verbrachte, schon in jungen Jahren oft ins Kino ging, als schwer erziehbar galt, das eine oder andere Gesetz übertrat, mit 14 die Schule schmiss und in mehreren Erziehungsheimen untergebracht wurde. Von einem derartigen Leben sieht oder hört man in *Les quatre cents coups*. Gespielt wird Antoine Doinel von Jean-Pierre Léaud, den Truffaut sein Alter Ego nennt und der – nicht nur aufgrund der berühmten eingefrorenen Schlusseinstellung – zu einem *der* Gesichter der *Nouvelle Vague* wurde, der zweiten großen Nachkriegsfilmavantgardebewegung nach dem italienischen Neorealismus.

Les quatre cents coups ist dem jung verstorbenen André Bazin gewidmet; und im Vorspann erfährt man außerdem, dass Fernand Deligny bei der Entstehung des Films mitgewirkt hat. Bazin, schreibt Truffaut im Vorwort zu Bazins Buch *Was ist Kino?*, habe ihn zu einer Zeit adoptiert, in der er die größten Probleme gehabt habe (vgl. Bazin 2004, S. 28). Truffaut war 15, Bazin 30, die Adoption natürlich nur eine symbolische. 1951 begann der 19-jährige Truffaut für *Les Cahiers du cinema* zu arbeiten, der von Bazin mitbegründeten Filmzeitschrift, für die auch Claude Chabrol, Jean-Luc Godard, Jacques Rivette und Eric Rohmer arbeiteten, die wie Truffaut erst Filmkritiker waren und dann als Regisseure die neue Welle bildeten, die das Kino nicht nur in Frankreich überrollen und erneuern sollte. Diese neue Welle, die *Nouvelle Vague*, ist aus den *Cahiers du cinema* hervorgegangen, die als Filmzeitschrift einflussreich war, weil Bazin die Filmkritik zur Wissenschaft ausbaute, bevor Filmwissenschaft eine akademische Disziplin wurde (vgl. Bickerton 2010). Truffaut assistierte Mitte der 1950er Jahre Roberto Rosselini bei Projekten, die allesamt aufgegeben wurden. Rosselini kann als einer der bedeutenden Regisseure des Neorealismus gelten. Bazin hat den Aufstieg des Neorealismus in vielen Beiträgen begleitet und gefördert. Rosselinis *Germania anno sero* (dt. *Deutschland im Jahre Null*, I 1948) zeigt, wie der 12-jährige Edmund Köhler durch das kriegszerstörte Berlin driftet, seinen Vater tötet und dann sich selbst. Ein Jahrzehnt später treiben Antoine und sein Freund Réné durch Paris. Sie leiden weniger unter unmittelbaren Kriegsfolgen als vielmehr unter den Folgen von Ehekriegen, die natürlich selbst Kriegsfolgen sein können und dies oft auch waren. Kinder spielten im Neorealismus und in der *Nouvelle Vague* besondere Rollen (vgl. Deleuze 1991, S. 14). Jim Jarmusch, der die Tradition der europäischen Avantgarden reflektiert, verbindet Krieg und den Zerfall von Familien in seinem Erstling *Permanent Vacation* (USA 1980). Der 16 oder 17-jährige Allie wird immer wieder von einer Drift ergriffen, in New York und – vielleicht – nach Paris, in dessen Richtung das Schiff in der vorletzten Sequenz des Films aber sicher nicht ablegt, weil es offensichtlich außer Dienst ist.

Der Erzieher Fernand Deligny hat in den 1960er Jahren in der von Jean Oury gegründeten anti-psychiatrischen Clinique de la Borde mitgearbeitet und ab 1965 mit autistischen Kindern in den Cevennen gelebt, wo er ihre Wege kartierte (vgl. Deligny 1980 und 2002). Von Nicolas Philibert gibt es auch einen Dokumentarfilm über die jährliche von Personal und Patienten gemeinsam vorbereitete Theateraufführung in der Clinique de La Borde (*Le Moindre des choses*, F 1997). Fernand Oury, der Bruder von Jean, begründete als Kritik der Kasernen-Schule und um sich von der Freinet-Pädagogik als seiner theoretischen Wurzel abzugrenzen, die *pédagogie institutionnelle*. Schulen haben Oury zufolge die Regeln des Lebens zu akzeptieren, statt permanent ihm oft fremde einzuprägen. Jedes Leben ist zunächst und zuerst *ein* Leben (vgl. Deleuze 2005, S. 365ff.). Eigensinnige oder bedeutsame Wege legen auch Edmund, Antoine und Réné, Allie und – in *L'enfant sauvage* – Victor zurück.

L'enfant sauvage gehört zu einen ganz anderen Genre. Es handelt sich um einen Historienfilm. Das Drehbuch basiert auf zwei Berichten des Arztes und Taubstummenlehrers Jean Marc Gaspard Itard aus den Jahren 1801 und 1806/07, in denen Itard seine Erziehungsversuche des so genannten wilden Kindes von Aveyron, das 1799 im Wald von Caune gefangen wurde, dokumentiert (die Berichte finden sich in Malson, Itard, Mannoni 1996 [1972], S. 107-220). Itards Unterrichtsmaterialien wirken vermittelt über die Arbeiten des Arztes und Pädagogen Eduard Séguin noch bei Maria Montessori weiter.

Petite Feuille

Les quatre cents coups beginnt wie *Germania anno sero* mit einer Kamerafahrt durch eine Stadt, in diesem Fall Paris. Die Kamera nähert sich durch beliebige Räume dem Eiffelturm und entfernt sich wieder von ihm. Die erste Sequenz fungiert zugleich als Vorspann. Der Ort der Handlung der zweiten Sequenz (02:36-09:44 Min.), die sich durch eine ruhige Schnittfolge recht langer Einstellungen auszeichnet, ist ein Klassenzimmer, in dem eine Klassenarbeit geschrieben wird. Ein Schüler – die Schule wird nur von Jungen besucht – bringt ein Pin-up-Kalenderbild in Umlauf. Das Bild erreicht über verschiedene Mittler Antoine Doinel, der es mit einem Schnurrbart verfremdet. Der Lehrer wird auf Doinel aufmerksam und zitiert ihn – begleitet von angespanntem Klopfen auf das Pult, das erhöht auf einem Katheder steht – zu sich. Antoine wird ohne Klärung des Sachverhalts bestraft. Wer das Bild in Umlauf gebracht hat, interessiert den Lehrer, der sich das Bild lang und genüsslich anschaut, nicht. Er erklärt, dass die Klassenarbeit gleich abgegeben werde. Doinel wird bestraft für »pflegelhaftes Verhalten«. Er darf nicht mit hinaus, denn die Pause sei – so der Lehrer – schließlich eine Belohnung – wie der Hofgang in Gefängnissen. In der Pause unterhält sich der Lehrer mit einem Kollegen über die hohen Kohlepreise und greift in Pausen übliche Rangeleien und Streitereien ein, indem er die Schüler ermahnt »Prügelt Euch zuhause!« und die Pause für beendet erklärt. Die performative Macht liegt noch stärker beim Lehrer als beim Gong. Die Schule wirkt wie ein Relikt der Souveränitätsgesellschaft. Antoine schreibt währenddessen einen kurzen Text über seine ungerechtfertigte Einkerkerung an eine Wand des Klassenraums. Mich erinnert der Text an Alexandre Dumas vielfach verfilmten Fortsetzungsabenteuerroman *Le Comte de Montecristo* (dt. *Der Graf von Monte Christo*), in dem der junge Seemann Edmond Dantès 14 Jahre unschuldig in

Kerkerhaft zubringt. Das wäre eine weitere zu überprüfende Kindheitserinnerung. Truffaut arbeitet mit einer Konvergenzmontage. Bild und Ton fallen dabei auseinander. Doinels Text läuft zu einer Einstellung, die die Ereignisse auf dem Pausenhof einfängt, weiter. Die Schüler stürmen wieder in die Klasse. Zucht und Ordnung, äußert der Lehrer, wolle er beibringen. Der Lehrer folgt den Schülern in die Ecke, in die er Antoine gestellt hatte, entdeckt dessen Text, zieht den Delinquenten am Kragen aus selbiger, kritisiert – zu unrecht – die Qualität des Geschriebenen und verhängt eine Strafarbeit. Doinel soll einen Aufsatz schreiben zu einem Sprichwort, das zu seinem Vergehen passt. In den Untertiteln heißt es »Narrenhände beschmieren Tisch und Wände«. Doinel wird zum Hausmeister geschickt, um Reinigungsmittel zu holen, mit denen er das Geschriebene – in den Augen des Lehrers: die Schmiererei – entfernen soll, die, so droht der Lehrer, er andernfalls mit der Zunge ablecken werde. Der Lehrer nennt Doinel am Ende dieser Drohung zynisch »mein Freund«. Er beginnt, das – wohl eher unbedeutende – Prosagedicht *Le Lièvre* (*Der Hase*) an die Tafel zu schreiben und trägt es dabei zum Diktat vor. Ohne sich umzusehen, fordert er den Schüler Simonot, der abschreibt, auf, damit aufzuhören, Grimassen zu schneiden, was er nicht getan hat. Der Lehrer sieht sich hin und wieder um, allerdings meist ohne etwas zu sehen: nicht einmal das Unglück des kleinen Abou, der mit der schmierenden Feder, sein Heft eliminiert. Antoine setzt ihm bei seiner Rückkehr in den Klassenraum mit zwei Fingern Hasenohren auf. Die Klasse lacht. Der Lehrer fordert Simonot erneut auf, keine Grimassen zu schneiden, und entgegnet auf dessen Klarstellung, nichts dergleichen getan zu haben, er solle nicht feige lügen. Daraufhin gerät die Klasse in Bewegung und verunglimpft die Lyrik gestisch. Der Lehrer kehrt zum Pult zurück und trägt das Gedicht weiter vor. Als er sich wieder der Tafel zuwendet, wird die Klasse wieder unruhig. Er spricht eine letzte Warnung aus. Wenn sich der Schuldige nicht melde, droht er, würden alle dran glauben. Er bezieht sich als Referenz erneut auf Simonot, der noch einmal bekräftigt, nichts Strafbares getan zu haben. Daraufhin wird er ein weiteres Mal bezichtigt, feige zu sein und mit Kreide beworfen. Es folgt eine Generalabrechnung mit der Klasse. Die Vorgänger seien auch keine Leuchten gewesen, hätten sich aber wenigstens anständig betragen. Richet wird aufgefordert, das Grinsen zu unterlassen. Der Lehrer kritisiert Doinels Reinigungsleistung und nennt ihn wieder seinen Freund. Er habe alles nur verschmiert, was stimmt. Statt der angekündigten Folgen, fordert der Lehrer ihn aber nur auf, sich nun hinzusetzen und das Gedicht abzuschreiben. Die Eltern, teilt Petite Feuille mit, könnten sich – wohl für ihre mangelnde Erziehungsleistung – gratulieren; und Frankreich sei ein armes. Mit einer aggressiven Geste wischt er Blätter vom Pult. Damit endet die erste Sequenz; die zweite beginnt mit der Ansicht eines Portals, des Schulportals wahrscheinlich, das überschrieben ist mit: Liberté – Egalité – Fraternité. Freiheit, Gleichheit und Brüderlichkeit, die Grundsätze *der* Revolution, liegen der Arbeit des Lehrers offensichtlich nicht zugrunde. Der Übergang in die Disziplinargesellschaft steht der Schule noch bevor.

Der Lehrer tritt noch in der berühmten Lügensequenz (31:07-34:00 Min.) und einer weiteren Sequenz (50:40-53:06 Min.) auf. Die Lügensequenz beginnt damit, dass er Antoine vor der Schule aufgreift und ihn zur Rede stellt hinsichtlich seines Fehlens am Vortag. Er hätte seine Strafarbeit vorlegen müssen. Antoine, der keine Entschuldigung seiner Eltern hat, erfindet den Tod seiner Mutter, auf den der Lehrer erschreckt, nachfragend und verständnisvoll reagiert. Warum Antoine bloß kein Vertrauen zu ihm habe, fragt er. Die Schüler ziehen begleitet von rhythmischem Trillerpfeiffen in Schule und Klasse ein, wo das Aufsagen von Gedichten bewertet wird. Doinel wird aufgerufen und bleibt dann doch verschont. Der Lehrer sieht den Direktor durch die Klassenzimmertür kommen, rückt seine Krawatte gerade, steht auf und verlässt die Klasse. Es folgt Antoines Enttarnung. Sein Stiefvater und seine Mutter warten bereits vor der Tür. Der Stiefvater ohrfeigt ihn. Ton läuft bei der Rückkehr zu seinem Platz weiter. Für den Abend wird ihm vom Stiefvater etwas angedroht. Der Lehrer erkundigt sich in einer späteren Szene (39:53-40:05 Min.) nach den häuslichen Folgen der Lüge.

In der zweiten Sequenz wird wieder ein Gedicht rezitiert. Die Klasse übt Rache am verräterischen Streber, dessen Hinterlist Doinels Lüge sehr schnell hat auffliegen lassen. Die offensichtliche Rache wird nicht geahndet. Der Lehrer sieht wieder nichts. Bei der Rückgabe der Klassenarbeiten bezichtigt er Antoine zu Unrecht, abgeschrieben zu haben. Doinel erhält die schlechteste Note und soll von einem Mitschüler zum Rektor eskortiert werden, um seinen Aufsatz dort vorzulegen. Antoines Freund Réné verteidigt ihn dem Lehrer gegenüber, der versucht, auch ihn hinaus zu werfen. Es folgt ein offener Angriff auf die Autorität des Lehrers. Antoine und Réné fliehen aus der Schule.

Die Lehrerfigur zeigt: »Die Nicht-Genarrten irren«. Genau diese Wahrheit scheint für Jacques Lacan auf im Gleichklang von »Les non-duppes errent« und *Les Noms-du-Père* (vgl. Miller in Lacan 2006, S. 8). Sie scheint auch auf in der ersten Sequenz von *Les quatre cents coup*. Im Verlauf des Films treten weitere genarrte Vaterfiguren auf, vor allem der Adoptivvater Antoines, aber auch zwei weitere Lehrer, denen es an Autorität mangelt. Der Englischlehrer, der sich müht, das »th« beizubringen, ohne es selbst zu können, stellt einen Mangel an Fachautorität aus (40:16-41:26 Min.). Und der Sportlehrer (44:02-45:30 Min.) läuft pfeifend und beim Laufen gymnastische Oberkörperübungen ausführend vor seiner Klasse, die ihm nach und nach abhanden kommt, durch die Straßen von Paris. Die klassischen Methoden – und das sind in diesem Fall die Methoden der Klassik, des Ancien Régime – wirken nicht mehr. Namen-des-Vaters sind bei Lacan dann auch keine Namen von Vaterfiguren, sondern eine Struktur.

Doktor Itard

L'enfant sauvage beginnt mit der Jagd auf ein wildes Kind, das gefangen und in einer Postkutsche nach Paris gebracht wird, wo es Dr. Jean Itard und Professor Phillipe Pinel – Pinel, die Vorlage der ästhetischen Figur, arbeitete während der *Terreur* als reformorientierter Arzt im berüchtigten *Hôpital Bicêtre* und wurde 1795 zum Leiter der Salpêtrière ernannt (vgl. Foucault 1973, 3. Teil, Kap. 4: *Die Entstehung des Asyls*) – in der *Institution National de Sourds et Muets* gespannt erwarten. Die Erstuntersuchung ergibt, dass das Kind elf oder zwölf Jahre alt und 139 cm groß ist. Pinels Fehldiagnose, dernach es taub sei, wird rasch revidiert. Es folgt eine Untersuchung (18:45-20:47 Min.) der vielen Narben des Kindes, die abgesehen von einer, der Narbe an der Luftröhre, von Kämpfen mit Tieren stammen. Am Ende der Sequenz entdeckt sich das Kind im Spiegel und sucht sich dahinter. In zwei folgenden Gesprächen äußert Pinel zuerst, dass er das Kind für einen Idioten halte, durch nichts zu unterscheiden von den armen Irren in *Bicêtre*. Die Eltern hätten das Kind loswerden wollen, weil es nicht normal gewesen sei, ergänzt er im zweiten. Itard entgegnet, dass das Kind kein Irrer sei, sondern das besondere Schicksal habe, dass es, nachdem es mit drei oder vier Jahren im Wald ausgesetzt worden sei, sieben oder acht Jahre isoliert gelebt habe. Weil das *Institut National* nicht der richtige Ort für es sei und *Bicêtre* sicher der falsche, kündigt er an, es in seine Obhut nehmen zu wollen. Seine Haushälterin, Madame Guerin, werde ihn dabei unterstützen. Itard vermutet als Aussetzungsgrund, dass das Kind den Eltern im Weg gewesen sei, unerwünscht und womöglich illegitim. Er hält es im Gegensatz zu Pinel für erziehbar (24:47-26:32 Min.). Das wilde Kind erscheint als ein Ahne Antoines, und Truffaut widmet den Film sicher nicht grundlos dessen Darsteller Jean-Pierre Léaud. Dr. Itard ist Petite Feuille pädagogisch weit voraus; die Revolution hat stattgefunden.

Mit Madame Guerin intensiviert sich die Pflege und der Zivilisationsprozess. Das Kind bekommt Schuhe. Es unternimmt mit Itard Ausflüge aufs Land, wo es in einer Schale Milch zu trinken bekommt. In vielen Szenen lernt das Kind von selbst, z.B. seine Bedürfnisse durch Zeichen auszudrücken. Dr. Itard beobachtet das Kind, macht Versuche und organisiert Übungsreihen. Madame Guerin sorgt für eine angenehme Atmosphäre und achtet darauf, dass der Doktor das Kind nicht überanstrengt. Ihr fällt auf, dass das arme Geschöpf noch nicht mal einen Namen habe. Der Schrecken der Namenlosigkeit wirkt auch in diesem Film, diesmal allerdings auf Seiten des Zöglings (vgl. Lacan 2006, S. 29). Weil die Sensibilität des Kindes für den Laut »o« schon aufgefallen ist, versucht Itard drei Namen mit »o«. Als Madame Guerin das Kind Victor ruft, wendet es sich um. Sie geben ihm den Namen Victor. Victor wird durch einen, einen Augenblick innehaltenden, Vignetten-Kasch im Übergang in die Schwarzblende isoliert und hervorgehoben. Das Individuum entsteht – und die Singularität verlischt.

In der folgenden Sequenz (42:42-47:08 Min.) wechseln beschreibende Kommentare aus dem Off mit direkter pädagogischer Interaktion. Beim Essen versuchen Dr. Itard und Madame Guerin es weiter mit dem »o«. Sie bitten sich wohl artikuliert gegenseitig um *eau* (das französische Wort für Wasser klingt wie »o«) und erfüllen die Bitten. Victor verlangt auch nach Wasser, allerdings ohne das Schlüsselwort zu sagen. Als Madame Guerin geneigt scheint, Victors Begehren nachzugeben, greift Itard wortwörtlich ein. Seine Geste gleicht der Victors. Er streckt beide Hände vor. Es folgt ein Blickwechsel mit Madame Guerin, dann lässt Dr. Itard sie gewähren. Victor bekommt Wasser. Der Bericht wird fortgesetzt. Zum nächsten Besuch auf dem Land bringt Victor eine Schale mit. Das ist ein neues Zeichen für seine Bitte um Milch. Wieder zurück im Haus von Dr. Itard wiederholen dieser und Madame Guerin die Unterrichtseinheit »Bitten« mit Milch. Victor soll *lait* (Milch) sagen, wenn er Milch will. Milch ist dann auch tatsächlich sein erstes Wort (45:24 Min.). Der Bericht, der immer wieder aus dem Off eingesprochen wird, vermerkt, dass Madame Guerin diese Äußerung mit großer Genugtuung aufgenommen habe, wohingegen Itard sie *nur* als einen Ausdruck von Freude wertet und nicht als intentionalen kommunikativen Akt. Auch das Wegsperren der Milch in den Schrank bringt keinen Erfolg. Die sich anschließende kurze Sequenz (47:09-47:27 Min.) zeigt, dass Dr. Itard und Victor auch sehr spielerisch miteinander umgehen. Sie spielen mit einem Handspiegel, der auch als Lichtquelle wirkt. Er erzeugt nicht nur Trugbilder, sondern sorgt auch für Aufklärung, die den Menschen als moralisches Wesen hervorbringt. In einer Sequenz gegen Ende des Films (01:12:15-01:14:20 Min.) versucht Itard in einem Experiment herauszufinden, ob Victor über ein Moralvermögen verfügt. Itard lässt Victor zwei Gegenstände bringen und reagiert auf die Erfüllung des Auftrags vollkommen unangemessen. Als er Victor in die dunkle Kammer sperren will, beißt dieser ihm in die Hand. Daraufhin tröstet er Victor und umarmt ihn. Der Kommentar verrät, dass es Itard mit großer Befriedigung erfüllt habe, dass aus dem wilden Kind ein moralisches Wesen geworden sei. Victor steht in der nächsten Szene im ersten Stock des Hauses hinter einem Fensterkreuz – so wie Itard und Pinel bei ihrem oben wiedergegebenen zweiten Gespräch. Sie sind nun gleich, suggeriert das Bild, und das Fensterkreuz deutet zugleich eine Einschränkung von Bewegungsfreiheit an. Dabei regnet es diesmal nicht einmal.

Victor holt sein Spiegelstadium nach. Im Hause Itard baut sich dann klischeehaft die ödipale Situation auf: der strenge, rationale Vater, die gute Mutter und das wilde Kind. Obwohl Itard auf Gesetze drängt, lassen sich die weiblichen und die männlichen Anteile der Erziehungs- und Unterrichtsaufgabe nicht eindeutig zuschreiben. Auf eindrückliche Weise inszeniert Truffaut die zweite von Siegfried Bernfelds drei Grenzen der Erziehung. Der Erziehung wird nicht nur durch die Bildungspolitik und Unterrichtspraxis eine soziale Grenze gesetzt und es leistet ihr auch nicht nur das Kind mit seinem Vermögen Widerstand, sondern der Erzieher steht zudem »vor zwei Kindern: dem zu erziehenden vor ihm und dem verdrängten in ihm« (Bernfeld 1973, S. 141). Diese Grenze erklärt, warum Victor den Anforderungen Itards nie genügt. Und sie erklärt auch, warum die wohlmeinenden Lehrerfiguren in *Entre les murs* und *Etre et avoir* manchmal das Gegenteil dessen tun, was sie womöglich intendiert haben.

Zwei zeitgenössische Lehrerbilder

Georges Lopez und François Marin sind Wiedergänger von Dr. Itard und Petite Feuille. Die erzählte Zeit umspannt in *Entre les murs* ein Schuljahr und in *Etre et avoir* ein halbes.

François Marin
Wie der namenlose Lehrer in *Les quatre cents coups* ist Marin auch in *Entre les murs*, der in Cannes 2008 mit der Goldenen Palme ausgezeichnet wurde, Französisch- und Klassenlehrer. Die Schule wird durch die Lehrergespräche, mit denen der Film beginnt, als problematisch eingeführt. Sie liegt in keinem der feineren Arrondissements, aber auch nicht in einem Banlieue, sondern vermutlich – einen Hinweis aus dem Film folgend (01:04:15 Min.) – vier Metrostationen nördlich der Galeries Lafayette, also in der Nähe des Gare de L'Est. Die Klasse – so ja auch der zutreffende deutsche Titel des Films – wirkt ausgesucht multikulturell. Im Kontrast zu dem, was die Exposition erwarten lässt, verläuft der Unterricht meist überraschend ruhig. Das leichte Kameraschwanken und die *wirklichen* Vornamen der Jugendlichen, die keine Schauspieler sind, sondern aus dem *wahren* Leben kommen, leisten ihre je eigenen Beiträge zum Echttun.

Zu Beginn der zweiten Sequenz (04:23-07:28 Min.) steht Marin an der Tür zum Klassenzimmer. Er begrüßt seine Schülerinnen und Schüler und fordert einige Schüler auf, ihre Caps abzunehmen. Im Klassenraum sorgt er für Disziplin. Seine Ruhe-Ruhe-Rufe unterstützt er durch Klopfen auf das Pult. Er beginnt den Unterricht mit einem kurzen Lehrervortrag über die Verschwendung von Unterrichtszeit, durch die die Schülerinnen und Schüler dieser Schule denen anderer Schulen im Konkurrenzkampf unterliegen werden. Khoumba entgegnet ihm, dass seine Rechnung falsch sei. Marin hat sich tatsächlich um ein Drittel zugunsten der Dramatik verrechnet. Auf die leichte Unruhe in der Klasse reagiert er mit der Äußerung: »Wer was sagen will, meldet sich.« Er wollte nur sagen, dass sie Zeit verschwenden. Die sich anschließende Aufgabe, Namensschilder zu gestalten, verweigert Esmaralda, Khoumbas Tischnachbarin, zunächst mit dem Grund, dass Monsieur Marin seinen Namen auch schreiben soll. Sie beharrt auf Gleichheit und stört so den Unterricht, der auf die Herstellung von Ungleichheit abzielt (vgl. Rancière 2007).

In den folgenden Klassenzimmersequenzen geht es um die Bedeutung von Wörtern und Hilfe. Die Schülerinnen beschweren sich, dass Monsieur Marin nur weiße Namen verwende wie Bill. Sie erledigen Stillarbeit. Monsieur Marin ermahnt sie zu fragen, bevor sie aufstehen. In einer Unterrichtseinheit zum Subjonctif bemerkt Esmaralda, dass sie mit ihrer Mutter so nicht und überhaupt niemand so rede. Die Schülerinnen und Schüler befragen Monsieur Marin nach seiner sexuellen Orientierung. Sie konjugieren an der Tafel und machen sich übereinander lustig, obwohl es keiner besser kann.

In der längsten Klassenzimmersequenz (27:16-40:26 Min.) weigert sich Khoumba vorzulesen. Ihre Verweigerung wird zum Thema. Sie solle, fordert Monsieur Marin sie auf, normales französisch mit ihm sprechen (nervé für genervt, nicht véner). Khoumba verteidigt sich. Niemand habe es gelesen und Monsieur Marin, der – wie er sagt – nur zu unterrichten versuche, lasse seinen Ärger darüber an ihr aus. Das wäre in der Tat ungerecht und ist es wohl auch. Er fordert sie auf, nach der Stunde zu einem Gespräch zu bleiben. Esmeralda setzt auf Ironie und liest mit vorgeblich größtem Vergnügen das Ende aus dem Tagebuch von Anne Frank. Monsieur Marin ruft kurz in Erinnerung, warum das Tagebuch hier endet. Kurz darauf sei die Polizei gekommen, man habe Anne deportiert und ermordet. Über die Feststellung, dass man in der letzten Passage viel über Anne erfahre, schlägt er rasch den Bogen zum Selbstporträt, das die Schülerinnen und Schüler schreiben sollen. Diese erwidern, dass ihr Leben nicht so besonders sei wie das von Anne Frank, dass sie nicht alt genug seien für eine Autobiografie, ihr Alltag banal sei und sich niemand für ihre Leben interessiere, außer Monsieur Marin, als ihr Lehrer ein Spezialfall. Monsieur Marin gibt dann auch zu, sein Interesse professionell zu übertreiben. Er fragt, warum es ein Problem sei, sein Leben zu erzählen. Genannt werden Intimität und Scham. Boubacar erzählt, wie er sich wegen der Mutter seines Freundes Rabah geschämt habe. Monsieur Marin fragt, ob er sie hässlich finde. Boubacar verneint und erzählt, dass er zum Essen eingeladen worden sei, aber nicht vor der Mutter seines Freundes habe essen wollen, aus Achtung, nicht aus Missachtung, wie Monsieur Marin vermutet. Boubacar gibt seinen Erklärungsversuch schließlich auf. Seine kulturspezifische Erklärung fügt sich nicht in die universale Logik Monsieur Marins, der nicht minder ironisch als Esmaralda zuvor anmerkt, offenbar nicht intelligent genug zu sein, um zu verstehen. Nach dem Klingeln zitiert er Khoumba, die gehen wollte, zu sich ans Pult. Er fordert sie auf, ihm ihr Mitteilungsheft zu geben. Sie wirft es ihm hin. Er ermahnt sie, es ihm freundlich zu geben, und bemängelt das fehlende Foto. Monsieur Marin versteht sie falsch und fragt, ob sie es für normal halte, nach seiner Aufforderung vorzulesen, dies zu verweigern, und was im Sommer passiert sei. Seither sei sie unkooperativ. Khoumba antwortet, sie könne nicht immer Kleinkind bleiben. Monsieur Marin fragt, ob sie denke, dass nur Kleinkinder lernen. Esmaralda und eine weitere Freundin warten vor der offenen Tür. Khoumba drängt Monsieur Marin zur Eile. Ihre Mutter warte. – Sie müsse eben warten, er, Monsieur Marin, erwarte eine Entschuldigung. Ihr »Pardon« akzeptiert er nicht. Er besteht auf der richtigen Form und spricht ihr einen Satz vor, den Khoumba mehrfach wiederholt. Keine der Wiederholungen genügt Monsieur Marin. Er fordert eine wahrhaftige Entschuldigung, eine unmögliche »vrai excuse«, und mehr Überzeugung. Schließlich lässt er Khoumba gehen. Im Gehen sagt sie ihm, dass ihre Entschuldigung nicht ernst gemeint gewesen sei. Nach dem Abgang der drei Schülerinnen tritt Monsieur Marin gegen seinen Stuhl, der daraufhin umkippt.

Zu Beginn der folgenden Klassenzimmersequenz (45:55-56:23 Min.) fordert Khoumba »respect« und kündigt an, dass sie sich nach hinten setzen werde, damit keine Konflikte mehr entstünden. Ihr Begehren will nicht nur die Anerkennung als gleiche, unter hierarchischen Gesichtspunkten, sondern zugleich auch als andere, nämlich als Frau. In der Universalität des Diskurses, den Monsieur Marin führt, finden weder Khoumba noch Boubacar ihren Platz. Wie der namenlose Lehrer aus *Les quatre cents coups* stellt Monsieur Marin, ebenfalls unterstützt vom Rektor, Autorität aus, die eine Lücke zu verbergen sucht. Auch er lässt seinen Ärger an einer beliebigen Schülerin aus. Niemand hat gelesen, Khoumba muss büßen. Auch er beginnt und endet gestisch, klopfend und etwas umstoßend. Die Bilder werden aber nicht mehr zu Klischees. Der Film tut echt und die Lehrerfigur wird dadurch doppelt genarrt. Sie verliert dann auch doppelt, kann sich erst in der Klasse im Disput über das richtige Verhalten der beiden Schülervertreterinnen bei und nach der Konferenz als auch im letztlich auf diesen Disput hervorgehenden Disziplinarverfahren gegen einen Schüler mit seiner Position nicht mehr durchsetzen. Gut ist hier offensichtlich wie zu oft das Gegenteil von gut gemeint. Er hat die Aktionen, die zum Ausschluss eines Schülers führen, mit hervorgerufen. Ein Unglück, denn im Unterschied zu Petite Feuille meint es Monsieur Marin gut mit seinen Schülerinnen und Schülern. Die Wirkungen des Machtdispositivs *Schule* erweisen sich aber als bestimmend. Marin bleibt machtlos, erlebt und reflektiert seine Ohnmacht, die nicht nur seine ist. In dieser Hinsicht ähnelt er Dr. Itard. Dessen ungeachtet geht alles weiter wie zuvor. Am Ende des Schuljahres spielen Lehrer und Schüler Fussball. Alles ist Spiel, aber nur im Fussballspiel werden alle gleich und gleich behandelt.

George Lopez

Etre et avoir ist ein preisgekrönter Dokumentarfilm. Ich erinnere noch gut die Rührung des Kinopublikums. George Lopez arbeitet als Lehrer wie Vater und Mutter; und er wird von den Schülerinnen und Schülern auch geliebt, als ob er Vater und Mutter wäre, wirklich sehr rührend. Das Leben in der Zwergschule ähnelt dem einer Familie, wenn auch nicht denen der oft bäuerlichen Leben in den Familien der dreizehn Schülerinnen und Schüler verschiedener Jahrgangsstufen der *Ecole Maternelle* und der *Ecole Elémentaire*. Man lernt in einem Raum und kocht zusammen. Das Setting erfordert ein hohes Maß an bewundernswerter Binnendifferenzierung. Die den Film rhythmisierende Sequenzfolge legt nahe, dass es in der Auvergne Parallelen gibt zwischen dem Umgang mit Kindern und dem mit Kühen.

In der ersten Unterrichtssequenz (06:23-12:40 Min.) schreiben die sechs jüngeren Schülerinnen und Schüler das vorgeschriebene Wort »maman« nach. Die Bewertung wird deligiert. Ein etwas älterer Schüler liest laut. Monsieur Lopez korrigiert ihn. Sie klären das Wort Albtraum (»cauchemar«) und lassen den Schüler seinen erzählen. Die kleine Marie bekommt Angst. In der zweiten Unterrichtssequenz (13:37-16:14 Min.) schreiben die älteren Schüler ein Diktat. Während des Diktats ermahnt Monsieur Lopez den kleinen Jojo wortlos. Es hängt ein Bleistift aus einem seiner Nasenlöcher. In der dritten Unterrichtssequenz (16:54-21:42 Min.) wird Jojo wieder ermahnt, diesmal seine Arbeit zu Ende zu führen. Er wird nicht fertig und muss sich in der Pause rechtfertigen. Monsieur Lopez erzeugt ein moralisches Problem. Jojo habe etwas versprochen und müsse dies Versprechen nun halten. Dass er nie frei war zu versprechen, thematisiert der Film nicht. Er fängt die Unfreiheit direkt ein.

Am aufschlussreichsten ist in dieser Hinsicht die Streitschlichtungssequenz (28:58-34:05 Min.) zwischen Olivier und Julien. Olivier spricht nicht, wirkt verweint, lacht verlegen. Er wünscht sich nur, dass es wieder wird wie zuvor (»comme avant«). Julien klärt den Sachverhalt. Davon abgesehen spricht Monsieur Lopez die ganze Zeit aus dem Off. Die Kamera zeichnet auf, was man nicht sehen sollte, das Leiden Oliviers in der Situation. Sein Leiden scheint sich zu verstärken, dadurch dass auch noch für ihn gesprochen wird. Mich erinnert die Sequenz an eine Sequenz aus Godards *Week-end* (F 1967), in der der weiße Freund für den Schwarzen spricht, dessen Gesicht in Großaufnahme zu sehen ist. Godard bebildert den freien indirekten Diskurs, den zu sprechen Befreiung bedeutet. Gesprochen wird über Ausbeutung. Bei Philibert spricht Georges Lopez Grenzen. Geboren werden soll ein Geständnistier. Im Scheitern des sokratischen

Gesprächs wird seine anti-emanzipatorische Wirkung offensichtlich und unerträglich (vgl. dazu Rancière 2007, S. 42). Philiberts Kunst lebt von der Länge der Einstellungen, die oft etwas zu lang sind, so dass sie nach den Handlungen noch Ereignisse enthalten – so zum Beispiel in der vorletzten Einstellung (01:36:38-01:58:00 Min.). Nach der Verabschiedung der Schülerinnen und Schüler bleibt das Gesicht von George Lopez, in dem sich die Arbeit des Jahres auszudrücken scheint, noch einige Sekunden stehen. Hier, in dieser Lücke, werden Zweifel und Verletzlichkeit transparent, die die Autorität bricht. Hier bricht Reales in die Fiktion, deren Realität nur durch Fiktionalisierung »echt« wird. »In echt«, wie wir als Kinder sagten, überfordert ihn die Verschmelzung von Madame Guerin und Dr. Itard als perfektionierte Vater- und Mutter-Figuren strukturell. Im Bruch nehmen wir wahr, dass es so nicht weitergehen kann. Die Revolution ist vorüber, der Aufstand kommt (vgl. Unsichtbares Komitee 2010). Empört Euch! (vgl. Hessel 2010). Über gefälschten Käse und die oft verleugneten Widersprüche und Widerstreitfälle im Unterricht. Beides scheint in Frankreich und anhand französischer Filme einfacher. Nötig wäre es auch hierzulande.

Literatur

Baudrillard, Jean (1978): Die Agonie des Realen, übersetzt von Lothar Kurzawa und Volker Schaefer, Berlin: Merve

Bazin, André (2004): Was ist Film? Übersetzt von Robert Fischer, Berlin: Alexander

Bernfeld, Siegfried (1973) [1925]: Sisyphos oder die Grenzen der Erziehung. Frankfurt a. M.: Suhrkamp

Bickerton, Emilie (2010): Eine kurze Geschichte der Cahiers du Cinéma, übersetzt von Markus Rautzenberg, Zürich, Berlin: diaphanes

Deleuze, Gilles (1989): Das Bewegungs-Bild. Kino 1, übersetzt von Ulrich Christians, Frankfurt a. M.: Suhrkamp

Deleuze, Gilles (1991): Das Zeit-Bild. Kino 2, übersetzt von Klaus Englert, Frankfurt a. M.: Suhrkamp

Deleuze, Gilles (2005): Schizophrenie und Gesellschaft. Text und Gespräche 1975-1995, hg. von Daniel Lapoujade, übersetzt von Eva Moldenhauer, Frankfurt a. M.: Suhrkamp

Deligny, Fernand (1980): Ein Floß in den Bergen. Neben Kindern leben, die nicht sprechen. Chronik eines Versuchs, übersetzt von Clemens-Carl Haerle, Berlin: Merve

Deligny, Fernand (2002): Irrlinien. Chronik eines Versuchs, übersetzt von Roland Voullié, Ostheim, Rhön: Peter Engstler

Fischer, Robert (Hg.) (1993): Monsieur Truffaut, wie haben Sie das gemacht? München: Heyne

Foucault, Michel (1973): Wahnsinn und Gesellschaft, übersetzt von Ulrich Köppen, Frankfurt a. M.: Suhrkamp

Hessel, Stéphane (2010): Indignez vous! Montpellier: Indigène éditions

Lacan, Jacques (2006): Namen-des-Vaters, übersetzt von Hans-Dieter Gondek, Wien: Turia + Kant

Malson, Lucien; Jean Itard und Octave Mannoni (1996): Die wilden Kinder, übersetzt von Eva Moldenhauer, Frankfurt a. M.: Suhrkamp

Rancière, Jacques (2007): Der unwissende Lehrmeister. Fünf Lektionen über die intellektuelle Emanzipation, übersetzt von Richard Steurer, Wien: Passagen

Unsichtbares Komitee (2010): Der kommende Aufstand. Hamburg: Edition Nautilus

DVDs

Die Klasse (*Entre les murs*). Ein Film von Laurant Cantet. Concorde Home Enterainment

Sein und Haben (*Etre et avoir*). Ein Film von Nicolas Philibert. Ventura Film, Idigo

Sie küssten und sie schlugen ihn (*Les quatre cents coups*). Restaurierte und ungekürzte Langfassung. In: François Truffaut Collection 2. Concorde Home Enterainment

The Wild Child (*L'Enfant sauvage*). A Film by François Truffaut. MGM DVD

Kann man Übertragung sehen? – Lehren heißt, individuelle Grenzen überschreiten

Karl-Josef Pazzini

Der Film *Entre les murs* von Laurent Cantet (2008) hieße nicht *Die Klasse*, würde man den Titel wörtlich übersetzen, sondern »Innerhalb der Mauern« oder auch »Zwischen den Mauern«.[1] Der Originaltitel ruft etwas Eingeschlossenes auf, Mauern, die etwas umgeben, einen Ort, eine Handlung, die von etwas umgeben ist. Ein Schutz, eine Abwehr, ein Einschluss, eine Grenze wird vorstellbar. Zum Gegenstand machen möchte ich diesen Film, insbesondere die 3. Sequenz des gezeigten Unterrichts (ca. 12:00ff Min.).

Sofort komme ich an die Grenzen des Mediums ›Buchbeitrag‹. Kann man in einem Vortrag noch eine oder mehrere Sequenzen eines Films zeigen, so entfällt das hier. Konfrontiert ist der Leser mit einem Mediensprung. Das ist eigentlich trivial. Nur in Bezug auf das, was mir zur Frage wurde, scheint mir das nicht selbstverständlich. Es geht mir um die Frage der Übertragung in Lehrprozessen. Der Vortrag ist selber eine Form, in der Übertragung ›offensichtlich‹ eine Rolle spielt, ganz anders wieder beim Buchbeitrag. Übertragung ist ein performatives Geschehen, das von Zeit, Raum und Aktionen in ihr ›lebt‹. Kann Übertragung durch eine aktuelle Situation (mit Übertragung) wiederbelebt werden? Und sofort stellt sich die Frage: Gesetzt den Fall, es gehe im gezeigten Unterricht nicht inhaltlich, aber als Bedingung, als etwas Beiläufiges, auch um Übertragung, dann bleibt zu klären, wo diese eigentlich entsteht. Es ist hier nicht möglich, genauer auszuführen, wieso mit einigem Recht davon gesprochen werden kann, dass beim Lehren und auch beim Lernen Übertragung ein wichtiges Moment ist.[2]

Im Film geht es um Folgendes: Der Film beginnt mit einem neuen Schuljahr am Collège im 20. Arrondissement von Paris, einem multiethnischen Bezirk am nordöstlichen Stadtrand der Metropole, ein Schulgebiet mit besonderer Förderung. Seit vier Jahren arbeitet François Marin hier als Französischlehrer. Er ist der Protagonist dieser Lehrerperformance. Seine Kolleg/innen treten nur in wenigen Szenen, meist Lehrerkonferenzen, auf. Im Gegensatz zu vielen Schüler/innen kommen die meisten Lehrer aus Familien, die seit Generationen in Frankreich leben. Auch in diesem Jahr macht es dem Lehrer Marin die 4ème –

---

[1] Originaltitel: *Entre les murs* [dt. *Die Klasse*] (2008), Regie: Laurent Cantet, nach dem gleichnamigen autobiografischen Roman (2007) von François Bégaudeau.

[2] Vgl. Pazzini (2010a, S. 309ff.), vgl. ders. (2010b, S. 129ff.), vgl. ders. (2011, S. 41ff.).

im französischen Schulsystem entspricht diese Klassenstufe einer 9. Klasse in Deutschland –, die er als Klassenlehrer betreut, nicht leicht dabei, ihnen einen Zugang zur französischen Sprache zu vermitteln. In einer Klasse von 24 Schüler/innen mit unterschiedlichem ethnischem Hintergrund scheint es nahezu unmöglich, eine Verständigungsbasis, eine gemeinsame Sprache zu finden, die auch dann noch genug Anlässe zu Miss- und Unverständnis bieten würde.

Einige der Schüler, wie beispielsweise Souleymane, haben große Probleme, die schulischen Anforderungen zu bewältigen. Sie finden an den offiziellen Inhalten nichts, was sie packen könnte oder was sich packen ließe. Anders hingegen Esméralda: Sie hinterfragt die didaktischen Absichten von François Marin und zwingt ihn, zu begründen und zu argumentieren. Immer wieder kommen so auch kulturelle Differenzen, unterschiedliche Lebensweisen und die Kluft zwischen Arm und Reich, zwischen ›Snobs‹ und ›gewöhnlichen‹ Menschen zur Sprache. Es sind also genug Differenzen und Fremdheiten im Spiel, um Spannungen entstehen lassen zu können. Die Fremdheit entsteht immer deutlicher, je näher sich die Menschen im Film kommen und ebenso beim Zuschauer.

Als Esméralda und Louise in der Klasse erzählen, François habe in der Zeugniskonferenz Souleymanes schulisches Leistungsvermögen herabgesetzt, verliert François kurz die Kontrolle und beschimpft die beiden Klassensprecherinnen als »Schlampen«. Denn über die Gespräche in der Lehrerkonferenz hätten sie Schweigen bewahren müssen. Als Souleymane, wütend über die Beurteilung durch François, versucht, seine Klassenkamerad/innen zu verteidigen, eskaliert ein Streit. Polternd verlässt Souleymane die Klasse und verletzt dabei versehentlich seine Mitschülerin Khoumba. Die Auseinandersetzung hat Folgen: Souleymane wird vor den Disziplinarrat beordert und von der Schule verwiesen. Soweit eine Erzählmöglichkeit des Filmgeschehens.

Die gewählte Sequenz, etwa ab der zwölften Minute, lässt bei aufmerksamer Beobachtung erkennen, wie insbesondere zwischen Marin und Khoumba Blicke gewechselt und mimisch fixiert werden, beantwortet und wieder verwischt werden, neue Anläufe einer neben der Handlung verlaufenden Kontaktaufnahme geschehen, diese das gezeigte Unterrichtsgeschehen ausrichten, anfeuern und stabilisieren. Würde man den gesprochenen Text gesondert aufschreiben, würde davon fast nichts erkennbar werden, dennoch wird Intonation davon getragen, das Schreiben an der Tafel unterstrichen. Mimiken und Gesten erscheinen blitzartig wie Videostills im Ablauf eines Films. Sie sind aber keine Stills. In den Gesichtern gibt es Vorausahnungen und nachträgliche Reaktionen. Die Handlung bekommt damit einen lustvollen oder sagen wir erotisch gefärbten Moment.

Der Unterricht kreist um den *Subjonctif* (im Deutschen etwa dem Konjunktiv entsprechend). Es geht um die Möglichkeitsformen, um Manierismen des

Sprechens, um unterschiedliche kulturelle und ethnische Hintergründe und zum Schluss, auch reagierend auf die Bewegungen des Lehrers um die Frage, ob dieser homosexuell sei, eine Frage die ein Lachen in der Klasse platzen lässt und alle im Film sichtbaren Schülerinnen und Schüler deutlich in Bewegung versetzt. Es entsteht eine Beziehung der beteiligten Individuen untereinander, je einzelne Beziehungen, die durch das Sprechen ausgelöst und im Sprechen durch Mimik und Gestik gestützt werden. Es entsteht ein Raum, eine Zeit und eine Handlung, die niemandem mehr gehört, die sich fortpflanzt, die in Bewegung setzt, etwas schafft zwischen den Individuen, das die notwendige Unterstellung für den Fortlauf der Handlung liefert. Es geht um eine Rivalität in der Intensität der je einzelnen Beziehungen zum Lehrer: um die Aufklärung des Inhalts, was der Lehrer ›auch‹ ›ist‹, und ausgehend vom Lehrer, wie die Schülerinnen und Schüler ihm erscheinen, was ihn bestätigt, wie er mit dem Inhalt voran kommt, der ohne Bestätigung, keine Akzeptanz erlangt.

Beim Ansehen und Anhören des Films geht etwas zwischen Betrachter und Film hin und her. Das Rezipierte wird vom Zuschauer auf die eigene Situation und Erfahrung appliziert. Der Film kürzt Handlungen und Gedankengänge ab, sie müssen per Unterstellung imaginiert werden, in Fluss gebracht werden. Der Film wird geradezu dadurch erst wahrnehmbar. Der Film liefert Material und Medium.

Nach einer ersten Rezeption des Films erzählte ich begeistert, dass man in dem Film tatsächlich Übertragung sehen könne, deren Entstehen und deren Verhakelung, wie Übertragung zur Produktion oder zum Widerstand werde, das manchmal sogar beides gleichzeitig vorkomme. In einer ersten Vorführung vor Publikum habe ich dann auch auf solche Szenen hingewiesen und sie unter dem Aspekt »Übertragung und Lehren« diskutiert. Das funktionierte, war aber reichlich naiv, weil auch (auto)suggestiv. Zur Pointierung arbeitete ich mit Stills aus dieser Sequenz. Alsbald wird natürlich klar, dass es hoch problematisch ist, so objektivistisch zu sprechen: Also Sie sehen hier, genau hier, da geht es los, da springt etwas über, Schuss, Gegenschuss. Nicht dass das jemand überzeugend bestritten hätte, dass es da und später im Film um diverse Übertragungsprozesse geht. Oder besser ›ging‹ oder ›gehe‹ oder der Betrachter ›meine‹, es ginge um Übertragung. Wahrscheinlich ist das, was man sieht, was man mit offenen Augen und Sinnen empfängt, nur der Anlass, ein Konzept zu identifizieren, das von Unbewusstem spricht. Oder anders: Wie wird eigentlich das als Film Gesehene zu einer Bildung des Unbewussten (vgl. Lacan 2006; vgl. Freud 1905), also einer Leistung, die fehl geht, wenn man den nicht sichtbaren und hörbaren und in Bewegung setzenden Überschuss nicht vernimmt? Wären Filme dann wirksam? Könnten sie bildend sein? Oder nur informativ? Zu welchen Teilen beruht ein solches Filmerlebnis auf sensueller Überwältigung oder auf Übertragung?

Abb. 1-20: Screenshots aus *Entre les murs* (ab 12. Min.)

Wie kann man sich den Weg der Übertragung vorstellen von der im Film inszenierten Situation auf der Grundlage eines Romans und eines Drehbuches, das auf
Erfahrungen des Romanautors als Lehrer zurückgeht? Es spielen bis auf eine
Ausnahme ›richtige‹ Schüler und zudem ein ›richtiger‹ Lehrer, der auch der Autor des Buches ist, im Film mit. Es ist aber dennoch eine artifizielle Veranstaltung. Ein weitere Bildung erfährt die Übertragung in der äußerst vermittelten
Situation der jeweils individuellen Filmwahrnehmung (im Kollektiv). Die Frage
könnte auch so gestellt werden: Kann Übertragung intentional gespielt werden?

Die Frage ist wohl absurd, wenn es denn stimmt, dass Übertragung ein un-
bewusster Prozess ist. Dennoch: Es gibt wohl aus der Reflexion eigenen Verhaltens und der Beobachtung am anderen so etwas wie identifizierbare Anzeichen,
Erscheinungsweisen, Fremd- und Selbstwahrnehmungen, von denen man sagen
kann, dass diese in der Form dann auftreten, wenn es zwischen Menschen inten-
siven Austausch gibt, gegenseitige Begeisterung, Befangenheit, Ermunterung,
ein Über-sich-Hinausgehen. Und vielleicht sind es diese Erscheinungsweisen,
die den Zuschauer animieren, in eine weitere Übertragung einzusteigen und so
am Filmgeschehen teilzuhaben. Vielleicht ist dazu jemand förderlich, der den
Film mit ansieht oder später darüber in ein Gespräch eintritt.

Und noch eine zweite inhaltliche und zugleich auch methodologische Überlegung: Der Filmtitel *Entre les murs* trat in Korrespondenz zu einem weiteren
Thema, das mich zur Zeit beschäftigt, die Abgeschlossenheit, die Autonomie,
Eigentümlichkeit, im Sinne der Zurechenbarkeit von Verantwortung, des individuellen Subjektes.

Das Konzept eines autonomen, individuellen Subjektes ist in der Pädagogik
angestrebt, war es zumindest seit der Moderne. Es bringt Pädagogik, Unterricht,
Schule in Paradoxa. Individualität, verstanden als jeweilige Besonderheit und
unterscheidende Gewordenheit, wird in Initiationen, auch deren milden Formen,
in vielen Formen von Prüfungen zumindest zeitweise aufgegeben werden müssen. Einerseits wird individuelle Subjektivität mit einem Identitätskern vorausgesetzt, andererseits ist evident, dass sie erst noch zum akzeptablen Ziel für die
Einzelnen werden muss. Diese Prozesse heißen Autonomisierung, Individualisierung der pädagogischen Aktionen, Emanzipation, als Befreiung von gewaltsam
einengenden Zusammenhängen. Das Konzept des autonomen individuellen Subjekts, des Individuums ist historisch gewachsen und vor allem eine kulturelle
Eigenart Europas, der westlichen Welt und aller Kulturen, die von diesen ergriffen sind. In der Geschichte kennen wir auch Situationen oder längere Zeiten, in
denen schlagartig individuelle Autonomie und Autarkie aufgegeben wurden – in
Totalitarismen unterschiedlicher Art; zuweilen werden sie als Last empfunden,
zuweilen sind sie Basis widerständigen Denkens und Handelns (»Hier stehe ich,
ich kann nicht anders«, Luther).

Selbst wenn Individualität unbestrittenes Ziel pädagogischen Handelns sein könnte bis hin zur Ermöglichung und Darstellung von Singularität, so geht es beim Lehren, einem Teil pädagogischen Handelns, auch um deren Überschreitung. Das Spektrum überschreitender Aktivitäten liegt zwischen Überzeugungsarbeit, Überredung, Einsatz von Mimik, Gestik, Sprache, technischen Medien, die manchmal so invasiv sein können, wie ein körperlicher Ein- oder Angriff durch einen Menschen. Unterrichtssituationen laufen in der am Ende stehenden Bewertung auf individuelle Zurechenbarkeit hinaus, gleichzeitig werden in ihnen die Anwesenden in gleicher Weise adressiert. Vergleichbarkeit, Gleichheit konstruiert ein imaginäres Wir, das seine Darstellung in allerlei symbolischen Formen sucht und wenn es der Einschluss durch Mauern ist.

Um die Übertragung und deren Auftauchen wahrzunehmen und zu überdenken, ist es gut festzuhalten, dass Lehren im Kern Transgression ist. Ohne Überschreitung bewegt sich nichts, Überschreitung hat mit Aggressivität und Gewalt zu tun, produziert Nähe aus einer vorangegangenen räumlichen und emotionalen Distanz heraus und führt auch wieder zu einer Abstandnahme zu einer Trennung. Prozesse von Überschreitungen tragen die Wirksamkeit des Lehrens, sind Kennzeichen seiner Fruchtbarkeit wie seiner Gefährlichkeit, aber auch immer wieder des Misslingens – ethisch durchaus auch zweifelhaft. Misslingen kann dieser Prozess, z.B. in der extremen Form des manifesten sexuellen Missbrauchs oder des aus Angst nur mit methodischen und medialen Distanzwaffen geführten Unterrichts, des Versuchs, die Übertragung zu beherrschen oder aus Uninspiriertheit nicht zustande zu bringen. Hemmung, fehlende Liebe zum Gegenstand, fehlende Liebe zu Schülern oder Studenten lassen Übertragungen abreißen oder zu starren Abwehr- und Bindungsformationen werden. Letzteres wird durch viele Reformen in Schule und Universität gefördert, Liebe flankiert mit Glaube und Hoffnung, oder zurückgenommener, rationaler formuliert: Unterstellung und Ausgriff auf die Zukunft müssen zumindest im Moment der pädagogischen Aktion mit Ungewissheit, Unbeherrschbarkeit, Kriterienlosigkeit umgehen können, die Interessen, also das Dazwischensein des Lehrers und auch der Schüler, überbrücken die Lücken vorläufig.

Übertragung kommt dann nicht zustande, wenn das Handeln eines Lehrers die prinzipielle Liebesbedürftigkeit auch in Form von Anerkennung, Beachtung und Aufmerksamkeit verfehlt oder wenn die durch Lehre Angesprochenen nicht in der Lage sind, Interesse am Inhalt, der Form der Präsentation und der Person des Lehrers aufzubauen und partiell Person und Inhalt zu separieren, zu abstrahieren, sich immer wieder zu trennen und zu trauern, bzw. sich über gelungene Trennungen zu freuen.

Es gibt demnach in diesem Beitrag zwei Themenkomplexe:

1. Geht es beim Lehren systematisch um die Auflösung der Grenzen des individuellen Subjektes? Geschieht das wesentlich durch Übertragung?

2. Kann beim Ansehen und Hören eines Films dadurch, dass er den Zuschauer in Bewegung setzt, ihm energetisch etwas zufügt oder absaugt, Übertragung erfahrbar ›sichtbar‹ werden? So dass man darauf zeigen könnte: Da, sieh mal, da findet gerade dieser Prozess statt, da lösen sich starre Abgrenzungen, da wird ein anderer Widerstand aufgebaut!

Um die letzte Frage nicht als eventuelle rhetorische im Raume hängen zu lassen, sei sie hier gleich beantwortet: Es ist wohl möglich. Der Hinweis auf die Wahrnehmbarkeit selber muss per Unterstellung Vertrauen erheischen.

Mit *Entre les murs* haben wir ein Fenster in der Mauer, ein voyeuristisches Setting. Hinter Mauern findet die Öffnung durch Überschreitung statt. Das, was da drinnen passiert, muss offenbar nach außen abgeschirmt werden, und nach innen einen Schutz bieten. Oder auch ganz anders: Die Mauern halten diejeingen drinnen von der Flucht ab, zumindest einige Schüler und Lehrer, und sie halten Publikum fern. Erlaubt der Film, das heißt auch seine Vorführ- und Betrachtungssituation, Übertragung zu objektivieren – also zu etwas zu machen, das dem Betrachter und Hörer außerhalb der Originalsituation entgegen geworfen ist (Objekt wird) –, die sich im Wahrnehmungsprozess des Zuschauers am Widerstand bildet? Ein Widerstand kann auch ein vorher gefasstes Interesse, eine Fragestellung sein.

Mit der Vielfalt der vorerst noch nicht ganz klärbaren Fragen rührt man an unterschiedliche Ebenen der Übersetzung eines Übertragungsgeschehens, an Versuche dieses zur Darstellung zu bringen. Was erzeugt beim Zuschauer, ebenso bei den Akteuren, dem Schriftsteller, dem Regisseur, den zu Schauspielern werdenden Schülern, den Kinobesuchern, den Teilnehmern an einer Lehrveranstaltung, die diesen Film zum Thema hat, Interesse an einem solchen Stoff? In allerletzter Instanz bin ich es wohl, dem Passagen des Films etwas deutbar gemacht haben, der versucht hat und hier im Text weiter versucht, andere mit hineinzuziehen. Dem voraus ging aber eine ganze Staffel von Übertragungen, deren Stoffwechsel ich hier weiter treibe. Vielleicht spielt dabei eine Rolle, dass die Übertragungen aus der Schulzeit noch halten, mit dem Wunsch wieder bespielt zu werden (offene Rechnungen, Geborgenheit …), oder die nicht vollständig aufgelöst sind, so dass sie noch weiter wirken; rätselhafte Reste bilden Attraktionszentren. Rätselhafte Reste, das ist vielleicht eine Umschreibung für den Beginn einer wirksamen Lehre. Passion, leidvoll und leidenschaftlich.

Hier ist vielleicht die geeignete Stelle, noch ein paar Gedankenzüge zum Übertragungsbegriff, wie er hier zur Geltung kommt, zu skizzieren: Freud entwickelt seit Beginn des vorletzten Jahrhunderts ein Konzept der Übertragung. Das heißt nicht, dass es Übertragung vorher nicht gab. Ich halte es eher für eine Reformulierung auf der Höhe des wissenschaftlichen Denkens des ausgehenden 19. Jahrhunderts. Reformuliert wird darin eine Form von Beziehung, die zu dem naturwissenschaftlichen Denken nicht mehr passt, von diesem auch nicht ›gesehen‹ werden kann, dieses übersteigt, aber dennoch existiert und jetzt als Rest und »Überlebsel«[3] fremd in der Gegend steht und einer neuen Konzeptualisierung bedarf.

Sie entsteht aus der grundsätzlichen Zuneigungs-, Aufmerksamkeits- und Liebesbedürftigkeit des kleinen Subjekts, das dann zum individuellen Subjekt verwandelt wird. Handlungsweisen, die das nicht nur oft verkennend in Kauf nehmen, sondern wissend einbeziehen und eine Haltung zum Maß und zur Grenze haben, müssen immer wieder erfunden werden. Es ist ein Geschehen zwischen Individuen, das diese verändert, ohne dass es die strikte Möglichkeit gäbe, diese Wirkung als Resultante eindeutiger Richtungsvektoren zu erkennen.

Es gibt offenbar einen energetischen Fluss zwischen Individuen, der Effekte am einen wie am anderen Pol der Beziehung entstehen lässt und sich aus der Relation der Individuen als Subjekt zueinander ergibt. Ein Effekt von Übertragungen ist wahrscheinlich die Kristallisation eines individuellen Subjekts und eines (Liebes-)Objekts als sedimentierte Pole vieler Übertragungsbeziehungen, bereit und angewiesen auf weitere Übertragung. Diese Übertragung wird entdeckt am Beispiel der Verliebtheit und verglichen mit der Liebe, die mittlerweile ebenso wie die Übertragung in den Wissenschaften wenig bearbeitbar und integrierbar erscheint. Übertragung/Liebe ist im Vergleich zu ökonomischen Verhaltensweisen, zu zielgerichtetem, konsequentem Handeln kriterienlos.

»In ihrem Wesen ist die wirkungsvolle Übertragung, um die es geht, ganz einfach ein Akt des Sprechens. Jedesmal, wenn ein Mensch zu einem anderen in authentischer und voller Weise spricht, gibt es Übertragung im eigentlichen Sinn, symbolische Übertragung – es geschieht etwas, das die Natur der beiden anwesenden Menschen verändert« (Lacan 1978, S. 143).

Die Rückseite der Frage nach der Übertragung ist die nach der Herausbildung des individuellen Subjekts, seiner gesellschaftlich spezifischen Konstitution und der mit Mitteln der Natur- und Sozialwissenschaft nur schwer erfassbaren relationalen Bestimmtheit.

Die beforschten Prozesse laufen alle auch dann ab, wenn man in einer Lehrveranstaltung über diesen Film das Gespräch sucht. Es gibt nur ein artifiziell methodisch herstellbares, fiktives Jenseits der Übertragung, halbwissentlich und

---

[3] Freuds Brief an Fließ vom 6.12.1896. Vgl. (Hg.) J. M. Masson, M. Schröter: Freud. Briefe an Wilhelm Fließ, 1887-1904.

unwissentlich. Die Prozesse finden eine Fortsetzung im Raum zur Zeit der Veranstaltung. Aber nicht nur einfach, sondern mindestens in zwei relativ unmittelbar beschreibbaren Schichten: die Übertragungen, ausgelöst durch das gemeinsame Betrachten von Filmausschnitten, und diejenigen Übertragungen, welche
die Beziehungen der aktuell im Raum zu dieser Zeit anwesenden Individuen
strukturieren. Dass diese auch aus anderen Situationen sich herleiten, dürfte ein-
leuchten. Würde man dies alles versuchen zu thematisieren, würde dies zu einer
paranoisch angehauchten Verrückung führen, wie man sie aus so manchen
Selbsterfahrungsgruppen kennt. Die mit hoher Wahrscheinlichkeit auftauchende
Aggressivität zeugt dann von fehlender Moderierung; es fehlt ein Schutz.

Will man die für Lehrprozesse wichtigen Übertragungen in Lehrveranstaltungen thematisieren, muss man sie also kunstvoll umgehen, brechen und über-
steigen. Man kann mittels einer Schnittstelle die Situation durchtrennen und fik-
tiv wirksam in eine andere Topologie und Temporalität zu verwandeln versuchen. Dazu dient seit alters her die Tafel, seit geraumer Zeit auch weitere Projek-
tionsflächen.

Eine Projektionsfläche für einen Film, so die Behauptung, macht es möglich, Strukturen des Lehrens vernehmbar zu machen, ohne sie am Ort selbst direkt zu thematisieren, weder am Ort dessen, was dokumentiert wird, noch am
Ort, wo der Film gezeigt wird. Die Schnittstelle, z.B. in Form einer Projektionsfläche, stellt eine Verbindung her zwischen unterschiedlichen Situationen, die in
unserem Beispiel zu einer anderen Zeit, an einem anderen Ort so inszeniert wurde, dass sie erscheint, wie eine unmittelbar stattfindende Unterrichtssituation.
Projektionsfläche können die Leinwand, der Bildschirm sein, das im Film Gezeigte, die Personen, so wie sie auf der Leinwand erscheinend Anlass zur Identifizierung geben. An Schnittstellen werden Trennungen zwischen unterschiedlichen Darstellungsformen verdeutlicht und zu überbrücken versucht, unterschiedliche Situationen, Zeiten und Räume stoßen hier aneinander, verschiedene
Schauplätze und Zeiten.

Schon bei der Inszenierung des Films musste Unmittelbarkeit artifiziell hergestellt werden. Es ist keine abgefilmte Unterrichtssituation, sondern ein hoch
fiktionales Produkt, das es möglich macht, über das Lehren ins Gespräch und ins
Nachdenken zu kommen, indem wir affiziert werden. Nach meiner bisherigen
Erfahrung lassen sich viele Betrachter an das im Film gesehen und gehörte Geschehen anschließen, anders gesagt: Sie gehen mit. Ehemalige Übertragungsrela-
tionen werden aktiviert, gegenwärtige umgestaltet bzw. es entstehen neue, bzw.
es geschehen partiell Versuche, der Relation der Übertragung auszuweichen
durch Identifikation, Projektion und Introjektion. Auf der filmischen Seite, der
technischen Produktion, wird das möglich durch drei relative kleine digitale
Handkameras, von denen eine auf die Schülerschauspieler gerichtet ist, eine auf

den Lehrerschauspieler und eine für besondere Situationen in Reserve gehalten wurde.

Methodologisch gesehen taucht die heikle Frage der Empirie auf: Was von den Überlegungen und Interpretationsanlässen kann man in einem unmittelbaren Sinne sehen? Man kann sicher keine Übertragung sehen, keine Abwehrmechanismen und so weiter. Was zu sehen ist, sind Anhaltspunkte für Konstruktionen, die hergestellt wurden, um irritierende Erfahrungen ins Denken und Sprechen zu übersetzen. Diese kann man dann Übertragung nennen.

Was man eher sehen kann, als in der unmittelbaren Unterrichtsituation zu bemerken wäre, sind Anzeichen für die Bildungen des in der Situation Unbewussten, das, was Freud unter den Vorzeichen der Beherrschbarkeit und Intentionalität »Fehlleistungen« nennt. Vielleicht sind es doch eher Leistungen. Ich meine damit beispielsweise Mimik und Gestik, sprachliche Reaktionen, die so unmittelbar kommen, dass man nicht den Eindruck hat, sie entsprängen konzeptionell intentionalen Überzeugungen. Sie sind Effekte der Schauspiel- und Regiekunst.

Vielleicht hat man mit dem Zeigen und dem Rezipieren des Films eher die Möglichkeit, etwas vom Unbewussten zu erwischen. Den Akteuren intransparente, unbewusste Prozesse können ja Spuren bilden, die vom Anderen wahrgenommen werden können. Dazu bedarf es des schrägen, methodisch verschobenen Blicks.

Und noch einmal anders: Die Akteure des Films, insbesondere der Regisseur, der Drehbuchautor, die Hauptdarsteller arbeiten mit Unterstellungen (wie Lehrer im Unterricht auch). Diese Unterstellungen sind zu einem Teil bewusster Natur. Damit diese aber ankommen und wirksam werden, brauchen sie notwendig eine Umgebung, ein Material, einen Leib, ein Medium, in das sie ›gekleidet‹ werden. Diese sind in Relation zur Intention nicht beliebig, aber auch nicht beherrscht. Sie sind, so könnte man vermuten, umso stringenter, je flexibler das Verhältnis des Akteurs zum Unbewussten ist, das nicht sein eigenes ist. Ebenso arbeiten die Zuschauer / die Schüler mit Unterstellungen. In diese Unterstellungen fließen komplexe Geschichten und Erfahrungen ein. Nur ein Teil davon ist dem Bewusstsein oder der Abfrage zugänglich. Man hat es also mit großen Verunreinigungen oder Zugaben oder Bereicherungen um den roten Faden der Intention herum zu tun. Der Faden würde sich nie zu einem Text verarbeiten lassen, zu einem Kleidungsstück werden, wenn er nicht mit Nadeln, man könnte auf einer anderen Ebene sagen, Unterstellungen, zu einem Gewebe verknotet würde. Oder eine Metapher aus einem anderen Bereich: Es gäbe Nährstoffe pur, die auch vergiftend wirken können.

Jetzt noch einmal die Frage: Kann man Übertragungen sehen? Auch der Zuschauer arbeitet mit Erwartungen und Unterstellungen, zumindest als Kontrastmittel. Die Unterstellung ist auf der Suche nach Glück, nach wie immer vermittelter Anerkennung, nach Gewissheit, nach Beruhigung oder eben auch Aufregung. Ohne dies bekommt man keinen Kontakt zum Film / der Unterrichtssituation, den Schülern. – Von daher die Notwendigkeit einer beilaufenden, gestreuten Aufmerksamkeit für Kleinigkeiten und Singularitäten (gewonnen am Modell der Verliebtheit), bei gleichzeitiger Ausrichtung auf ein Ziel, wobei das Ziel zunächst auch ungewiss sein kann. (Insofern könnte man metaphorisch sagen, sind manche Didaktiken auf Quickies aus). Man sieht also die Entsprechungen zu den Erwartungen und das, was diese Unterstellung durchkreuzt, diese ablenkt, geradezu dementiert, bestätigt und weiter trägt.

Zum Schluss noch die Andeutung eines Versuchs, das Vorgehen anders zu theoretisieren: Gerade die Arbeit mit Filmen lädt zu einer solchen Überlegung ein. Ein Film wird nur auf irgendeiner Art Schirm sichtbar, auf einer Projektionsfläche, auf einem Bildschirm. Auch die Übertragung wird nur auf einer Art Schirm sichtbar, etwas das artifiziell in ein Übertragungsgeschehen hinein gehalten werden muss, damit etwas bemerkbar wird, zum Fluoreszieren kommt. Auch Worte sind so gesehen Schirm.

Ein Schirm trägt der Spaltung des Subjekts Rechnung zwischen dem unbewussten Wissen und der Wahrheit. Ein Schirm trennt und verbindet partikular. Es erscheint eine Spur des Verlustes, auch »Objekt klein a« (Lacan) genannt, und dieses Erscheinen ist ein Gewinn. Der Prozess ist geprägt von Trost, Ansporn und Trauer zugleich. Psychoanalytisch gesprochen konfrontiert ein Schirm mit der symbolischen (und auch imaginären) Kastration und gibt ein fiktionales, nie wirklich heilendes, im Sinne von ›Ganz-Machendes‹ Mehr, das im günstigen Fall durch Trauern ermuntert. Das wird nicht immer bewusst werden. Der Schirm schützt auch vor dem, was die ›nackte Wahrheit‹ genannt wird. Es geht mit der Struktur des Schirms gleichzeitig um Technik im Sinne einer Methodologie, um Bildung im Sinne des Anstoßens von Veränderung ohne Beherrschbarkeit und um Ethik, im Sinne des Versuchs, der Einzigartigkeit des individuellen Subjekts wie der Situation gerecht zu werden. Insofern kann ein Schirm, eine Leinwand, eine Projektionsfläche, ein Filter, eine bestimmte Methode im Sinne von Bildungsprozessen nie ganz von den Inhalten, den beteiligten, je besonderen Personen und den Situationen gelöst werden. Dennoch ist der Schirm ein Dispositiv zur Auflösung, zur Lösung des fest verbunden Erscheinenden und zugleich die Erzeugung von einem so bisher nicht erfahrbaren Zusammenhang, der aber nicht vorher schon so ist und nur zur Erscheinung gebracht wird, sondern durch den Widerstand des Schirms erscheint – auch durch den der je einzelnen Schirme der Betrachter, man nennt das auch Phantasmen.

Die Unterstellungen, die bei der Übertragung unabdingbar sind, bekommen am Schirm eine Fläche, auf der sie zum Teil erscheinen können. Der Schirm erinnert daran, dass der homogene dreidimensionale Raum aufgebrochen und inkonsistent ist. Im dreidimensionalen homogenen Raum lebt das autonome individuelle Subjekt. Freud hatte schon geschrieben, dass die Besetzung der Wahrnehmung vorausgeht. Der Schirm ist so gesehen auch nicht als ein Objekt zu bezeichnen, sondern es ist eine eigenartige Unterbrechung, eine Reflexion, der Schirm ist ein blöder Gegenstand, solange er nicht bespielt wird und zwar gleichzeitig mit einem Film und einer Neugier. Treten wir ein Stück von der konkreten Metaphorik der Projektionsfläche zurück, dann können wir den Schirm auch als das skopische Phantasma einsetzen. Das skopische Phantasma belässt, wie Alain Lemosof schreibt (ders. 2005, S. 123), die Illusion von etwas jenseits der Vorstellung dort, wo es nichts gibt. Der Schirm verdeckt und beleuchtet nicht im Sinne eines Spiegels, sondern in der Öffnung auf einen fiktiven Raum hin, der die Wirklichkeit erzeugt. Es ist demnach auch nicht möglich, den Schirm beiseite zu lassen, zu reduzieren, um die wahre Realität zu sehen. Die Existenz des Schirms stößt an das Reale im Lacan'schen Sinne und ist in seiner Erzeugung aus diesem Grund auch Genuss. Genuss im Sinne des Selbstverbrauchs des individuellen Subjekts,[4] der den Schirm am Leben hält und das Phantasma nährt. Das Phantasma kann verändert werden, indem der Schirm verschiedene Gestalten annimmt. Mit Bezug auf das Filmsehen wäre so auch zu sagen: Zum Schirm gehört der Film selber als jene Repräsentanz, die vor den einzelnen Repräsentationen liegt. Und eine weitere Abrückung von der Metaphorik des Filmsehens, aber dennoch das Filmsehen beschreibend: Wenn man von der visuellen Struktur der Welt ausgeht, so ist sie eine Struktur der Umhüllung, sie hat Grenzen, einen Horizont, reizt zu einem immer Weitergehen und landet nur bei Verschiebungen und Vergrößerungen, Ausdehnungen. Diese Umhüllung wird unterbrochen und geöffnet durch die unterschiedlichsten Schirme. Einer davon ist der Film. Er öffnet damit den Blick, nicht das Sehen, auch auf die Übertragung.

Literatur

Freud, Sigmund (1905): Zur Psychopathologie des Alltagslebens, in: Gesammelte Werke Bd. I-XVII, Bd. IV (hg. von Anna Freud, E. Bibring et al), Frankfurt a. M.: Fischer
Freud, Sigmund: Briefe an Wilhelm Fließ, 1887-1904. Hg. von Jeffrey Moussaieff Masson, dt. Fassung von Michael Schröter (1986, 1999), Frankfurt a. M.: Fischer

---

[4] Man könnte dies auch als eine Manifestation des Todestriebes bezeichnen.

Lacan, Jacques (2006): Das Seminar, Buch V [1957-1558, zusammengestellt von Jacques-Alain Miller]. Die Bildung des Unbewussten, übersetzt von Hans-Dieter Gondek, Wien: Turia + Kant

Lacan, Jacques (1978): Freuds technische Schriften. Das Seminar von Jacques Lacan Buch I (1953-1954), übersetzt von Werner Hamacher, Olten, Freiburg: Walter

Lemosof, Alain (2005) in: Safouan, Moustapha; Chemama, Roland; Hoffmann, Christian; Lemosof, Alain; Vandermersch, Bernard (Hg.): Lacaniana: Les séminaires de Jacques Lacan Tome 2, 1964-1979, Paris: Fayard

Pazzini, Karl-Josef (2010a): Überschreitung des Individuums durch Lehre. Notizen zur Übertragung. In: Karl-Josef Pazzini; Marianne Schuller; Michael Wimmer (Hg.): Lehren bildet? Vom Rätsel unserer Lehranstalten. Bielefeld: transcript, S. 309-328

Pazzini, Karl-Josef (2010b): Übertragung und das Konzept »Individuum«. Störung einer bürgerlichen Norm. In: Mein, Georg (Hg.): Transmission. Übersetzung – Übertragung – Vermittlung. Wien, Berlin: Turia + Kant, S. 129-142

Pazzini, Karl-Josef (2011): Übertragung. Bruchstücke einer Medien- und Bildungstheorie nach Freud. In: Meyer, Torsten; Tan, Wey-Han; Schwalbe, Christina; Appelt, Ralf Medien & Bildung. Institutionelle Kontexte und kultureller Wandel. Wiesbaden: VS Verlag, S. 41-54

Grenzen der Lehre – Gedankensplitter zu »Das weiße Band. Eine deutsche Kindergeschichte«

Andrea Sabisch

Michael Hanekes Film *Das weiße Band. Eine deutsche Kindergeschichte* ist mehr als eine filmische Fiktion in dokumentarischer Manier mit Relevanz für die Gegenwart. Aus erziehungswissenschaftlicher Perspektive stellt sich in diesem Film die Frage nach den Bedingungen und Grenzen der Lehre neu. Unter dem Deckmantel der Fürsorge geschieht etwas, was der Geschichte vorgelagert wurde und zugleich immer wieder vorgeführt wird: ein Verrat am Subjekt. Wie kann man diesen Verrat fassen? Und inwiefern verändert dieser Verrat die Vorstellungen von Erziehung und Lehre?

Erziehung und Lehre haben etwas damit zu tun, wie das Verhältnis zu anderen und zu sich selbst figuriert wird. Begreift man die »Entwicklung des Selbst« psychoanalytisch als einen Mentalisierungsprozess, der von frühkindlichen Bindungsprozessen abhängt (vgl. Fonagy u.a. 2004), so folgt daraus, dass Lehre als »Aufforderung und Antwort zugleich« (Wimmer 2010b, S. 23) – sei es aus Sicht der Lehrenden, sei es aus Sicht der Lernenden – grundsätzlich von den Mentalisierungsprozessen der anderen abhängig ist. Die Grenzen der Lehre sind immer auch mit den Grenzen der Subjekte verbunden. Asymmetrische Passungsverhältnisse zwischen Lehren und Lernen, in denen sich »Wollen und Sollen nicht komplementär« zueinander verhalten (ebd., S. 20), heben hervor, dass Lehrprozessen grundsätzlich eine passive, pathische Dimension anhaftet (vgl. Waldenfels 2002), die sich unserem Bewusstsein und damit auch unserer Lenkung entzieht. Während aktuelle pädagogische Diskurse die aktivische Dimension u.a. zum selbst gesteuerten, selbst organisierten und forschenden Lernen allzu einseitig in den Blick nehmen (vgl. Münte-Goussar 2008), geht es im Film *Das weiße Band* m.E. um die Unverfügbarkeit der pathischen Dimensionen, der Verwundbarkeit, der Abhängigkeit und Widerständigkeit der Subjekte.

Meine These lautet, dass Hanekes Film Szenen aus unterschiedlichen Dimensionen der Verletzungen von Bindung zeigt, die die Autonomie der Protagonisten angreifen und damit die Bedingungen von Lehre als kommunikatives Antwortgeschehen unterminieren. Ich versuche im Folgenden skizzenhaft – als interessierte Pädagogin, nicht als Expertin für psychoanalytische Theorien – einzelne Filmszenen als Darstellung von Autonomie-Störungen von Subjekten aufzufassen und sie im Hinblick auf deren Bedeutsamkeit für die Lehre zu befragen.

Autonomie und Mentalisierung

»Autonomie« verstehe ich nicht als unabhängige Instanz eines Individuums, sondern als ein Pol einer Skala, an deren anderem Ende die Abhängigkeit steht. Autonomie wäre dann ein »Zustand der Integration«, in dem ein Mensch einen »Zugang zu eigenen Gefühlen und Bedürfnissen« (Grün 2008, S. 17) und dem eigenen Willen herstellen kann und – in Bezug auf die Bindungstheorie nach Fonagy – affektregulierend und mentalisierend handeln, denken und fühlen kann. Während in der frühen Kindheit das Innen und Außen, die psychische oder mentale Realität und die äußere zunächst als entweder gleichgesetzt oder dissoziiert voneinander wahrgenommen werden, beschreibt »die Stufe der Mentalisierung« (synonym zu »Reflexionsmodus«) eine Ebene der Integration, »auf der mentale Zustände als Repräsentationen wahrgenommen« und entsprechend organisiert, aber auch manipuliert werden können (Fonagy u.a. 2004, S. 65).

> »Wir verstehen unter Mentalisierung nicht lediglich einen kognitiven Prozess; sie beginnt vielmehr mit der Entdeckung der Affekte in der und durch die Beziehung zu den Primärobjekten. [...] Affektregulierung, das heißt die Fähigkeit, Affektzustände zu modulieren, hängt insofern eng mit der Mentalisierung zusammen, als sie für die Entwicklung des Selbstgefühls und des Gewahrsams der Urheberschaft des Selbst von grundlegender Bedeutung ist. Wir betrachten die Affektregulierung gewissermaßen als Präludium der Mentalisierung; gleichwohl nehmen wir an, daß sie durch die Mentalisierung auch verändert wird. Hier unterschieden wir zwischen Affektregulierung als eine Art Anpassung der Affektzustände und einer höherentwickelten Variante, bei der Affekte zur Regulierung des Selbst benutzt werden. Der Begriff ›mentalisierte Affektivität‹ bezeichnet eine reife Fähigkeit, Affekte zu regulieren, und die Fähigkeit, die subjektiven Bedeutungen der eigenen Affektzustände zu ergründen. Mentalisierte Affektivität bildet unsrer Meinung nach das Herzstück der psychotherapeutischen Arbeit – ein über intellektuelles Verstehen hinausgehendes, auf gelebter Erfahrung beruhendes Verstehen der eigenen Gefühle.« (ebd., S. 12f)

Vereinfacht gesagt, bedeutet Mentalisierung, »dass es möglich ist, die mentale Repräsentation des Eigenen und des anderen zugleich zu denken« (Görling 2010, S. 127). Dazu gehört, dass man zwischen eigenen und fremden Imaginationen, Intentionen und Handlungen unterscheiden kann und Alternativen und Spielräume zwischen diesen sowie zwischen sich und anderen prinzipiell erkennen kann. Ist die mentalisierte Affektivität nicht auch das Herzstück jeder Lehre? Was geschieht, wenn Lehrende und Lernende unsicher gebunden sind, keine oder eine eingeschränkte Autonomie erleben und Mentalisierungsdefizite deutlich werden? Wie lehrt man etwas Subjekten, die nicht autonom sind?

Im Folgenden werde ich exemplarisch Verletzungen der eigenen und fremden Autonomie skizzieren. Zuerst versuche ich die Grenzen des Lehrens aus der

Sicht des Lehrers als ein komplexes Zusammenspiel von Sprache und Autonomie zu thematisieren. Es folgt dann eine Auseinandersetzung mit der Figur Martin, dem Pfarrersohn und Schüler, der seine Konflikte mit dem affektnegierenden Elternhaus um den Preis des abhängigen und selbstdestruktiven Verhaltens internalisiert und die Grenzen der Lehre im Hinblick auf die »Abwehr der Mentalisierung« markiert. Die Gegenüberstellung empathischer Szenen als Kraftquelle autonomen Verhaltens und Bedingungen der Lehre mit Szenen autoritärer Verachtung und Gewalt, welche als »Fehlleistungen der Mentalisierung« verstanden werden können, führt den verwehrten Handlungs- und Kommunikationsspielraum der Subjekte kontrastiv vor. Dabei wird deutlich, dass die Subjekte nur bedingt für eine Lehre zugänglich sind.

Der Lehrer – Sprache und Autonomie

Der Film beginnt mit einem Verrat. Nimmt man den historisch jungen Begriff »Verrat« wörtlich, dann bezeichnet er eine »verkündung von etwas zu verschweigendem«.[1] Der Erzähler dieses Films ist der Lehrer, der die Geschichte rückblickend erzählt, nachdem er (so die Fiktion) eine jahrelange Zwischenzeit geschwiegen hatte. Nun aber rekonstruiert er seinen Verdacht, die Geschichte beginnt.

Dass nicht jemand anderes die Geschichte erzählt, hat einen Grund: Der Lehrer ist der Einzige, der in diesem Film zumindest nachträglich selbstbestimmt handeln konnte. Er war damals in das Dorf neu zugezogen und hat sich merkwürdigerweise trotz seiner Empathie und seinem respektvollen Umgang mit den Menschen – vermutlich dank seiner Autorität qua Amt – bis zu seinem Verdacht nicht den Hass der übrigen Dorfbewohner auf sich gezogen. Er ist der Einzige, der gewissermaßen »heil« und »unschuldig«[2] aus der Geschichte heraus kam, selbst wenn er vorübergehend sprachlos blieb und den eigenen Verrat erst jetzt im Modus des Erzählens artikuliert. Mit anderen Worten: Der Lehrer blieb handlungs- und bindungsfähig. Er ist nahezu als einziger dauernd empathisch, mitfühlend, engagiert und reagiert aus heutiger Sicht oftmals pädagogisch angemessen,

---

[1] »verrat, m. verkündung von etwas zu verschweigendem« und »verraten – 1) im nhd. ist die bedeutung etwas verschoben, verraten heiszt zunächst ' 2) bekannt machen, was eigentlich unbekannt hätte bleiben sollen, aber ohne gehässige nebenbedeutung: 3) reflexiv: wie schendlich hat Satan sich selbs verrhaten wider seinen willen, das 4) reflexiv verrathen, falsch raten, ein räthsel falsch lösen: ich dünkte mir« Grimm, Jacob; Grimm, Wilhelm: Deutsches Wörterbuch. Digitale Fassung.

[2] »Der Lehrer ist der einzige, der unschuldig ist – oder schuldig wird, höchstens aus zu großer Unschuld und Naivität. Konsequenterweise wird ihm auch die Stimme des Ich-Erzählers zugeschrieben« (Knörer 2009; vgl. dazu auch Schütte 2009).

wie ein Pädagoge der Jetztzeit. Konnte er deswegen nicht Lehrer im Dorf bleiben?

Sein Verdacht, dass die Kinder an all den Gewaltakten schuld seien, verändert hingegen seine Stellung, macht ihn selbst zum Fremdkörper im Dorf. Der
Pfarrer entscheidet sich nach kurzer Bedenkzeit dafür, in dem Lehrer einen
grenzüberschreitenden, aggressiven Boten zu sehen. Im Zuge seiner aufkeimen-
den Ahnung spricht er die Drohung aus, den Lehrer wegen Denunziation ins
Gefängnis zu bringen und die Schulbehörde zu benachrichtigen; die Aussprache
des Vorwurfs beschreibt er als »Widerwärtigkeit« und den Lehrer diffamiert er:
»Sie haben ein krankes Gehirn« (Haneke 2010, S. 203).

Aber führen diese Drohungen tatsächlich dazu, dass der Lehrer Schneider
wird und das Dorf verlässt? Wieso lässt er sich einschüchtern? Stellt nicht der
Verdacht, dass seine Schüler zu solchen Taten fähig sein könnten, seine eigene
Lehrerrolle und sein bisheriges, scheinbar angemessenes Verhalten in Frage?
Was ist angesichts eines derart gewaltigen Vorwurfs, den noch zudem kaum jemand im Dorf ertragen dürfte, überhaupt ein angemessenes Verhalten? Kann
man lehren, wenn man einen so ungeheuerlichen Vertrauensbruch erlebt hat und
davon noch ergriffen ist? Wirkt das empathische und gutgläubige Verhalten
nicht im Nachhinein furchtbar naiv, als völlige Überschätzung der Autonomie
der Kinder? Welche Schuld trägt der Lehrer durch seine naive Fehleinschätzung
und welche durch sein jahrelanges Schweigen und der damit einhergehenden
impliziten Aufrechterhaltung der symbolischen Ordnung?

Wenngleich erst mit der Artikulation seiner Geschichte, der gerechte Verrat
an den Kindern vollzogen wird, hebt sich der jahrelange Selbstverrat durch das
Schweigen und Fortgehen auf. Im doppelten Sinne ist also die Sprache für die
Subjektbildung bedeutsam: »Das Sprechen, die sozialen Institutionen, die Körper, die Wünsche sind formiert durch unbewusst wirksame symbolische Ordnungen. Ohne sie würde der Mensch nicht den Status eines Subjekts, keinerlei
Artikulations- und Handlungsfähigkeit erreichen. Zugleich aber untergraben diese symbolischen Ordnungen die vermeintliche Autonomie des Subjekts. Diese
Spaltung des Subjekts ist konstitutiv und unvermeidlich, die ›Entfremdung‹ irre-
versibel, eine bruchlose Identität mit sich selbst ist unmöglich. Das Subjekt ist
von Anfang an, nicht erst später« durch die Erziehung oder die Gesellschaft, heteronom bestimmt: durch die Identifikation mit Anderen und durch die Sprache,
längst bevor es ein Ich ist« (Wimmer 2010a, S. 321).

Indem »Sprache als basale symbolische Ordnung« Wirklichkeit herstellt,
wird der Erzähler gleichzeitig zum Urheber seiner Selbst als Lehrer-Figur im
Film. Ist also die Subjektwerdung des Lehrers, wie die des Erzählers an das
Sprechen gebunden, so gelingt dies erst aus einer zeitlich distanzierten Position
heraus, bzw. aus einer anderen symbolischen Ordnung.

Was folgt daraus für die Lehre? Wie lehrt man, wenn nur eine oberflächliche Bindung qua Amt oder wenig Bindung zu den Lernenden besteht? Wie lernt man Bindungen herzustellen? Wie kann man lehren, wenn der Glaube und die positive Unterstellung, dass sich der andere bilden wolle, dass er einen eigenen Willen habe, verloren scheinen? Wie kann man unbewusste symbolische Ordnungen erfahrbar machen? Wie kann man darüber mit Schülern ins Gespräch kommen? Ist der Grad von Autonomie, den man als Lehrer erreicht, immer an Sprache gebunden? Wie kann man eine solche Sprache der nicht intentionalen und unverfügbaren Elemente jenseits des Wollens finden?

Martin – Das gezüchtigte Selbst

An Beispielen für verschiedene Ausprägungen eines Autonomieverlustes in Folge mangelnder Bindungen wimmelt es in diesem Film. An Martin (und Klara) kann man zudem exemplarisch einen Zusammenhang zwischen dem familiären Umgang und der Erziehung der Eltern herstellen, die aktiv belehrend auf ihn einwirken und seine Abwehr von eigenen Gefühlen begünstigen.

In der Szene im Pfarrhaus kommen die ältesten beiden Kinder Martin und Klara zu spät zum Essen. Der Pfarrer und Vater der Kinder beschuldigt die beiden, gelogen zu haben, die Eltern per Fernbleiben in Sorge gebracht und enttäuscht zu haben. Er macht Martin und Klara nicht nur für die Schmerzen der Eltern verantwortlich, die ihre Kinder quasi zwangsläufig bestrafen müssten, sondern auch für das Essverbot, die Schläge und die öffentliche Demütigung durch das Tragen des weißen Bandes. Die Kinder wirken bedrückt, willenlos unterworfen unter die Autorität des Vaters und Pfarrers, welcher ihnen selbst die rein förmliche Berührung des Handkusses verweigert. Einen Kommunikations- und Verhaltensspielraum gibt es in dieser überaus kontrollierten Szene ebenso wenig wie einen Ausbruch der Gefühle. Der Vater appelliert an »gegenseitige Achtung«, »Unschuld«, »Reinheit«, »Sitte und Anstand«. Erklärter Sinn seiner öffentlichen Denunziation sei die Reinigung durch »Züchtigung«, bis »wir durch euer Verhalten wieder Vertrauen gewinnen können in euch« (Haneke 2010, S. 23).

Woher dieses Vertrauen kommen soll, ist unklar, wenn es nicht zugleich eine Bindung gibt. Die Bindung, die im Film sichtbar wird, ist jedoch eine rein funktionale des Familienzusammenhalts. Weder Vater noch Mutter treten als individuelle Personen in Erscheinung. Sie erstarren zu dogmatischen Rollen und wirken wie Ausführende einer als selbstverständlich angenommenen symbolischen Ordnung. Wenn man bei der Mutter noch ein kleine unterdrückte Regung im Auge zu erkennen glaubt, als der Pfarrer zu den Kindern sagt: »Ich weiß nicht

was trauriger ist, Euer Fernbleiben oder euer Wiederkommen«, bleibt der Vater
ein autoritärer Eisklotz. Die Frage, wie hier Autonomie des Subjekts verhindert
wird, geschieht m.e. durch die systematische »Abwehr der Mentalisierung« seitens des Pfarrers, die der Medienwissenschaftler Görling in Bezug auf die Bindungstheorie Fonagys als eine häufig auftretende Form filmischer Gewaltdarstel-
lung beschreibt:

> »Die Abwehr richtet sich auf die Existenz eines Anderen, d.h. genauer auf den
> inneren Zustand, in dem die Wahrnehmung eines Objektes vor aller Differenzierung
> oder Konturierung des Objekts als hoch beunruhigend und bedrohlich empfunden
> wird. Diese Gewalt ist nicht als projektive Leistung verstehbar, weil sie das Objekt
> der Aggression gar nicht zum Signifikanten macht, sondern das Signifikat direkt
> negiert, den anderen, das Ding, das mich anspricht. Es gibt kein Bild für die
> Bedrohung, die das Selbst von innen erfährt. Und doch ist sie als Bruch des
> mentalen Raumes erlebt und erinnert, aber ungebunden. Deshalb kann das Subjekt
> auch kein Bild für es finden, um eine Distanz zu der drängenden Unruhe zu finden
> und die Erfahrung zu binden, zu mentalisieren.« (Görling 2010, S. 128)

Die Esszimmerszene im Pfarrhaus führt diese Negation des Anderen im Rahmen
der gesellschaftlichen Keimzelle Familie eindringlich vor. Inwiefern die Negation des Anderen, hier des Vaters und Pfarrers, zur eigenen Negation wird, kann
man an Martin beobachten. Quasi als direkte Folge dieser Erziehung sehen wir
den suizidalen Martin, wie er in großer Höhe über einen Baumstamm balanciert,
mit der Begründung: »Ich habe Gott die Gelegenheit gegeben, mich zu töten. Er
hat es nicht getan. Also ist er mit mir zufrieden« (Haneke 2010, S. 29). Wer
spricht hier? Es scheint, als hätte Martins unbewusstes Über-Ich gesprochen,
welches laut Freud die »Repräsentanz unserer Elternbeziehung«[3] zeigt (und er
hat das Pech einen Pfarrer, Stellvertreter Gottes, als Vater zu haben). Martin internalisiert – d.h. er verwandelt intersubjektive in intrasubjektive Beziehungen
(vgl. Laplanche, Pontalis 1973, S. 592) – seinen Konflikt mit dem Elternhaus
und seinen Bezug zur symbolischen Ordnung um den Preis, dass er sich vom
Willen Gottes abhängig macht, sich leiblich und seelisch einer Gefahr aussetzt
und dem großen Anderen imaginär die Macht gibt, ihn zu töten. Dazu noch einmal Freud:

---

[3] »Nun, da wir uns an die Analyse des Ichs heranwagen, können wir all denen, welche in ihrem sittli-
chen Bewußtsein erschüttert, geklagt haben, es muß doch ein höheres Wesen im Menschen geben,
antworten: Gewiß, und dies ist das höhere Wesen, das Ichideal oder Über-Ich, die Repräsentanz
unserer Elternbeziehung. Als kleine Kinder haben wir diese höheren Wesen gekannt, bewundert,
gefürchtet, später, sie in uns selbst aufgenommen« (Freud 2009, S. 274).

»Es ist leicht zu zeigen, daß das Ichideal allen Ansprüchen genügt, die an das höhere Wesen im Menschen gestellt werden. Als Ersatzbildung für die Vatersehnsucht enthält es den Keim, aus dem sich alle Religionen gebildet haben. Das Urteil der eigenen Unzulänglichkeit im Vergleich des Ichs mit seinem Ideal ergibt das demütige religiöse Empfinden, auf das sich der sehnsüchtige Gläubige beruft. Im weiteren Verlauf der Entwicklung haben Lehrer und Autoritäten die Vaterrolle fortgeführt; deren Gebote und Verbote sind im Ich-Ideal mächtig geblieben und üben jetzt als Gewissen die moralische Zensur aus. Die Spannungen zwischen den Ansprüchen des Gewissens und den Leistungen des Ichs wird als Schuldgefühl empfunden.« (Freud 2009, S. 275)

Während Internalisierungen in jeder Entwicklung vorkommen, stellt sich die Frage, was das geheime Ziel dieses selbstzerstörerischen Verhaltens ist. Fonagy beschreibt dies folgendermaßen: »Selbstdestruktives und (im Extremfall) suizidales Verhalten kann dann als einzige greifbare Lösung eines ausweglosen Dilemmas erscheinen: die Befreiung des Selbst vom Anderen durch die Zerstörung des Anderen im eigenen Selbst« (Fonagy u.a. 2004, S. 474). Indem Martin möglicherweise und unbewusst mit einem Konflikt zwischen Ichideal und Ich in Berührung kommt, der sich in eine unbewusste Schuld verwandelt, von der er sich befreien will, verleugnet er sein eigenes Selbst. Zwar balanciert er aktiv auf einem Baumstamm, aber er ist nicht mehr Herr seiner Selbst, sondern fremdgesteuert im eigenen Körper. Der Verlust autonomer Funktionen geschieht, indem der Junge die Normen des Vaters sogar noch überbietet. Dies jedenfalls beschreibt Haneke als Hauptmotiv des Films: »Die Kinder, das war jedenfalls die Grundidee, verabsolutieren die Ideale der Eltern« (Assheuer, Haneke 2010, S. 156).[4]

Aber warum verabsolutiert der Junge die Ideale und Normen der Eltern bzw. der Kirche und unterschlägt unbewusst seinen eigenen Lebenswillen? Spürt er ihn nicht? »Wenn der andere für die eigene Selbstkohärenz unentbehrlich ist, führt sein Fortgehen zur Reinternalisierung des unerträglichen, fremden Selbstbildes, so daß die Zerstörung des Selbst droht. Der Suizid repräsentiert die phantasierte Vernichtung dieses fremden Selbst im Selbst« (Fonagy u.a. 2002, S. 365). Nach Haneke verabsolutieren die Kinder etwas, um sich den Normen zu entziehen: »Die Kinder schaffen sich ihre eigene Ideologie, indem sie die Ideale, die ihnen die Eltern predigen, absolut setzen. Damit finden sie eine Möglichkeit, sich wie Münchhausen am eigenen Schopf aus dem Sumpf zu ziehen und ihre Selbstachtung wiederherzustellen« (Assheuer, Haneke 2010, S. 159).

---

[4] Vgl. auch: »Diese Verabsolutierung der Obrigkeit – das hat mich schon sehr interessiert. Das findet man sehr massiv in den Schriften von Luther« (ebd., S. 157).

Stellt die Verinnerlichung der Machtstrukturen den einzigen Ausweg dar? Oder fehlt Martin überhaupt ein Bewusstsein darüber, dass es so etwas wie autonomes, mentalisierendes Handeln geben könnte? Aus psychoanalytischer Sicht, so Arno Grün, handelt es sich hier um ein Paradox:

> »Es ist ein Paradox, daß der innere Kampf zur Erhaltung der eigenen Autonomie sich durch verzweifelte Anpassung, Unterwerfung und selbstzerstörerisches Verhalten ausdrücken kann. Deswegen kann die Form, durch welche sich Autonomie ausdrückt, ihre Existenz und ihr Wesen als grundsätzliche Lebenskraft vor dem Beobachter verbergen. Das ist überall dort der Fall, wo man sich der Existenz der Autonomie nicht bewusst ist, wo ihr gegenüber Gleichgültigkeit herrscht und wo sie explizit abgelehnt wird.« (Grün 2008, S. 28)

In dem Moment, als der Lehrer Martin auf die eigenartige Bezugslosigkeit zwischen ihnen aufmerksam macht – indem er sagt: »Du hast kein Vertrauen zu mir, nicht wahr?« und Martin »ausdruckslos« antwortet »Doch, Herr Lehrer« (Haneke 2010, S. 30) –, wird deutlich, dass sich dieses Vertrauen von dem des Pfarrers unterscheidet. Und es wird deutlich, dass Martin diese Differenz bemerkt, als er den Lehrer bittet, nichts zu Hause davon zu erzählen, und hofft, dass dieser sich daran hält.

Wie kann man als Lehrer hier angemessen reagieren? Wie verhindert man die eigene Ohnmacht gegenüber einer Abwehr der Mentalisierung? Wie kann man die fantasierte Vernichtung des fremden Selbst im Selbst bei anderen und sich selbst erkennen? Wie kann man Bindungsverletzungen und -verluste erneut herstellen? Wie kann man, ohne lediglich zu rationalisieren, pädagogisch ein Bewusstsein für autonomes Verhalten schaffen, jenseits von Autorität und Gewalt?[5]

»Er wird dir ans Herz wachsen« – Empathie als Motor der Autonomie

Um die Abwehr der Mentalisierung und die fehlende Autonomie zu kontrastieren, zeigt Haneke im Film verschiedene empathische Szenen. Hier sehen wir als Publikum Subjekte, die inmitten der Bindungslosigkeit dennoch fühlen und mit-

---

[5] Aus erziehungswissenschaftlicher Perspektive schreibt Wimmer: »Der neuralgische Punkt, um den es in allen theoretischen Neueinsätzen geht, ist das problematische Verhältnis zwischen Autorität und Gewalt. Denn auch wenn Autorität nicht mit Zwang und Gewalt identifiziert werden darf, so basieren doch die Legitimität von Autorität wie die freiwillige Unterordnung auf einem unkenntlich gewordenen (vergessenen oder verdrängten), erzwungen Verzicht. Autorität bleibt an unbedachten Orten und in sublimen Formen dem Subjekt treu und bewohnt seinen Autonomieanspruch wie ein Gespenst« (Wimmer 2010a, S. 325).

fühlen. Es sind eher persönliche, intime Szenen, die im klassischen Sinne keine Lehrsituationen spiegeln. Ich will sie dennoch skizzieren, weil sie zum einen eine spezifische Funktion innerhalb des Films einnehmen und zum anderen die grundsätzliche Voraussetzungen von Lehre sichtbar machen.

Das eindrückliche, leise Gespräch zwischen dem kleinen Rudolph und seiner Schwester Anna über den Tod erhält beispielsweise seine Spannung durch die zunehmend bedrohlicher werdende vorgestellte Bedeutsamkeit des Todes für den Jungen, als er nebenbei erfährt, dass beider Mutter tot und nicht verreist ist, während seine Schwester versucht, ihm dies schonend beizubringen und die eigenen Gefühle zu unterdrücken, was ihr jedoch nur teilweise gelingt.

Ein anderes Gespräch, welches sich im Pfarrhaus ereignet, spielt sich zwischen dem Pfarrer und seinem kleinen Sohn Gustav ab. Gustav bittet seinen Vater, einen verletzten Vogel pflegen und aufziehen zu dürfen. Der Vater unterbindet seine Rührung sichtbar, gestattet es ihm jedoch. Die Besorgnis des Jungen um den Vogel münzt der Vater in eine auf den Jungen zukommende Gefahr, sobald der Vogel freigelassen werden will. Dabei betont er, dass die Liebe zu dem Vogel »eine schwere Verantwortung« darstellt. Seine Aussagen: »Du bist dann Vater und Mutter für ihn« und »Er wird dir ans Herz wachsen« wirken nahezu wie eine moralisierende Drohung, die der kleine Gustav aber vor Freude kaum wahrnimmt (Haneke 2010, S. 68f).

Die dritte empathische Szene, die ich hier exemplarisch anführe, spielt nachts in der Schule. Der Lehrer spielt Harmonium, als Eva eintritt und um eine Bleibe bittet, da sie von der Baronin aufgrund des entführten Sohnes Siggi hinaus geschmissen wurde. Der Lehrer fragt einfühlsam nach dem Geschehen, macht konstruktive Vorschläge und bietet seine Hilfe für die Begleitung zu den Eltern an. Eva wird misstrauisch, siezt ihn plötzlich wieder und fragt: »Und warum wollen Sie das machen?« (Haneke 2010, S. 85)

Diese flüchtigen empathischen Szenen sind nicht nur für die dramaturgische Figurenführung bedeutsam, sie wirken als lebendiger Angelpunkt, als Motor für autonomes Verhalten. Versteht man Empathie nicht »als eine die Differenz zum anderen verwischende Identifikation, sondern als nicht identifizierende Aufnahme der mentalen Repräsentation des anderen im Selbst«, wird deutlich, dass die Fähigkeit zur Empathie »also sehr stark von der Fähigkeit zur Mentalisierung abhängig« ist (Görling 2010, S. 127). Erst die Empathiefähigkeit erlaubt es dem Protagonisten sowie dem Publikum, einen Denk- und Handlungsspielraum zu erleben, Ambivalenzen zu übertragen, erfahrbar zu machen und eine Widersprüchlichkeit in und zwischen den Figuren, zwischen Individuum und Gesellschaft sowie zwischen dem Publikum und den Charakteren auszuloten. Insofern dienen diese Szenen auch der Empathie des Zuschauers: »Das wäre mein größtes Ziel. Empathie zu provozieren – das ist doch das Beste, was man machen kann.

Empathie ist die Verkleinerungsform von Liebe« (Assheuer, Haneke 2010, S. 103).

»Wofür verachtest Du mich eigentlich?« – Verachtung als Selbstverlust

Neben diesen emotionalen Szenen gibt es unglaublich kühle Erniedrigungsszenen, in denen das Machtgefälle von Abhängigen deutlich wird. Als der Arzt aus dem Krankenhaus zurückkehrt, weil er erfährt, dass sein kleiner Sohn Rudolph von zu Hause weg lief, um ihn zu besuchen, beachtet er seine Tochter Anna überhaupt nicht. Schnurstracks sucht er das Haus nach seinem Sohn ab. Anna hilft ihm dabei. Als sie bemerken, dass sich der Kleine auf der Toilette eingesperrt hat und nach Aufforderung nicht herauskommt, sagt sein Vater: »Ist gut. Dann will ich dich auch nicht sehen. Dann gehe ich jetzt wieder fort. Du kannst dann ruhig auf der Toilette bleiben. Leb' wohl, Rudi« (Haneke 2010, S. 91). Er geht aus dem Haus, seine Tochter folgt zurückhaltend, vorsichtig, verletzt. Förmlich meldet sie an, dass die Arztpraxis fertig eingerichtet ist. Der Vater reagiert kühl: »Warum erzählst du mir das?« Er fragt ebenso entfremdet, ob die Hebamme in der Zwischenzeit die Kinder »ordentlich versorgt« habe, was Anna bejaht. Plötzlich wendet sich der Arzt Anna zu und registriert scheinbar ihre sexuelle Reife. Er fragt nach ihrem Alter, schaut sie flüchtig an, wendet sich wieder ab und betont aus Verlegenheit die Ähnlichkeit mit der verstorbenen Mutter. Erst als Rudi in der Haustür erscheint, worauf Anna den Vater komplizenhaft hinweist, ist ein Hauch von Nähe zu spüren. Aber diese Nähe entsteht nicht durch eine Bindung zu seiner Tochter, sondern ausschließlich zu seinem Sohn. Die Tochter wird in der Diskrepanz zu ihrem Bruder durch den Entzug empathischer Momente erniedrigt und zugleich bahnt sich die Herabwürdigung zum sexuellen Objekt an. Für die Tochter scheint dieses Verhalten schmerzhaft und unbewusst selbstverständlich zu sein. Die autoritäre Unterordnung von Anna als Mädchen in der familiären Hierarchie untergräbt ihren eigenen Autonomieanspruch schon im Voraus. Mit der zunehmenden sexuellen Belästigung des Arztes wird das Beziehungsvakuum zwischen ihnen zur körperlichen und seelischen Gewalt, die Annas Widerstandskraft weiter aushöhlt.

Eine andere Erniedrigungsszene spielt sich zwischen dem Pfarrer und seinem Sohn Martin ab. Unter dem Vorwand der Sorge und der Liebe erzählt der Pfarrer eine gleichnisartige Geschichte von dem körperlichen Selbstzerfall eines anderen Jungen im Nachbardorf – welcher vermeintlich nicht mehr aufhören konnte zu onanieren [»sich an den feinsten Nerven seines Körpers schadete, wo auch Gottes Gebot heilige Schranken errichtet hat« (Haneke 2010, S. 98)] und daran starb –, um damit das Geständnis seines Sohnes herauszuquetschen und diese Intimität zu unterbinden. Als dieser unter Tränen bejaht, lässt der Pfarrer seinen Sohn über einen langen Zeitraum nachts fesseln, um den Triebverzicht zu trainieren. Dabei ordnet er an, dass die anderen Geschwister die Fesseln nicht lösen dürfen. Auch hier halten sich die Geschwister derart daran, dass Martin, als er das Nachbarhaus brennen sieht und Angst bekommt, erst seinen Bruder überzeugen muss, ihn loszubinden. Die Bestrafung eigener Bedürfnisse, die aggressive Bekämpfung eines interpersonalen und intrapersonalen Intimraums sowie die Bloßstellung vor den anderen, verhindert nicht nur den Zugang und das Verstehen eigener Gefühle, sondern auch die Bindungen zu anderen. »Der Entzug des interpersonellen Raumes«, der auch bei Folterungen bildhaft inszeniert wird, »ist zugleich eine Nihilierung oder Auflösung der Objektqualität des Menschen« (Görling 2010, S. 127).

Die heftigste Verachtung tritt in zwei Szenen zwischen dem Arzt und der Hebamme auf. Während die Onanie in der Pfarrersfamilie stärker als ein Verbrechen geahndet wird, scheint die körperlich und seelisch verachtende und brutal einseitige Sexualität des Arztes zur Normalität zu gehören. Als die Hebamme ihm eines Tages in der Praxis zu masturbieren versucht, wirft der Arzt ihr herablassend vor, dass sie ihn abstößt, dass sie hässlich und ungepflegt sei, dass es ihn »ekelt«, dass er versucht habe, sich »eine andere vorzustellen«, aber dass das seine Phantasie übersteige, dass er im Krankenhaus lediglich vergessen hatte, »wie lästig du mir warst«. »Am Ende bist es doch wieder du und dann würd' ich mich am liebsten übergeben und geniere mich vor mir selber« (Haneke 2010; S. 121). Er beschreibt, dass er sich wünscht, dass sie verschwindet und stirbt. Mit der zunehmend gesteigerten Schilderung seiner Verachtung wächst der Widerstand der Hebamme schließlich, sie wird – wie die Baronin, die als einzige Frau tatsächlich autonom handelt, als Individuum erkennbar: »Wofür verachtest du mich eigentlich? (…) Dafür, dass ich dir geholfen habe, den Kleinen aufzuziehen? Dafür, dass ich dir schweigend zuschaue, wie du deine kleine Tochter befingerst?« Und nach der schallenden Ohrfeige: »Dafür, dass ich dir helfe, dich selber zu betrügen? Dafür, dass ich mir anhöre, wie einzig deine Liebe zu Julie war, obwohl jeder im Dorf weiß, dass du sie genauso mies behandelst wie mich? Dafür, dass ich dich liebe, obwohl ich weiß, dass du nicht erträgst, wenn man dich liebt?« (ebd., S. 122).

Was haben diese Szenen gemeinsam? All diese Szenen könnten laut den Kategorien von Görling als »Fehlleistungen der Mentalisierung verstanden werden, in der eine bedrohliche Repräsentation nach außen projiziert wird und dann dort Objekt der Aggression wird« (Görling 2010, S. 127). Die Affekte werden nicht reguliert, sondern an anderen ausgelebt. Für den Arzt wird Nähe und Liebe zur Bedrohung, für den Pfarrer Sexualität. Was geschieht mit jemandem, der Liebe, Zuneigung oder Sexualität verachtet?

In Bezug auf die Verachtung von Hilflosigkeit beschreibt Arno Grün einen möglichen pathologischen Verlauf folgendermaßen:

»Eine Mutter, die ihr Kind intuitiv vor Reizüberflutung beschützt, legt in ihm den Grundstock, aus dem eigenen Selbst heraus lernen zu können. Wenn die Mutter dazu nicht in der Lage ist, wird sein Bewußtsein entweder von der Erfahrung der Hilflosigkeit beherrscht, die es zu einem Versager macht, oder das Gefühl des Ausgeliefertseins wird verdrängt und vom sich bildenden Selbst gespalten. Mit solch einer Lösung muß alles, was an die Situation erinnert, in der die Erfahrung der Hilflosigkeit gemacht wurde (wie zum Beispiel die empathische Erfahrung des Kindes und damit sein Menschlichsein), ausgeschaltet werden. Auf diese Weise werden ganze Teile seines angehenden Seins vom Bewußtsein abgespalten. Um diese Spaltung dann aufrechtzuerhalten, muß Hilflosigkeit zum Objekt der Ablehnung und des Hasses werden. Sie ist es, die einen bedroht, und nicht die Situation, die sie verursacht hat. So rächt man sich dauernd an allem, was die eigene Hilflosigkeit hervorrufen könnte. Deswegen verachtet man Hilflosigkeit bei anderen. Dieses Verachten verbirgt die dahinter stehende eigene Angst und fördert zugleich die Haltung des Verachtens und der Notwendigkeit einer kompensierenden Ideologie der Macht und des Herrschens. (…) Und so wird alles, was zu einem eigenen Ansatz zur Autonomie führen könnte, gehasst.« (Grün 2008, S. 25f)

Welche Geschichte haben der Arzt und der Pfarrer erlebt? Wann haben sie sich in ihre Rollen gefügt? Wie kann die eigene und fremde Verachtung, die auch in der Lehre bedeutsam ist, thematisiert werden? Und wie kann man sich gegen Verachtung wehren, wie andere davor schützen?

Modell

Mit dem grausamen Kinder-Szenario Eichwalds führt Haneke modellhaft vor, wie defizitäre Mentalisierungsprozesse die Entwicklung des Selbst, von der Autonomie über die Verletzungen des Selbst bis zum Selbstverlust, beeinträchtigen können. Evas Frage »Wer macht nur so etwas?«, die das gefühlte Unverständnis über die Grausamkeit und Gewalt an den schwächsten Gliedern der Hierarchiekette artikuliert, steht exemplarisch für ein Unverständnis gegenüber physischer und psychischer Gewalt an und von Kindern. Es steht auch exemplarisch für das Fernhalten bzw. die Abgrenzung zur Gewalt von sich selbst. Aber diese Gewalt geschieht. Sie behindert die Lehre. Und statt sie als Gewalt der anderen zu thematisieren, versucht Haneke, quasi als Lehrer, die tabuisierte, weil gesellschaftlich oftmals anerkannte Gewalt gegen das Selbst als Grenzen der Lehre darzustellen.

»Ich weiß, daß manche mir vorwerfen, meine Filme hätten einen pädagogischen Impetus, und ich würde das Publikum zum Nachdenken zwingen. Aber ich will sie gar nicht zwingen, ich will sie anregen. (...) Der Zuschauer soll sich fragen, wie es mit ihm selbst aussieht. Der Schrecken entsteht doch erst dadurch, daß er etwas von sich selbst in meinen Filmen wiedererkennt. Er erschrickt zuerst über den äußeren Anlaß – und dann über sich.« (Assheuer, Haneke 2010, S. 134f)

Literatur

Assheuer, Thomas; Haneke, Michael (2010): Nahaufnahme Michael Haneke. Gespräche mit Thomas Assheuer (2. Aufl.), Berlin: Alexander Verlag

Baader, Meike Sophia: Das Ende des Schweigens. In: taz vom 31.3.2010. http://ww.taz.de/1/zukunft/bildung/artikel/1/das-ende-des-schweigens/, 01.01.2011

Buß, Christian: Monster im Dorf. Spiegel online: http://www.spiegel.de/kultur/kino/0,1518,654825,00.html vom 14.10.2009

Fonagy, Peter; Gergely, György; Jurist, Elliot L.; Target, Mary (Ed.) (2004): Affektregulierung, Mentalisierung und die Entwicklung des Selbst, übersetzt von Elisabeth Vorspohl, Stuttgart: Klett Cotta

Freud, Sigmund (2009): Das Ich und das Es. In: Ders.: Das Ich und das Es. Metapsychologische Schriften. Lizenzausgabe, Sigmund Freud. Werke im Taschenbuch. Frankfurt a. M.: Fischer, S. 251-294

Görling, Reinhold (2010): Die Schreckensseite der Sichtbarkeit: Traumabilder. In: Kapust, Antje; Waldenfels, Bernhard (Hg.): Kunst. Bild. Wahrnehmung. Blick. Merleau-Ponty zum Hundertsten. München: Wilhelm Fink

Grimm, Jacob; Grimm, Wilhelm: Deutsches Wörterbuch. Hg. von der deutschen Akademie zu Berlin. 16 Bde. Leipzig 1854-1960. Digitale Fassung

Grün, Arno (2008): Der Verrat am Selbst. Die Angst vor Autonomie bei Mann und Frau. München: Deutscher Taschenbuchverlag

Haneke, Michael (2010): Das weiße Band. Eine deutsche Kindergeschichte. Berlin: Berlin Verlag

Knörer, Ekkehard (2009): Nö, nicht mit mir. www.perlentaucher.de (14.10.2009)

Laplanche, Jean; Pontalis, Jean-Bertrand (1973): Das Vokabular der Psychoanalyse. Aus dem Französischen von Emma Moersch. Frankfurt a. M.: Suhrkamp

Münte-Goussar, Stephan (2008): Norm der Abweichung. Über Kreativität. Hamburg: University Press

Schütte, Wolfram (2009): Eine deutsche Psychose. www.perlentaucher.de (21.10.2009)

Waldenfels, Bernhard (2002): Bruchlinien der Erfahrung. Phänomenologie, Psychoanalyse, Phänomenotechnik. Frankfurt a. M.: Suhrkamp

Wimmer, Michael (2010a): Autorität als soziokulturelle Bedingung des Aufwachsens. In: Liesner, Andrea; Lohmann, Ingrid (Hg.): Gesellschaftliche Bedingungen von Bildung und Erziehung. Eine Einführung. Stuttgart: Kohlhammer, S. 314-325

Wimmer, Michael (2010b): Lehren und Bildung. Anmerkungen zu einem problematischen Verhältnis. In: Pazzini, Karl-Josef; Schuller, Marianne; Wimmer, Michael (Hg.): Lehren bildet? Vom Rätsel unserer Lehranstalten. Bielefeld: transcript, S. 13-37

Angaben zu den Autorinnen und Autoren

Sönke Ahrens, Dr. phil., geb. 1975 ist Erziehungswissenschaftler in Hamburg und schreibt zur Zeit an einer *Einführung ins experimentelle wissenschaftliche Arbeiten*. Studium der Erziehungswissenschaft, Soziologie und Philosophie an der Universität Hamburg. Forschungsschwerpunkte: Bildungstheorie, Wissenschafts- und Technikforschung, Systemtheorie und Dekonstruktion. Zuletzt ist erschienen: *Experiment und Exploration. Bildung als experimentelle Form der Welterschließung*, Bielefeld: transcript 2011. Email: soenke.ahrens@gmx.de

Adrienne Crommelin, M.A., *1973, Studium der Germanistik und Erziehungswissenschaft an der Universität Hamburg, freie Lektorin. Arbeitsschwerpunkte: Literatur und Psychoanalyse, Bildungstheorie. Arbeit an der Promotion mit dem Titel: *Von den Bildungen des Lesens und Schreibens. Lese- und Schreibszenen bei Goethe und Kafka und ihre bildungstheoretischen Implikationen*

Hanna Kiper, Dr. phil. habil., Professorin für Theorie und Praxis der Sekundarbereiche I und II an der Carl von Ossietzky Universität Oldenburg: Arbeitsschwerpunkte: Schulpädagogik, Allgemeine Didaktik, Theorie des Unterrichts, Selbstreguliertes, kooperatives und soziales Lernen

Jan Masschelein is professor at the Laboratory for Education and Society, Catholic University of Leuven, Belgium. His primary areas of scholarship are educational theory, social and political philosophy, and critical theory. Currently his research concentrates on the ›public‹ role of education in the age of networks and on ›mapping‹ and ›walking‹ as critical research practices. Recent work includes: *Globale Immunität. Ein kleine Kartographie des europäischen Bildungsraums* (2005, Diaphanes), *The learning society from the perspective of governmentality* (ed., 2007, Blackwell) and the Dutch translation of *The ignorant schoolmaster* (Rancière).

Gundel Mattenklott, Dr. phil., Literatur- und Erziehungswissenschaftlerin, Prof. für Musisch-Ästhetische Erziehung an der Universität der Künste Berlin. Schwerpunkte u.a.: Ästhetische Erziehung in der Grundschule; künstlerische Schaffensprozesse im Bildungsweg; Kinder- und Jugendliteratur. Neuere Publikationen u.a.: *Klaus Ensikat*. In: Lexikon der Illustration im deutschsprachigen Raum seit 1945. München 2009. *Spiele in ästhetischen Bildungsprozessen*. In: Th. Anz, H. Kaulen (Hg.): Literatur als Spiel. Beiträge zum Deutschen Germanistentag 2007. Berlin, New York 2009. – Hg. mit U. Hentschel: *Erzählen. Narrative Spuren in den Künsten*. Berlin, Milow, Strasburg 2009. – Hg. mit C. Rora: *Zeitschrift Ästhetische Bildung* (online-Zeitschrift: zaeb.net; ab 2009). merz@udk-berlin.de. www.maerz.udk-berlin.de

Winfried Pauleit ist Professor an der Universität Bremen mit den Arbeitsschwerpunkten Film- und Medienwissenschaft, Filmvermittlung und Medienpädagogik. Er ist Vorsitzender der Bremer Akademie für Film und Medien. Publikationen: *Filmstandbilder. Passagen zwischen Kunst und Kino* (2004), *Das ABC des Kinos. Foto, Film, Neue Medien* (2009); (www.abc-des-kinos.de). Er ist außerdem Herausgeber der *Bremer Schriften zur Filmvermittlung* und Mitherausgeber des Internetmagazins *Nach dem Film* (www.nachdemfilm.de)

Karl-Josef Pazzini, Dr. phil., Professor für Bildende Kunst & Erziehungswissenschaft an der Universität Hamburg, Psychoanalytiker in eigener Praxis, Mitbegründer der Assoziation für die Freudsche Psychoanalyse« (AFP), des »Psychoanalytischen Kollegs«, der »Hamburger Forschungsgruppe für Psychoanalyse« (HAFPA), des Jüdischen Salons im Grindel (Hamburg) und der wissenschaftlichen Assoziation »Kunst – Medien – Bildung«, Mitherausgeber der Reihen »Psychoanalyse« u. »Theorie Bilden« (transcript), »Kunstpädagogische Positionen« (Hamburg University Press). Arbeit an: Wahn-Wissen-Institution, Bildung vor Bildern, Psychoanalyse & Lehren, Setting in der Psychoanalyse, Unschuldige Kinder. Siehe auch: http://mms.uni-hamburg.de/blogs/pazzini, http://www.freudlacan.de, http://www.cafeleonar.de

Andrea Sabisch, Dr. phil., ist seit 2010 Professorin für Ästhetische Bildung an der Universität Hamburg. Vorher war sie als wissenschaftliche Mitarbeiterin an der Universität Hamburg tätig, als Vertretungsprofessur Kunst – Vermittlung – Bildung an der Carl von Ossietzky Universität Oldenburg, als wissenschaftliche Assistentin an der Universität Dortmund, als Lehrerin in Hannover. Dissertation zum Thema: *Inszenierung der Suche. Vom Sichtbarwerden ästhetischer Erfahrung im Tagebuch. Entwurf einer wissenschaftskritischen Grafieforschung*, Bielefeld: transcript 2007. Arbeitsschwerpunkte: Ästhetische Bildung, Wissenschaftskritik aus ästhetischer Perspektive, Methodologie der qualitativen Forschung.

Olaf Sanders, *1967, PD Dr. phil., unterrichtet Erziehungswissenschaft an der Universität zu Köln und an der Kölner Hochschule für Musik und Tanz. Seine Arbeitsschwerpunkte sind neuere französische Philosophie, Bildungstheorie und die Erforschung der Universität als Lehrort sowie popkultureller Phänomene, vor allem des Films, und interkultureller Zusammenhänge als Bildungsherausforderungen. Demnächst erscheint seine Habilitationsschrift über *Deleuze's Pädagogiken* und ein Band mit kleineren Schriften über Bildung, Film und andere neue Medien. Gemeinsam mit anderen versucht er gegenwärtig, eine Unbedingte Schule zu gründen. olaf.sanders@uni-koeln.de, http://www.hf.uni-koeln.de/30822

Maarten Simons is professor at the Centre for Educational Policy and Innovation and the Laboratory for Education and Society, Catholic University of Leuven, Belgium. His research interests are educational policy, political and social philosophy and educational theory with a specific focus on new modes of governance, globalisation/Europeanization and the public role of (higher) education/teachers. Recent work includes: *Globale Immunität. Ein kleine Kartographie des europäischen Bildungsraums* (2005, Diaphanes), *The learning society from the perspective of governmentality* (ed., 2007, Blackwell) and *Rereading education policies: Studying the policy agenda of the 21st century* (ed., 2009, Sense Publishers)

Eva Sturm, Dr. phil., geb. in Österreich, seit 2009 Professorin für Kunst – Vermittlung – Bildung an der Carl von Ossieztky Universität Oldenburg. Kunstvermittlerin in Theorie und Praxis, lehrte von 1998 bis 2006 an der Universität Hamburg am Fachbereich Erziehungswissenschaft / Bildende Kunst. 2003 Gastprofessur am Institut für Kunst im Kontext an der Universität der Künste Berlin. 2003-2004 Vertretungsprofessur an der Carl von Ossieztky Universität Oldenburg. 2008-2009 Vertretungsprofessur an der Universität Erfurt. Habilitation 2009 in Hamburg: *Von Kunst aus. Kunstvermittlung mit Gilles Deleuze*, Turia + Kant, Wien 2011. Derzeitige Arbeitsschwerpunkte: Sprechen über Kunst; (künstlerische) Kunstvermittlung; künstlerisch-publikumsintegrative Projekte; Von Kunst aus/Kunstvermittlung mit Gilles Deleuze. eva.sturm@uni-oldenburg.de, http://www.kunst.uni-oldenburg.de/39104.html

Jürgen Vogt, Dr., geb. 1958, Prof. für Erziehungswissenschaft mit dem Schwerpunkt Musikpädagogik an der Universität Hamburg. Arbeitsschwerpunkte: Musikpädagogische Erziehungs- und Bildungsphilosophie, Allgemeine Musikpädagogik. http://www.erzwiss.uni-hamburg.de/personal/vogt/vogt.html

Wimmer, Michael, Dr. phil., geb. 1951, Professor für Systematische Erziehungswissenschaft an der Universität Hamburg. Arbeitsschwerpunkte: Erziehungs- und Bildungsphilosophie im Kontext gesellschaftlicher Transformationsprozesse; Differenzphilosophie und Erziehungswissenschaft; Psychoanalyse,

Medientheorie und Kulturwissenschaft; Ethik, Politik und Pädagogik. Publikationen: *Der Andere und die Sprache. Vernunftkritik und Verantwortung*, Berlin 1988; *Alterität, Pluralität, Gerechtigkeit. Randgänge der Pädagogik*, St. Augustin/Leuven 1996 (mit Jan Masschelein); *Dekonstruktion und Erziehung*, Bielefeld 2006; zahlreiche Beiträge und Herausgeberschaften, u.a.: *Medien, Technik und Bildung* (mit R. Reichenbach u. L. Pongratz) Paderborn 2009; *Lehren bildet? Zum Rätsel unserer Lehranstalten* (mit K.-J. Pazzini u. M. Schuller), Bielefeld 2010. Michael.Wimmer@uni-hamburg.de

Manuel Zahn, M.A., ist wissenschaftlicher Mitarbeiter am Seminar für Kunst, Kunstgeschichte und Kunstpädagogik der Carl von Ossietzky Universität Oldenburg, Lehrbeauftragter der Universität Hamburg und freier Filmvermittler (zwischen Kunst, Kino und Schule). Mitbegründer der »Hamburger Forschungsgruppe für Psychoanalyse« (HAFPA). Dissertation zum Thema: *Film-Bildung. Studien zu Film und Theorie in Bildung.* Arbeitsbereiche: Philosophie und Theorie der Bildung, der Kunst und der Medien, insbesondere des Films; Psychoanalyse, Lehren und Kunstpädagogik/Kunstvermittlung. manuel.zahn@uni-oldenburg.de; http://blogs.epb.uni-hamburg.de/zahn

MIX
Papier aus verantwortungsvollen Quellen
Paper from responsible sources
FSC® C105338
FSC
www.fsc.org

If you have any concerns about our products,
you can contact us on
ProductSafety@springernature.com

In case Publisher is established outside the EU,
the EU authorized representative is:
**Springer Nature Customer Service Center GmbH
Europaplatz 3, 69115 Heidelberg, Germany**

Printed by Libri Plureos GmbH
in Hamburg, Germany